임동석중국사상100

설 원

說 苑

劉向 撰 / 林東錫 譯註

유향(劉向)

象犀珠玉怪異之物有悅於人之耳目而不適於用

金石草木絲麻五穀六材有適於用而用之則弊取之則竭

悅於人之耳目而適於用用之而不弊取之而不竭

賢不肖之所得各因其才

仁智之所見各隨其分

而求無不獲者惟書乎

丁亥菊秋錄東坡李氏山房藏書記 丘堂呂元九

"상아, 물소 뿔, 진주, 옥. 진괴한 이런 물건들은 사람의 이목은 즐겁게 하지만 쓰임에는 적절하지 않다. 그런가 하면 금석이나 초목, 실, 삼베, 오곡, 육재는 쓰임에는 적절하나 이를 사용하면 닳아지고 취하면 고갈된다. 그렇다면 사람의 이목을 즐겁게 하면서 이를 사용하기에도 적절하며, 써도 닳지 아니하고 취하여도 고갈되지 않고, 똑똑한 자나 불초한 자라도 그를 통해 얻는 바가 각기 그 자신의 재능에 따라주고, 어진 사람이나 지혜로운 사람이나 그를 통해 보는 바가 각기 그 자신의 분수에 따라주되 무엇이든지 구하여 얻지 못할 것이 없는 것은 오직 책뿐이로다!"

《소동파전집》(34) 〈이씨산방장서기〉에서 구당(丘堂) 여원구(呂元九) 선생의 글씨

책머리에

"어진 스승과 훌륭한 친구가 곁에 있고, 시서예악과 같은 좋은 책이 그 앞에 펼쳐져 있는데도 이를 버리고 옳지 못한 짓을 할 자는 적으리라!"(賢師良友在 其側, 詩書禮樂陳於前, 棄而爲不善者, 鮮矣.)

바로 이 책 담총편(談叢篇. 497)에 실려 있는 경구이다.

집안에 어떠한 책을 소장하고 있는가에 따라 그 집안의 가풍을 알 수 있으며, 자녀에게 어떤 책을 마련해주는가를 보면 그 집 가정교육을 알 수 있다. 이처럼 스승과 친구, 그리고 고전의 훌륭한 책은 세상을 살아가는 가장 좋은 안내자이며 가장 훌륭한 나침반이다.

《설원說苑》은 정말 훌륭한 고전이다. 고대古代부터 한漢나라 때까지의 온갖 지혜와 고사, 격언이 총망라되어 있다. 이에 우리나라 중등학교의 한문 교재는 물론 많은 동양학 서책에 빠짐없이 이 《설원》 속의 이야기가 등장한다.

특히 송宋나라 때 잔권殘卷 5권이 오늘날의 20권으로 복원되는 과정에서 〈고려본高麗本〉이 결정적인 역할을 하였다고 하였는데 이로 보면 우리나라에서도 일찍부터 읽혀온 아주 친근한 책이었음을 알 수 있다.

더 나아가 지금의 우리 심성에도 맞고 그 내용이 오늘날의 심한 경쟁, 가치관의 혼란, 도덕 부재의 상황 속에 이처럼 훌륭한 교재를 찾기 힘든 때에 교양을 위해서는 물론 덕과 지혜를 쌓기에도 아주 적합한 고전이라고 여긴다.

여기에 실린 이야기는 불과 몇 글자의 격언, 속담부터 수백 자에 이르는 긴 줄거리를 다룬 것으로 그 내용은 지도자가 갖추어야 할 덕과 용인술用人術, 남을 받들어 모실 때의 태도와 임무, 근본과 절도를 세워 살아가는 방법, 덕을 귀히 여기고 은혜에 보답할 줄 아는 삶, 능력 있고 어진 이를 찾아내어 천하를 이롭게 해야 할 이유, 사물을 바로 보고 그에 대처할 줄 아는 지혜, 만물의 본질과 귀착, 나아가 검약과 질박質樸의 본질적인 의미는 물론 심지어 죽음이란 무엇인가에 이르기까지 실로 그 내용은 다양하고 그 깨우침의 방법은 촌철살인寸鐵殺人의 단막극 장편掌篇체이다.

무려 846장에 이르는 이 많은 이야기는 단순히 한문으로 기록된 전적典籍으로의 의미, 혹은 한문 문장 해석과 학습 교재로서의 가치를 넘어서 오늘날 우리가 적용하고 이를 통해 지혜를 얻는데 조금의 손색도 없으리라고 본다.

게다가 본 《설원》이 원 출전인 고사성어故事成語는 지금도 널리 회자膾炙되고 있다. 바로 초楚 장왕莊王의 '절영絶纓', 진晉 문공文公의 '한식寒食'의 고사를 낳은 개자추介子推의 이야기, 춘추오패春秋五霸의 수많은 일화, 안자晏子의 번뜩이는 재치와 풍자, 곡돌사신曲埃徙薪의 가치관, 선인善人이 손해보는 것 같으나 끝내 복을 받는다는 확신을 심어주는 이야기들……. 사실 이런 내용은 어느 시대, 어느 상황에서나 당연한 척도가 되어야 할 근본의 문제이다. 그러나 글을 읽는 즐거움까지 함께 맛볼 수 있는 것은 바로 이런 고전이 가장 적합하다고 자신한다.

나는 이 책을 우리나라 각계 지도자들이 한 번 읽었으면 한다.

사회 각 분야에서 우리를 이끌고 나가는 노고에 지식을 넘어 더욱 지혜와 덕을 쌓고 어려운 판단은 그 덕과 인본人本이라는 열쇠로 풀 수 있는 해답이 이 책 속에 있기 때문이다.

나는 이 《설원》을 완역상주完譯詳注하여 우리에게 조금이라도 보탬이 되었으면 하고 준비해온 지가 꽤 오래되었다. 그러나 분량이 적지않고 판본마다 문자文字의 이동異同이 있어 세밀히 하지 않으면 자칫 망문생의望文生義의 오류를 범할 것으로 염려되어 이제껏 미루어 올 수밖에 없었다.

이에 우선 《전국책戰國策》을 완역상주한 다음 내친 김에 자료를 보충하여 작업을 시작하였다.

판본을 대조하고 문자를 확정지은 다음, 장을 나누고 다시 관련 참고 자료를 보충하기 위해 문사철文史哲의 전적典籍을 일일이 섭급涉及하는 일은 매우 고통스러운 일이기도 하였다.

그러나 결국 직역 위주일 수밖에 없고 그 때문에 문장의 어색함은 물론 의미의 통순通順면에서도 누소漏疎함을 면할 길이 없었다. 아무쪼록 읽는 이들이 주의하여 질정하고 고쳐주기를 빌 뿐이다.

줄포茁浦 임동석林東錫이 취벽헌醉碧軒에서 새판을 내면서.

일러두기

1. 이 책의 번역은 〈문연각文淵閣 사고전서본四庫全書本〉《설원說苑》, 그리고 〈사부비요본四部備要本〉《설원說苑》을 근간으로 하여 조선이趙善詒의 《설원소증說苑疏證》, 왕영王鍈·왕천해王天海의 《설원전역說苑全譯》, 노원준盧元駿의 《설원금주금역說苑今註今譯》을 참고하였다.

2. 주注는 인명人名, 지명地名, 사건명事件名, 연대 등을 위주로 하되 문자의 이동異同도 다루었다. 특히 반복되는 인명, 지명 등 고유 명사는 장章이 바뀌는 곳에는 번거롭더라도 다시 다루었다.

3. 분장分章은 판본마다 학자마다 다름으로 인해 《설원소증說苑疏證》을 기준으로 하되 일부는 역자가 조정하여 분리하거나 합친 것도 있다.

4. 총 846장으로 이를 일련번호로 쓰고 다시 괄호 속에 그 편(권)의 숫자와 그편 내의 일련번호를 붙여 찾아보기 쉽도록 하였다.

5. 매장 뒤의 참고 부분의 관련 기록은 《설원소증說苑疏證》에 실린 것을 빠짐없이 싣고 다시 《설원전역說苑全譯》에서 출처만 밝힌 것은 최대한 그 원전을 찾아 관련 문장을 전재轉載하였으며, 일부 미진한 것은 역자가 다시 찾아 넣거나 보충한 것도 있다.

6. 매장의 제목은 문장 시작의 한 어절語節, 혹은 일부를 택한 것으로 이 역시 역자가 편의를 위해 임의로 제시한 것이다.

7. 활자로 된 《설원소증說苑疏證》, 《설원금주금역說苑今註今譯》, 《설원전역說苑全譯》에서의 탈자, 오자, 이체자 등은 〈사고본四庫本〉과 〈사부본四部本〉을 대조하여 바로 잡았다.

● 참고문헌

《說苑》文淵閣 四庫全書, 臺灣 商務印書館 印本

《說苑》四部備要本, 臺灣 中華書局 印本. 1969

《說苑疏證》趙善詒, 華東師範大學出版社. 1985. 上海

《說苑全譯》王鍈·王天海, 貴州人民出版社. 1992. 貴陽

《說苑今註今譯》盧元駿, 臺灣 商務印書館. 1977. 臺北

《說苑補正》金嘉錫, 臺灣大學 中國文學研究所. 1960. 臺北

《新序說苑選譯》曹亦氷, 巴蜀書社. 1990. 成都

《周易正義》(十三經注疏本,藝文印書館)·《尙書正義》·《毛詩正傳》·《周禮注疏》·《儀禮注疏》·《禮記注疏》·《春秋左傳正義》·《春秋公羊傳正義》·《春秋穀梁傳注疏》·《論語注疏》·《孝經注疏》·《爾雅注疏》·《孟子注疏》·《四書集注》(朱熹)·《戰國策》(拙譯)·《呂氏春秋》(四部刊要本)·《孔子家語》(諸子集成本)·《荀子集解》·《新語》·《晏子春秋》·《老子道德經》·《莊子集解》·《列子注》·《抱朴子》·《管子校正》·《韓非子集解》·《鄧析子》·《尹文子》·《公孫龍子》·《墨子閒詁》·《淮南子》·《論衡》·《孫子校正》·《吳子》·《韓詩外傳》·《新序》·《列女傳》·《吳越春秋》·《竹書紀年》·《史記》·《漢書》·《後漢書》·《資治通鑑》·《國語》·《世說新語》·《帛書戰國策》·《荊楚歲時記》·《藝文類聚》·《太平廣記》·《太平御覽》·《漢魏六朝百三家集題辭注》·《昭明文選》·《樂府詩集》·《柳宗元集》·《崇文總目》·《郡齋讀書志》·《詩經詞典》·《四書索引》·《中國歷史地圖集》·《中國歷史紀年表》·《康熙字典》·《中文大辭典》·《中國大百科全書》·《簡明中國古籍辭典》·《中國古典文學辭典》·《辭海》·《四庫全書總目》·《說文解字》.

기타 공구서, 참고서 등은 생략함.

해 제

(1) 《설원說苑》

《설원說苑》은 서한西漢 때에 유향(劉向; 대략 B.C.77~B.C.6)이 찬집撰輯한 필기류筆記類의 역사고사집歷史故事集이다.

〈사고전서四庫全書〉에는 이를 자부子部 유가류儒家類로 분류하였으나 〈사부비요四部備要〉에는 사부史部로 분류하고 있다.

책이 완성된 연대는 대체로 한漢 성제成帝 홍가鴻嘉 4년(B.C.17년)으로 보고 있으며 유향 자신의 서록書錄에 "凡二十篇, 七百八十四章, 號曰新苑"이라 한 것으로 보아 이미 있던 기록을 새로이 찬집하여 20권 784장으로 정리한 것이 아닌가 한다.

이 《설원》이 다루고 있는 내용은 고대부터 서주西周, 동주(東周; 春秋戰國)를 거쳐 진秦, 그리고 자신이 살아 있던 한대漢代까지의 유문일사遺聞逸事로써 《신서新序》의 나머지 재료를 모은 것이라 여기고 있다.

내용은 아주 다양하여 제자諸子의 언행은 물론 국가 흥망의 도리, 철리哲理, 격언格言을 적절히 배합하여 생동감 있게 당시의 살아 있는 백화어白話語로 찬집한 것이다.

자못 소설小說에 가깝고 풍유諷喩의 수사법이 두드러지며 풍격이 박실樸實하여 후대의 소설 및 민간 고사, 일사佚事, 필기筆記 문학에 지대한 영향을 미친 것으로 평가되고 있다.

특히 문장이 대화체로 되어 있는 것이 많아 당대의 백화어로 여겨지기 때문에 어휘, 문법 연구의 좋은 참고 자료가 되고 있다.

한편 이 《설원》 20권은 북송北宋 초에 잔권殘卷 5권만 남아 있었으나 증공(曾鞏; 1019~1083)의 집보輯補로 20권 639장으로 모습이 복원되었다. 그러나 육유(陸游; 1125~1210)의 《위남집渭南集》에는 이덕추李德芻의 말을 인용하여 증공이 얻은 것은 〈반질편反質篇〉이 빠진 것이어서 〈수문편修文篇〉을 상하上下로 나누어 20권으로 하였던 것이며, 뒤에 〈고려본高麗本〉이 들어와서야 비로소 책 전체의 면모가 갖추어졌다고 하였다.

李德芻云: 館中說苑二十卷, 而闕反質一卷, 曾鞏乃分修文爲上下, 以足二十卷. 後高麗進一卷, 遂足.(《渭南集》卷27)

그리고 말미末尾에 "淳熙乙巳十月六日務觀"이라 하였는데, 순희淳熙 을사 乙巳는 남송南宋 효종孝宗의 순희淳熙 12년으로 1185년에 해당하며, 무관務觀은 육유의 자字이다.

한편 우리의 《고려사高麗史》에는 1091년(高麗 宣宗 8年, 宋 哲宗 元祐 6년)에 이자의李資義등이 송나라로부터 돌아와 송 철종의 요구에 의해 아주 많은 양의 도서를 보낸 기록이 있다.

"丙午李資義等還自宋奏云, 帝聞我國書籍多好本, 命館伴書所求書目錄授之, 乃曰雖有卷第不足者, 亦須傳寫附來. 百篇尙書, 荀爽周易十卷, 京房易十卷, 鄭康成周易九卷, ……新序三卷, 說苑二十卷, 劉向七錄二十卷 ……."
(《高麗史·世家》卷第十. 宣宗八年)

중국에서는 이들을 바탕으로 자신들의 책을 교정校正, 부사副寫하여 태청루 太淸樓 천장각天章閣에 보관하였다고 하였다.

따라서 《위남집》에 〈고려본〉이라 한 것은 이 때 들어간 것이 아닌가 한다. 다시 말해 증공이 복원할 때는 19권뿐인 상태에서 〈수문편〉을 상하로 나누어 20권으로 하였으나 증공 사후에 〈고려본〉이 들어옴으로써 〈수문편〉은 본래대로 한 권으로 되고 〈반질편〉이 제자리를 찾아 제 모습의 20권이 되었을 가능성이 크다.

그 뒤 청대淸代에 이르러 다시 보충과 분장分章을 거듭하여 663장으로 알려져 왔다. 그러나 현재의 《설원소증說苑疏證》(趙善詒, 華東師範大學出版社, 1985)은 고증을 거쳐 무려 845장으로 세분하였고, 《설원전역說苑全譯》(王鍈·王天海, 貴州人民出版社, 1992)에는 718장으로 나누어져 있는 등 그 분장은 책마다, 사람마다 그 견해가 다르다.

이는 〈담총편談叢篇〉의 문장이 대개 70~80장으로 분류되던 것을 격언 위주의 단문이 겹친 것으로 보아 더욱 세분화하였기 때문이다.

또 실제로 〈사고전서본〉과 〈사부비요본〉조차도 각기의 분장이 달라 확정적으로 어떻게 나누는 것이 표준인가 하는 것은 여러 가지 문제가 있다.(역자는 846장으로 나누었다.)

청대부터 현대에 이르기까지 이 《설원》에 대한 많은 연구서가 쏟아져 나왔다. 즉, 진전陳鱣·황요포黃堯圃의 《송본설원교정본宋本說苑校正本》, 주준성朱駿聲의 《송본설원교정본本說苑校正本》, 노문초(盧文弨; 1717~1796)의 《설원습보說苑拾補》, 유월(俞樾; 1821~1907)의 《독서여록讀書餘錄》, 손이양(孫詒讓; 1848~1908)의 《찰이札迻》, 소시학蘇時學의 《효산필화爻山筆話》, 문정식文廷式의 《순상자지어純常子枝語》, 유사백(劉師培; 1884~1919)의 《설원습보說苑拾補》, 조만리趙萬里의 《설원각보說苑斠補》, 그리고 일인日人 미장관가尾張關嘉의 《설원찬주說苑纂註》, 도원장桃源藏의 《설원고說苑考》 등이 있다.

이들의 연구를 모아 문자를 교정하고 분장을 나누고 표점을 찍어 활자로 출판한 것이 곧 조선이趙善詒의 《설원소증說苑疏證》(1985)이다.

그밖에 상종로向宗魯의 《설원교증說苑校證》(1987, 中華書局)이 이 방면 연구

정리의 집대성이며, 백화어로 번역된 것으로는 《설원금주금역說苑今注今譯》 (盧元駿, 臺灣商務印書館, 1977, 〈사부비요본〉을 대본으로 함), 《설원전역說苑全譯》 (王鍈·王天海, 貴州人民出版社, 1992) 및 일부 선역選譯, 초역抄譯한 것들도 있다.

그러나 이 역시 활자로 옮기는 도중 오기, 오식, 탈자가 있어 결국 〈사고본〉과 〈사부본〉을 일일이 대조해야 정확을 기할 수 있다.

그 중 《설원소증》은 매장의 본문 끝에 관련 기록이 실려 있어 큰 참고가 되고 있다.(역자의 번역본에는 이를 모두 싣고 다시 《설원전역》에 출처만 밝힌 것을 일일이 찾아 전재하였으며 일부 누락된 것은 더욱 보충하여 연구자의 편의와 대조 및 관련 자료의 활용에 도움이 되도록 하였다.)

한편 육유의 《위남집》에 〈고려본〉에 대한 언급과 《고려사》의 기록으로도 알 수 있듯이 우리나라에서도 일찍부터 이 책이 읽혀졌던 것으로 여겨진다.

그러나 구체적인 기록은 알 수 없고 지금 우리나라에 소장되어 고본으로 알려진 《설원》은 대개 명대明代 이후의 판본으로 그 내용을 살펴보면 다음과 같다.

1. 《說苑》漢, 劉向 撰, 影印本, 國立中央圖書館, 1冊, 69張, 24.2×17.0cm, 原本, 貴598, 일산 古3738-14. 國 일산 古3738-18

2. 《說苑》漢, 劉向 撰, 中國木版本, 光緒19(1893) 20권 4책. 序文은 宋 曾鞏, 國立圖書館, 古2526-24.

3. 《說苑》漢, 劉向 撰, 宋 曾鞏 編, 寫本. 返還文化財. 20권 5책. 29.7×20cm. 序; 嘉靖 丁未(1547) 何良俊 외 1人. 國立圖書館, 古2526-4.

4. 《說苑》권7~10. 漢 劉向 撰, 木版本 68張. 國立圖書館 貴598. 일산 貴 3738-14.

5. 《說苑》漢, 劉向著, 明 程榮 校, 日本木版本, 20권 9책. 26.6×18cm. 序;
　　嘉靖 丁未(1547) 明 何良俊, 缺本. 圖2. 권3～4. 國立圖書館, 古052-8.
6. 《說苑》권 3～4. 漢 劉向 撰. 日本木版本 1冊. 國立圖書館 古051-1.

(2) 유향劉向

유향은 서한의 학자이며 문학가이다. 생졸 연대는 대체로 B.C. 77년(漢昭帝 元鳳 4년부터 B.C. 6년 漢 哀帝 建平 元年), 혹은 B.C. 79년(元鳳 2년)부터 B.C. 8년(漢 成帝 綏和 元年)으로 보고 있다.

자는 자정子政이며 본명은 경생更生으로 그의 아들은 흠歆이다.

그는 한 고조 유방劉邦의 이복 동생 초원왕楚元王 유교劉交의 4세손이며, 선제宣帝 때에 왕포王褒 등과 부송賦頌을 바쳐 산기간대부급사중散騎諫大夫給事中에 올랐고 원제元帝 때에는 산기종정급사중散騎宗正給事中에 올랐다.

그러나 그는 여러 차례 환관과 외척을 탄핵하다가 죄를 얻어 하옥되기도 하였으며, 십여 년을 한거한 끝에 성제成帝가 즉위하자 다시 기용되어 마침내 광록대부光祿大夫에까지 올랐으며, 말년에는 중루교위中壘校尉라는 벼슬로 생을 마쳤다. 이 때문에 후세에 그를 유중루劉中壘라 칭하기도 한다.

유향은 마침 선제가 사부辭賦를 좋아하는 분위기에 힘입어 많은 작품을 남겼고 《한서漢書》 예문지에는 그의 사부가 33 편이라 기록되어 있다.

그러나 현재는 거의 없어지고 〈구탄九嘆〉이 《초사楚辭》 속에 남아 있으며 이는 그가 '추념굴원충신지절追念屈原忠信之節'을 위해 지은 것이라 한다. 그 외에 〈청우화산부請雨華山賦〉도 남아 있다.

한편 유향은 《초사》 16편도 교집校輯하였는데 여기에 동한東漢 왕일王逸이 주를 단 것이 《초사장구楚辭章句》로 현재 남아 있는 최초의 초사 전본이다.

유향은 고서古書에 대한 주소奏疏와 교수校讐에 뛰어난 업적을 남겼다. 그 중 유명한 것이 바로 《전국책서록戰國策敍錄》과 《간영창릉소諫營昌陵疏》이다. 그밖에도 그가 찬한 책으로는 《신서新序》, 《열녀전列女傳》, 《열선전列仙傳》(宋代 陳振孫이 僞託한 것으로도 봄), 그리고 본 《설원》이 있고 교집한 것으로는 《전국책》이 있다.

또 그는 문헌학文獻學, 목록학目錄學에도 큰 업적을 남겨《별록別錄》을 지었고
뒤에 그의 아들 유흠이 이를 바탕으로 완성한 것이《칠략七略》이며 이는 중국
최초의 목록학 저서이다.

이《칠략》의 원서는 이미 실전되었으나 반고班固의《한서》예문지는 바로
이를 바탕으로 한 것이기 때문에 대략의 경개는 지금도 알 수 있다.

한편 유향의 문집은《수서隋書》경적지經籍志에《유향집劉向集》6권이 실려
있으나 이미 없어졌고 명나라 때 장부(張溥; 1602~1641)가 집일輯佚한《유자정집
劉子政集》이《한위육조백삼가집漢魏六朝百三家集》에 수록되어 있다. 유향의 전기
傳記는《한서》권36〈초원왕전楚元王傳〉에 그 아들 유흠劉歆과 함께 자세히
실려 있다.

참고:《漢書》(권 36) 劉向傳

向字子政, 本名更生. 年十二, 以父德任爲輦郞. 旣冠, 以行修飭擢爲諫大夫.
是時, 宣帝循武帝故事, 招選名儒俊材置左右. 更生以通達能屬文辭, 與王褒·
張子僑等並進對, 獻賦頌凡數十篇. 上復興神僊方術之事, 而淮南有枕中鴻寶苑
祕書. 書言神僊使鬼物爲金之術, 及鄒衍重道延命方, 世人莫見, 而更生父德武帝
時治淮南獄得其書. 更生幼而讀誦, 以爲奇, 獻之, 言黃金可成. 上令典尙方鑄作事,
費甚多, 方不驗. 上乃下更生吏, 吏劾更生鑄僞黃金, 繫當死. 更生兄陽城侯安民
上書, 入國戶半, 贖更生罪. 上亦奇其材, 得踰冬減死論. 會初立穀梁春秋, 徵更
生受穀梁, 講論五經於石渠. 復拜爲郞中給事黃門, 遷散騎諫大夫給事中.

元帝初卽位, 太傅蕭望之爲前將軍, 少傅周堪爲諸吏光祿大夫, 皆領尙書事,
甚見尊任. 更生年少於望之·堪, 然二人重之, 薦更生宗室忠直, 明經有行, 擢爲
散騎宗正給事中, 與侍中金敞拾遺於左右. 四人同心輔政, 患苦外戚許·史在位

放縱, 而中書宦官弘恭・石顯弄權. 望之・堪・更生議, 欲白罷退之. 未白而語泄, 遂爲許・史及恭・顯所譖愬, 堪・更生下獄, 及望之皆免官. 語在望之傳. 其春地震, 夏, 客星見昴・卷舌間. 上感悟, 下詔賜望之爵關內侯, 奉朝請. 秋, 徵堪・向, 欲以爲諫大夫, 恭・顯白皆爲中郎. 冬, 地復震. 時恭・顯・許・史子弟侍中諸曹, 皆側目於望之等, 更生懼焉, 乃使其外親上變事, 言:

竊聞故前將軍蕭望之等, 皆忠正無私, 欲致大治, 忤於貴戚尚書. 今道路人聞望之等復進, 以爲且復見毀讒, 必曰嘗有過之臣不宜復用, 是大不然. 臣聞春秋地震, 爲在位執政太盛也, 不爲三獨大動, 亦已明矣. 且往者高皇帝時, 季布有罪, 至於夷滅, 後赦以爲將軍, 高后・孝文之間卒爲名臣. 孝武帝時, 兒寬有重罪繫. 按道侯韓說諫曰:「前吾丘壽王死, 陛下至今恨之; 今殺寬, 後將復大恨矣!」上感其言, 遂貰寬, 復用之, 位至御史大夫, 御史大夫未有及寬者也. 又董仲舒坐私爲災異書, 主父偃取奏之, 下吏, 罪至不道, 幸蒙不誅, 復爲太中大夫, 膠西相, 以老病免歸. 漢有所欲興, 常有詔問. 仲舒爲世儒宗, 定議有益天下. 孝宣皇帝時, 夏侯勝坐誹謗繫獄, 三年免爲庶人. 宣帝復用勝, 至長信少府, 太子太傅, 名敢直言, 天下美之. 若乃羣臣, 多此比類, 難一二記. 有過之臣, 無負國家, 有益天下, 此四臣者, 足以觀矣.

前弘恭奏望之等獄決, 三月, 地大震. 恭移病出, 後復視事, 天陰雨雪. 由是言之, 地動殆爲恭等.

臣愚以爲宜退恭・顯以章蔽善之罰, 進望之等以通賢者之路. 如此, 太平之門開, 災異之原塞矣.

書奏, 恭・顯疑其更生所爲, 白請考姦詐. 辭果服, 遂逮更生繫獄, 下太傅韋玄成・諫大夫貢禹, 與廷尉雜考. 劾更生前爲九卿, 坐與望之・堪謀排車騎將軍高・許・史氏侍中者, 毀離親戚, 欲退去之, 而獨專權. 爲臣不忠, 幸不伏誅, 復蒙恩徵用, 不悔前過, 而教令人言變事, 誣罔不道. 更生坐免爲庶人. 而望之亦坐使子上書自冤前事, 恭·顯白令詣獄置對. 望之自殺. 天子甚悼恨之, 乃擢周堪爲光祿勳, 堪弟子張猛光祿大夫給事中, 大見信任. 恭·顯憚之, 數譖毀焉. 更生見堪·猛在位, 幾已得復進, 懼其傾危, 乃上封事諫曰:

「臣前幸得以骨肉備九卿, 奉法不謹, 乃復蒙恩. 竊見災異並起, 天地失常, 徵表爲國. 欲終不言, 念忠臣雖在畎畝, 猶不忘君, 惓惓之義也. 況重以骨肉之親, 又加以舊恩未報乎! 欲竭愚誠, 又恐越職, 然惟二恩未報, 忠臣之義, 一杼愚意, 退就農畝, 死無所恨.

臣聞舜命九官, 濟濟相讓, 和之至也. 衆賢和於朝, 則萬物和於野. 故簫韶九成, 而鳳皇來儀; 擊石拊石, 百獸率舞. 四海之內, 靡不和寧. 及至周文, 開基西郊, 雜遝衆賢, 罔不肅和, 崇推讓之風, 以銷分爭之訟. 文王旣沒, 周公思慕, 歌詠文王之德, 其詩曰:『於穆清廟, 肅雍顯相; 濟濟多士, 秉文之德.』當此之時, 武王·周公繼政, 朝臣和於內, 萬國驩於外, 故盡得其驩心, 以事其先祖. 其詩曰:『有來雍雍, 至止肅肅, 相維辟公, 天子穆穆.』言四方皆以和來也. 諸侯和於下, 天應報於上, 故周頌曰『降福穰穰』, 又曰『飴我釐麰』. 釐麰, 麥也, 始自天降. 此皆以和致和, 獲天助也.

下至幽·厲之際, 朝廷不和, 轉相非怨, 詩人疾而憂之曰:『民之無良, 相怨一方.』衆小在位而從邪議, 歙歙相是而背君子, 故其詩曰:『歙歙訛訛, 亦孔之哀! 謀之其臧, 則具是違; 謀之不臧, 則具是依!』君子獨處守正, 不橈衆枉, 勉彊以從王事則反見憎毒讒愬, 故其詩曰:『密勿從事, 不敢告勞, 無罪無辜, 讒口嗸嗸!』當是之時, 日月薄蝕而無光, 其詩曰:『朔日辛卯, 日有蝕之, 亦孔之醜!』又曰:『彼月而微, 此日而微, 今此下民, 亦孔之哀!』又曰:『日月鞠凶, 不用其行; 四國無政, 不用其良!』天變見於上, 地變動於下, 水泉沸騰, 山谷易處. 其詩曰:『百川沸騰, 山冢卒崩, 高岸爲谷, 深谷爲陵. 哀今之人, 胡憯莫懲!』霜降失節, 不以其時, 其詩曰:『正月繁霜, 我心憂傷; 民之訛言, 亦孔之將!』言民以是爲非, 甚衆大也.

此皆不和, 賢不肖易位之所致也.

自此之後, 天下大亂, 篡殺殃禍並作, 厲王奔彘, 幽王見殺. 至乎平王末年, 魯隱之始卽位也, 周大夫祭伯乖離不和, 出奔於魯, 而春秋爲諱, 不言來奔, 傷其禍殃自此始也. 是後尹氏世卿而惠恣, 諸侯背畔而不朝, 周室卑微. 二百四十二年之間, 日食三十六, 地震五, 山陵崩阤二, 彗星三見, 夜常星不見, 夜中星隕如雨一, 火災十四. 長狄入三國, 五石隕墜, 六鶂退飛, 多麋, 有蜮蜚, 鸛鵒來巢者, 皆一見. 晝冥晦, 雨木冰. 李梅冬實. 七月霜降, 草木不死. 八月殺菽. 大雨雹. 雨雪雷霆失序相乘. 水・旱・饑・蝝・螽・蝝螽午並起. 當是時, 禍亂輒應. 弑君三十六, 亡國五十二, 諸侯奔走, 不得保其社稷者, 不可勝數也. 周室多禍: 晉敗其師於貿戎; 伐其郊; 鄭傷桓王; 戎執其使; 衛侯朔召不往, 齊逆命而助朔; 五大夫爭權, 三君更立, 莫能正理. 遂至陵夷不能復興.

由此觀之, 和氣致祥, 乖氣致異; 祥多者其國安, 異衆者其國危, 天地之常經, 古今之通義也. 今陛下開三代之業, 招文學之士, 優游寬容, 使得並進. 今賢不肖渾殽, 白黑不分, 邪正雜糅, 忠讒並進, 章交公車, 人滿北軍. 朝臣舛午, 膠戾乖剌, 更相讒愬, 轉相是非. 傳授增加, 文書紛糺, 前後錯繆, 毁譽渾亂. 所以營惑耳目, 感移心意, 不可勝載. 分曹爲黨, 往往羣朋, 將同心以陷正臣. 正臣進者, 治之表也; 正臣陷者, 亂之機也. 乘治亂之機, 未知孰任, 而災異數見, 此臣所以寒心者也. 夫乘權藉勢之人, 子弟鱗集於朝, 羽翼陰附者衆, 輻湊於前, 毁譽將必用, 以終乖離之咎. 是以日月無光, 雪霜夏隕, 海水沸出, 陵谷易處, 列星失行, 皆怨氣之所致也. 夫遵衰周之軌迹, 循人之所刺, 而欲以成太平, 致雅頌, 猶卻行而求及前人也. 初元以來六年矣. 案春秋六年之中, 災異未有稠如今者也. 夫有春秋之異, 無孔子之救, 猶不能解紛, 況甚於春秋乎?

原其所以然者, 讒邪並進也. 讒邪之所以並進者, 由上多疑心, 旣已用賢人而行善政, 如或譖之, 則賢人退而善政還. 夫執狐疑之心者, 來讒賊之口; 持不斷之意者, 開羣枉之門. 讒邪進則衆賢退, 羣枉盛則正士消. 故易有否泰. 小人道長, 君子道消, 君子道消, 則政日亂, 故爲否. 否者, 閉而亂也. 君子道長, 小人道消, 小人道消, 則政日治, 故爲泰. 泰者, 通而治也. 詩又云『雨雪麃麃, 見晛聿消』, 與易同義. 昔者鯀·共工·驩兜與舜·禹雜處堯朝, 周公與管·蔡並居周位, 當是時, 迭進相毀, 流言相謗, 豈可勝道哉! 帝堯·成王能賢舜·禹·周公而消共工·管·蔡, 故以大治, 榮華至今. 孔子與季·孟偕仕於魯, 李斯與叔孫俱宦於秦, 定公·始皇賢季·孟·李斯而消孔子·叔孫, 故以大亂, 汚辱至今. 故治亂榮辱之端, 在所信任; 信任旣賢, 在於堅固而不移. 詩云『我心匪石, 不可轉也』. 言守善篤也. 易曰『渙汗其大號』, 言號令如汗, 汗出而不反者也. 今出善令, 未能踰時而反, 是反汗也; 用賢未能三旬而退, 是轉石也. 論語曰: 『見不善如探湯.』 今二府奏佞諂不當在位, 歷年而不去. 故出令則如反汗, 用賢則如轉石, 去佞則如拔山, 如此望陰陽之調, 不亦難乎!

是以羣小窺見閒隙, 緣飾文字, 巧言醜詆, 流言飛文, 譁於民間. 故詩云: 『憂心悄悄, 慍于羣小.』 小人成羣, 誠足慍也. 昔孔子與顏淵·子貢更相稱譽, 不爲朋黨; 禹·稷與皋陶傳相汲引, 不爲比周. 何則? 忠於爲國, 無邪心也. 故賢人在上位, 則引其類而聚之於朝, 易曰『飛龍在天, 大人聚也』; 在下位, 則思與其類俱進, 易曰『拔茅茹以其彙, 征吉』. 在上則引其類, 在下則推其類, 故湯用伊尹, 不仁者遠, 而衆賢至, 類相致也. 今佞邪與賢臣並在交戟之內, 合黨共謀, 違善依惡, 歙歙訿訿, 數設危險之言, 欲以傾移主上. 如忽然用之, 此天地之所以先戒, 災異之所以重至者也.

自古明聖, 未有無誅而治者也, 故舜有四放之罰, 而孔子有兩觀之誅, 然後聖化可得而行也. 今以陛下明知, 誠深思天地之心, 迹察兩觀之誅, 覽否泰之卦, 觀雨雪之詩, 歷周·唐之所進以爲法, 原秦·魯之所消以爲戒, 考祥應之福, 省災異之禍, 以揆當世之變, 放遠佞邪之黨, 壞散險詖之聚, 杜閉羣枉之門, 廣開衆正之路, 決斷孤疑, 分別猶豫, 使是非炳然可知, 則百異消滅, 而衆祥並至, 太平之基, 萬世之利也.

臣幸得託肺附, 誠見陰陽不調, 不敢不通所聞. 竊推春秋災異, 以(効)[救]今事一二, 條其所以, 不宜宣泄. 臣謹重封昧死上.」

恭·顯見其書, 愈與許·史比而怨更生等. 堪性公方, 自見孤立, 遂直道而不曲. 是歲夏寒, 日靑無光, 恭·顯及許·史皆言堪·猛用事之咎. 上內重堪, 又患衆口之寖潤, 無所取信. 時長安令楊興以材能幸, 常稱譽堪. 上欲以爲助, 乃見問興:「朝臣斷斷不可光祿勳, 何(也)[邪?] 興者傾巧士, 謂上疑堪, 因順指曰:「堪非獨不可於朝廷, 自州里亦不可也. 臣見衆人聞堪前與劉更生等謀毀骨肉, 以爲當誅, 故臣前言堪不可誅傷, 爲國養恩也.」上曰:「然此何罪而誅? 今宜奈何?」興曰:「臣愚以爲可賜爵關內侯, 食邑三百戶, 勿令典事. 明主不失師傅之恩, 此最策之得者也.」上於是疑. 會城門校尉諸葛豐亦言堪·猛短, 上因發怒免豐. 語在其傳. 又曰:「豐言堪·猛貞信不立, 朕閔而不治, 又惜其材能未有所效, 其左遷堪爲河東太守, 猛槐里令.」

顯等專權日甚. 後三歲餘, 孝宣廟闕災, 其晦, 日有蝕之. 於是上召諸前言日變在堪·猛者責問, 皆稽首謝. 乃因下詔曰:「河東太守堪, 先帝賢之, 命而傅朕. 資質淑茂, 道術通明, 論議正直, 秉心有常, 發憤悃愊, 信有憂國之心. 以不能阿尊事貴, 孤特寡助, 抑厭遂退, 卒不克明. 往者衆臣見異, 不務自修, 深惟其故, 而反晻昧說天, 託咎此人. 朕不得已, 出而試之, 以彰其材. 堪出之後, 大變仍臻, 衆亦嘿然. 堪治未期年, 而三老官屬有識之士詠頌其美, 使者過郡, 靡人不稱. 此固足以彰先帝之知人, 而朕有以自明也. 俗人乃造端作基, 非議詆欺, 或引幽隱, 非所宜明, 意疑以類, 欲以陷之, 朕亦不取也. 朕迫于俗, 不得專心, 乃者天著大異, 朕甚懼焉. 今堪年衰歲暮, 恐不得自信, 排於異人, 將安究之哉? 其徵堪詣行在所.」拜爲光祿大夫, 秩中二千石, 領尚書事. 猛復爲太中大夫給事中. 顯幹尚書[事],

尙書五人, 皆其黨也. 堪希得見, 常因顯白事, 事決顯口. 會堪疾瘖, 不能言而卒.
顯誣譖猛, 令自殺於公車. 更生傷之, 乃著疾讒·摘要·救危及世頌, 凡八篇,
依興古事, 悼己及同類也. 遂廢十餘年.

成帝卽位, 顯等伏辜, 更生乃復進用, 更名向. 向以故九卿召拜爲中郎, 使領護
三輔都水. 數奏封事, 遷光祿大夫. 是時帝元舅陽平侯王鳳爲大將軍秉政, 倚太后,
專國權, 兄弟七人皆封爲列侯. 時數有大異, 向以爲外戚貴盛, 鳳兄弟用事之咎.
而上方精於詩書, 觀古文, 詔向領校中五經祕書. 向見尙書洪範, 箕子爲武王陳
五行陰陽休咎之應. 向乃集合上古以來歷春秋六國至秦漢符瑞災異之記, 推迹
行事, 連傳禍福, 著其占驗, 比類相從, 各有條目, 凡十一篇, 號曰洪範五行傳論,
奏之. 天子心知向忠精, 故爲鳳兄弟起此論也, 然終不能奪王氏權.

久之, 營起昌陵, 數年不成, 復還歸延陵, 制度泰奢. 向上疏諫曰:

「臣聞易曰:『安不忘危, 存不忘亡, 是以身安而國家可保也.』故賢聖之君,
博觀終始, 窮極事情, 而是非分明. 王者必通三統, 明天命所授者博, 非獨一姓也.
孔子論詩, 至於『殷士膚敏, 祼將于京』, 喟然歎曰:『大哉天命! 善不可不傳于子孫,
是以富貴無常; 不如是, 則王公其何以戒愼, 民萌何以勸勉?』蓋傷微子之事周,
而痛殷之亡也. 雖有堯舜之聖, 不能化丹朱之子; 雖有禹湯之德, 不能訓末孫之
桀紂. 自古及今, 未有不亡之國也. 昔高皇帝旣滅秦, 將都雒陽, 感寤劉敬之言,
自以德不及周, 而賢於秦, 遂徙都關中, 依周之德, 因秦之阻. 世之長短, 以德爲効,
故常戰栗, 不敢諱亡. 孔子所謂『富貴無常』, 蓋謂此也.

孝文皇帝居霸陵, 北臨廁, 意悽愴悲懷, 顧謂羣臣曰:『嗟乎! 以北山石爲槨,
用紵絮斮陳漆其間, 豈可動哉!』張釋之進曰:『使其中有可欲, 雖錮南山猶有隙;
使其中無可欲, 雖無石槨, 又何慼焉?』夫死者無終極, 而國家有廢興, 故釋之之言,
爲無窮計也. 孝文寤焉, 遂薄葬, 不起山墳.

易曰:『古之葬者, 厚衣之以薪, 臧之中野, 不封不樹. 後世聖人易之以棺槨.』

棺槨之作, 自黃帝始. 黃帝葬於橋山, 堯葬濟陰, 丘壟皆小, 葬具甚微. 舜葬蒼梧, 二妃不從. 禹葬會稽, 不改其列. 殷湯無葬處. 文·武·周公葬於畢, 秦穆公葬於雍橐泉宮祈年館下, 樗里子葬於武庫, 皆無丘壟之處. 此聖帝明王賢君智士遠覽獨慮無窮之計也. 其賢臣孝子亦承命順意而薄葬之, 此誠奉安君父, 忠孝之至也.

夫周公, 武王弟也, 葬兄甚微. 孔子葬母於防, 稱古墓而不墳, 曰:『丘, 東西南北之人也, 不可不識也.』爲四尺墳, 遇雨而崩. 弟子修之, 以告孔子, 孔子流涕曰:『吾聞之, 古者不修墓.』蓋非之也. 延陵季子適齊而反, 其子死, 葬於嬴·博之間, 穿不及泉, 斂以時服, 封墳掩坎, 其高可隱, 而號曰:『骨肉歸復於土, 命也, 魂氣則無不之也.』夫嬴·博去吳千有餘里, 季子不歸葬. 孔子往觀曰:『延陵季子於禮合矣.』故仲尼孝子, 而延陵慈父, 舜禹忠臣, 周公弟弟, 其葬君親骨肉, 皆微薄矣; 非苟爲儉, 誠便於體也. 宋桓司馬爲石槨, 仲尼曰『不如速朽.』秦相呂不韋集知略之士而造春秋, 亦言薄葬之義, 皆明於事情者也.

逮至吳王闔閭, 違禮厚葬, 十有餘年, 越人發之. 及秦惠文·武·昭·嚴襄五王, 皆大作丘壟, 多其瘞臧, 咸盡發掘暴露, 甚足悲也. 秦始皇帝葬於驪山之阿, 下錮三泉, 上崇山墳, 其高五十餘丈, 周回五里有餘; 石槨爲游館, 人膏爲燈燭, 水銀爲江海, 黃金爲鳧雁. 珍寶之臧, 機械之變, 棺槨之麗, 宮館之盛, 不可勝原. 又多殺宮人, 生薶工匠, 計以萬數. 天下苦其役而反之, 驪山之作未成, 而周章百萬之師至其下矣. 項籍燔其宮室營宇, 往者咸見發掘. 其後牧兒亡羊, 羊入其鑿, 牧者持火照求羊, 失火燒其臧槨. 自古至今, 葬未有盛如始皇者也, 數年之間, 外被項籍之災, 內離牧豎之禍, 豈不哀哉!

是故德彌厚者葬彌薄, 知愈深者葬愈微. 無德寡知, 其葬愈厚, 丘壟彌高, 宮廟甚麗, 發掘必速. 由是觀之, 明暗之效, 葬之吉凶, 昭然可見矣. 周德既衰而奢侈, 宣王賢而中興, 更爲儉宮室, 小寢廟. 詩人美之, 斯干之詩是也, 上章道宮室之如制, 下章言子孫之眾多也. 及魯嚴公刻飾宗廟, 多築臺囿, 後嗣再絕, 春秋刺焉. 周宣如彼而昌, 魯・秦如此而絕, 是則奢儉之得失也.

陛下卽位, 躬親節儉, 始營初陵, 其制約小, 天下莫不稱賢明. 及徙昌陵, 增埤爲高, 積土爲山, 發民墳墓, 積以萬數, 營起邑居, 期日迫卒, 功費大萬百餘, 死者恨於下, 生者愁於上, 怨氣感動陰陽, 因之以饑饉, 物故流離以十萬數, 臣甚愍焉. 以死者爲有知, 發人之墓, 其害多矣; 若其無知, 又安用大? 謀之賢知則不說, 以示衆庶則苦之; 若苟以說愚夫淫侈之人, 又何爲哉! 陛下慈仁篤美甚厚, 聰明疏達蓋世, 宜弘漢家之德, 崇劉氏之美, 光昭五帝・三王, 而顧與暴〈秦〉亂君競爲奢侈, 比方丘隴, 說愚夫之目, 隆一時之觀, 違賢知之心, 亡萬世之安, 臣竊爲陛下羞之. 唯陛下上覽明聖黃帝・堯・舜・禹・湯・文・武・周公・仲尼之制, 下觀賢知穆公・延陵・樗里・張釋之之意. 孝文皇帝去墳薄葬, 以儉安神, 可以爲則; 秦昭・始皇增山厚臧, 以侈生害, 足以爲戒. 初陵之橅, 宜從公卿大臣之議, 以息衆庶.」

書奏, 上甚感向言, 而不能從其計.

向睹俗彌奢淫, 而趙・衛之屬起微賤, 踰禮制. 向以爲王敎由內及外, 自近者始. 故採取詩書所載賢妃貞婦, 興國顯家可法則, 及孽嬖亂亡者, 序次爲列女傳, 凡八篇. 以戒天子. 及采傳記行事, 著新序, 說苑凡五十篇奏之. 數上疏言得失, 陳法戒. 書數十上, 以助觀覽, 補遺闕. 上雖不能盡用, 然內嘉其言, 常嗟歎之.

時上無繼嗣, 政由王氏出, 災異浸甚. 向雅奇陳湯智謀, 與相親友, 獨謂湯曰:「災異如此, 而外家日(甚)[盛], 其漸必危劉氏. 吾幸得同姓末屬, 絫世蒙漢厚恩, 身爲宗室遺老, 歷事三主. 上以我先帝舊臣, 每進見常加優禮, 吾而不言, 孰當言者?」向遂上封事極諫曰:

「臣聞人君莫不欲安, 然而常危, 莫不欲存, 然而常亡, 失御臣之術也. 夫大臣操權柄, 持國政, 未有不爲害者也, 昔晉有六卿, 齊有田・崔, 衛有孫・甯, 魯有季・孟, 常掌國事, 世執朝柄. 終後田氏取齊; 六卿分晉; 崔杼弒其君光; 孫林父・

甯殖出其君衍, 弑其君剽; 季氏八佾舞於庭, 三家者以雍徹, 並專國政, 卒逐昭公.
周大夫尹氏筦朝事, 濁亂王室, 子朝·子猛更立, 連年乃定. 故經曰『王室亂』,
又曰『尹氏殺王子克』, 甚之也. 春秋舉成敗, 錄禍福, 如此類甚眾, 皆陰盛而陽微,
下失臣道之所致也. 故書曰: 『臣之有作威作福, 害于而家, 凶于而國.』孔子曰
『祿去公室, 政逮大夫』, 危亡之兆. 秦昭王舅穰侯及涇陽·葉陽君專國擅勢, 上假
太后之威, 三人者權重於昭王, 家富於秦國, 國甚危殆, 賴譖范雎之言, 而秦復存.
二世委任趙高, 專權自恣, 壅蔽大臣, 終有閻樂望夷之禍, 秦遂以亡. 近事不遠,
卽漢所代也.

漢興, 諸呂無道, 擅相尊王. 呂產·呂祿席太后之寵, 據將相之位, 兼南北軍之眾,
擁梁·趙王之尊, 驕盈無厭, 欲危劉氏. 賴忠正大臣絳侯·朱虛侯等竭誠盡節以
誅滅之, 然後劉氏復安. 今王氏一姓乘朱輪華轂者二十三人, 青紫貂蟬充盈幄內,
魚鱗左右. 大將軍秉事用權, 五侯驕奢僭盛, 並作威福, 擊斷自恣, 行汙而寄治,
身私而託公, 依東宮之尊, 假甥舅之親, 以為威重. 尚書九卿州牧郡守皆出其門,
筦執樞機, 朋黨比周. 稱譽者登進, 忤恨者誅傷; 游談者助之說, 執政者為之言.
排擯宗室, 孤弱公族, 其有智能者, 尤非毀而不進. 遠絕宗室之任, 不令得給事朝省,
恐其與己分權; 數稱燕王·蓋主以疑上心, 避諱呂·霍而弗肯稱. 內有管·蔡之萌,
外假周公之論, 兄弟據重, 宗族磐互. 歷上古至秦漢, 外戚僭貴未有如王氏者也.
雖周皇甫·秦穰侯·漢武安·呂·霍·上官之屬, 皆不及也.

物盛必有非常之變先見, 為其人微象. 孝昭帝時, 冠石立於泰山, 仆柳起於上林.
而孝宣帝卽位. 今王氏先祖墳墓在濟南者, 其梓柱生枝葉, 扶疏上出屋, 根垂地中;
雖立石起柳, 無以過此之明也. 事勢不兩大, 王氏與劉氏亦且不並立, 如下有泰山
之安, 則上有累卵之危. 陛下為人子孫, 守持宗廟, 而令國祚移於外親, 降為皁隸,
縱不為身, 奈宗廟何! 婦人內夫家, 外父母家, 此亦非皇太后之福也. 孝宣皇帝不
與舅平昌·樂昌侯權, 所以安全之也.

夫明者起福於無形, 銷患於未然. 宜發明詔, 吐德音, 援近宗室, 親而納信, 黜遠外戚, 毋授以政, 皆罷令就弟, 以則效先帝之所行, 厚安外戚, 全其宗族, 誠東宮之意, 外家之福也. 王氏永存, 保其爵祿, 劉氏長安, 不失社稷, 所以襄睦外內之姓, 子子孫孫無疆之計也. 如不行此策, 田氏復見於今, 六卿必起於漢, 爲後嗣憂, 昭昭甚明, 不可不深圖, 不可不蚤慮. 易曰:『君不密, 則失臣;臣不密, 則失身; 幾事不密, 則害成』唯陛下深留聖思, 審固幾密, 覽往事之戒, 以折中取信, 居萬安之實, 用保宗廟, 久承皇太后, 天下幸甚.」

書奏, 天子召見向, 歎息悲傷其意, 謂曰:『君且休矣, 吾將思之.』以向爲中壘校尉.

向爲人簡易無威儀, 廉靖樂道, 不交接世俗, 專積思於經術, 晝誦書傳, 夜觀星宿, 或不寐達旦. 元延中, 星孛東井, 蜀郡岷山崩雍江. 向惡此異, 語在五行志. 懷不能已, 復上奏, 其辭曰:

「臣聞帝舜戒伯禹, 毋若丹朱敖; 周公戒成王, 毋若殷王紂. 詩曰『殷監不遠, 在夏后之世』, 亦言湯以桀爲戒也. 聖帝明王常以敗亂自戒, 不諱廢興, 故臣敢極陳其愚, 唯陛下留神察焉.

謹案春秋二百四十二年, 日蝕三十六, 襄公尤數, 率三歲五月有奇而壹食. 漢興訖竟寧, 孝景帝尤數, 率三歲一月而一食. 臣向前數言日當食, 今連三年比食. 自建始以來, 二十歲間而八食, 率二歲六月而一發, 古今罕有. 異有小大希稠, 占有舒疾緩急, 而聖人所以斷疑也. 易曰:『觀乎天文, 以察時變.』昔孔子對魯哀公, 並言夏桀・殷紂暴虐天下, 故曆失則攝提失方, 孟陬無紀, 此皆易姓之變也. 秦始皇之末至二世時, 日月薄食, 山陵淪亡, 辰星出於四孟, 太白經天而行, 無雲而雷, 枉矢夜光, 熒惑襲月, 蟄火燒宮, 野禽戲廷, 都門內崩, 長人見臨洮, 石隕于東郡, 星孛大角, 大角以亡. 觀孔子之言, 考暴秦之異, 天命信可畏也. 及項籍之敗, 亦孛大角. 漢之入秦, 五星聚于東井, 得天下之象也. 孝惠時, 有雨血, 日食於衝,滅光星見之異. 孝昭時, 有泰山臥石自立, 上林僵柳復起, 大星如月西行, 衆星隨之, 此爲特異. 孝宣興起之表, 天狗夾漢而西, 久陰不雨者二十餘日, 昌邑不終之異也. 皆著於漢紀. 觀秦・漢之易世, 覽惠・昭之無後, 察昌邑之不終, 視孝宣之紹起, 天之去就, 豈不昭昭然哉! 高宗・成王亦有雊雉拔木之變, 能思其故, 故高宗有百年之福, 成王有復風之報. 神明之應, 應若景嚮, 世所同聞也.

臣幸得託末屬, 誠見陛下有寬明之德, 冀銷大異, 而興高宗・成王之聲, 以崇劉氏, 故狠狠數奸死亡之誅. 今日食尤屢, 星孛東井, 攝提炎及紫宮, 有識長老莫不震動, 此變之大者也. 其事難一二記, 故易曰『書不盡言, 言不盡意』, 是以設卦指爻, 而復說義. 書曰『伻來以圖』, 天文難以相曉, 臣雖圖上, 猶須口說, 然後可知, 願賜清燕之閒, 指圖陳狀.」

上輒入之, 然終不能用也. 向每召見, 數言公族者國之枝葉, 枝葉落則本根無所庇廕; 方今同姓疏遠, 母黨專政, 祿去公室, 權在外家, 非所以彊漢宗, 卑私門, 保守社稷, 安固後嗣也.

向自見得信於上, 故常顯訟宗室, 譏刺王氏及在位大臣, 其言多痛切, 發於至誠. 上數欲用向爲九卿, 輒不爲王氏居位者及丞相御史所持, 故終不遷. 居列大夫官前後三十餘年, 年七十二卒. 卒後十三歲而王氏代漢. 向三子皆好學: 長子伋, 以易教授, 官至郡守; 中子賜, 九卿丞, 蚤卒; 少子歆, 最知名.

차 례

❧ 책머리에

❧ 일러두기

❧ 해제
   (1) 《설원說苑》
   (2) 유향劉向

說苑 下

卷十八 변물편辨物篇

卷十九 수문편脩文篇

卷二十 반질편反質篇

◎ 부록

卷二 신술편臣術篇

卷三 건본편建本篇

卷五 귀덕편貴德篇

說苑 三

卷六 복은편復恩篇

卷七 정리편政理篇

卷八 존현편尊賢篇

說苑 중

卷十 경신편敬愼篇

卷十一 선설편善說篇

卷十二 봉사편奉使篇

卷十三 권모편權謀篇

卷十四 지공편至公篇

說苑 卷

卷十五 지무편指武篇

卷十六 담총편談叢篇

卷十七 잡언편雜言篇

卷十八. 변물편辨物篇

"변물辨物"이란 사물에 대한 변별능력을 뜻한다. 본권은 이에
관한 일화와 고사 등을 모은 것이다.

모두 32장(745~776)이다.

어른으로서의 행동

안연顏淵이 중니仲尼에게 여쭈었다.

"어른으로서의 행동은 어떠하여야 합니까?"

공자孔子가 말하였다.

"성인이 된 자는 정성情性의 이치에 통달하여야 하며, 물류物類의 변화에도 달통하고, 유명幽明의 이유도 알며, 유기遊氣의 근원을 볼 수 있어야 한다. 이렇게만 되면 성인成人이라 할 수 있다.

그 다음으로 하늘의 도를 알았다면 인의仁義를 몸소 실천하며, 그 자신은 예악禮樂으로 몸을 닦아야 한다. 무릇 인의예악仁義禮樂은 성인의 실천 덕목이니 신명神明을 궁구窮究하여 화덕化德의 풍성함을 알아두어야 한다."

顏淵問於仲尼曰:「成人之行, 何若?」

子曰:「成人之行, 達乎情性之理, 通乎物類之變, 知幽明之故, 睹遊氣之源, 若此而可謂成人. 旣知天道, 行躬以仁義, 飭身以禮樂. 夫仁義禮樂, 成人之行也, 窮神知化德之盛也.」

【顏淵】顏回. 孔子 제자.
【情性之理】감정과 품성의 도리.

【物類之變】만물이 유별에 따라 변화하는 원리.
【幽明之故】사물이 드러나고 감추어지는 연고.
【遊氣之源】浮遊하는 氣의 근원.

참고 및 관련 자료

1. 《孔子家語》顔回篇

顔淵問於孔子曰:「成人之行若何?」子曰:「達於情性之理, 通於物類之變, 知幽明之故, 睹游氣之原, 若此可謂成人矣. 旣能成人, 而又加之以仁義禮樂, 成人之行也, 若乃窮神知化, 德之盛也.

2. 〈四庫本〉에는 본 장이 다음 장(746)과 연결되어 있다.

746(18-2) 易曰仰以觀於天文

우러러 천문에서 살피고

《역易》에 말하였다.

"우러러 천문天文에서 살피고, 굽어 지리地理에서 관찰한다."

이 까닭으로 유명幽明의 원인을 알게 되는 것이다.

무릇 천문지리天文地理를 사람이 본받아 마음에 담아 두는 것은, 바로 성지聖智를 보관하는 창고를 만드는 셈이다. 그 때문에 옛 성왕이 이미 천하에 임하면서 반드시 사시四時의 변화를 살펴 율력律曆을 정하고, 천문을 상고하여 시변時變을 규정하기 위해 영대靈臺에 올라 기분을 살펴본 것이다.

그래서 요堯임금은 이렇게 말한 것이다.

"너 훌륭한 순舜아! 하늘의 역수가 너에게 있도다. 너는 공경히 그 중심을 잡아 사해의 곤궁한 백성을 구하여라!"

또 《서書》에는 이렇게 기록되어 있다.

"선기옥형璿璣玉衡으로 천문을 살펴 칠정七政을 바로잡는다."

선기璿璣란 북극성이 구진추성勾陳樞星을 본뜬 것으로서 이를 표준으로 괴표魁杓가 가리키는 바의 이십팔수二十八宿를 살펴 길흉화복吉凶禍福을 알아내는 것이다. 곧 천문의 여러 별들의 영축盈縮으로 점을 쳐 각각 그에 맞는 영험靈驗을 얻어내는 것이다.

무릇 점변占變의 도道는 두 가지일 뿐이니 그 두 가지란 곧 음양陰陽의 수數이다. 그래서 《역易》에는 "일음일양一陰一陽을 도道라 한다"라 하였으니, 도란 만물의 움직임에 반드시 경유하지 않으면 안 될 길이다.

그 때문에 하나에서 생겨나 둘에서 이루며, 셋에서 갖추고, 넷에서 두루 펴며, 다섯에서 행한다. 이리하여 현상玄象이면서 밝게 드러나는 것은 일日·월月보다 큰 것이 없고, 변화의 움직임을 살핌에 오성五星보다 확실한 것이 없다. 하늘의 오성은 기氣로는 오행五行에서 움직이며 이는 처음에 음양에서 출발하여 1만 1천5백20까지 화극化極한다.

다음으로 소위 28수란 동방東方의 각角·항亢·저氐·방方·심心·미尾·기箕, 북방北方의 두斗·우牛·수녀須女·허虛·위危·영실營室·동벽東壁, 서방西方의 규奎·루婁·위胃·묘昴·필畢·자觜·삼參, 남방南方의 동정東井·여귀輿歸·유柳·칠성七星·장張·익翼·진軫 등 스물여덟 별자리이다.

여기서 수宿란 일·월·오성의 자리를 말한다. 스스로 자리를 지키며 그 안팎을 운행하여 다시 이를 사궁四宮으로 이름을 나누니, 그 뿌리는 모두 땅에 있으되 이것이 하늘로 올라가 빛을 발하는 것이다.

소위 오성五星이라 하는 것은 첫째가 세성歲星이요, 둘째가 형혹熒惑, 셋째가 진성鎭星, 넷째가 태백太白, 다섯째가 진성辰星이다. 참창欃槍·혜발彗孛과 순시旬始·왕시枉矢·치우지기蚩尤之旗는 모두가 오성이 영축盈縮하여 생기는 것이다.

오성이 관여하는 것은 모두 금金·목木·수水·화火·토土로써 알 수 있다.

춘春·추秋·동冬·하夏가 각각 그 속에 숨어 있다가 드러나는 것이니, 평상平常을 잃거나 그 때를 잃으면 변이變異가 나타나고, 그 때를 얻고 그 평상대로 운행되면 이를 길상吉祥이라 한다.

옛날부터 이 사시를 주재하는 자가 있었으니, 봄을 관장하는 것은 장성張星이다. 이 별이 어두웠다가 하늘 가운데로 오면 곡식 파종을 시작하되, 위로 천자에게 고하고 아래로 만백성에게 널리 선포한다.

여름을 관장하는 것은 대화성大火星이다. 이 별이 어둠 속에서 하늘 가운데에 오면 기장과 콩을 심을 수 있으니, 역시 위로 천자에게 고하고 아래로 백성들에게 선포한다.

가을을 관장하는 것은 허성虛星으로 어둠 속에 이 별이 중천하면 보리를 파종할 수 있으니, 천자에게 고하고 백성에게 알린다.

겨울을 관장하는 별은 '묘성昴星'이다. 이 별이 어둠 속에서 중천하면 모든 것을 베어 거두고 사냥을 하여 덮고 저장할 수 있으니, 역시 천자에게 고하고 백성에게 알린다.

그러므로 천자는 남면南面하여 사성四星의 가운데에 거하면서 백성의 완급緩急을 살펴 급할 때에는 세금과 부역을 과하지 말아야 한다.

《서서書》에는 "공경히 백성의 때를 잘 맞추어 주어야 한다"라 하였고, 《시詩》에는 "만물은 다 갖추어졌으니 오직 그 때를 잘 맞출지니라"라 하였다. 세상만물이 늘 있으면서 끊어지지 않게 하려면 오직 그 때에 맞게 움직여야 한다는 뜻이다.

易曰: 『仰以觀於天文, 俯以察於地理.』

是故知幽明之故. 夫天文地理人情之效存於心, 則聖智之府. 是故古者聖王, 旣臨天下, 必變四時, 定律歷, 考天文, 揆時變, 登靈臺, 以望氣氛, 故堯曰: 『咨爾舜, 天之歷數, 在爾躬, 允執其中, 四海困窮.』

書曰: 『在璿璣玉衡, 以齊七政.』

璿璣謂北辰勾陳樞星也. 以其魁杓之所指二十八宿爲吉凶禍福; 天文列舍盈縮之占, 各以類爲驗. 夫占變之道, 二而已矣. 二者, 陰陽之數也.

故易曰: 『一陰一陽之謂道.』道也者, 物之動莫不由道也. 是故發於一, 成於二, 備於三, 周於四, 行於五; 是故玄象著明, 莫大於日月; 察變之動, 莫著於五星. 天之五星, 運氣於五行, 其初猶發於陰陽, 而化極萬一千五百二十. 所謂二十八星者; 東方曰角亢氐房心尾箕, 北方曰斗牛須女虛危營室東壁, 四方曰奎婁胃昴畢觜參, 南方曰東井輿鬼柳七星張翼軫. 所謂宿者, 日月

五星之所宿也. 其在宿運外內者, 以官名別, 其根荄皆發於地
而華形於天. 所謂五星者, 一曰歲星, 二曰熒惑, 三曰鎭星, 四曰
太白, 五曰辰星. 欃槍彗孛, 旬始枉矢, 蚩尤之旗, 皆五星盈縮之
所生也. 五星之所犯, 各以金木水火土爲占. 春秋冬夏伏見有時,
失其常, 離其時, 則爲變異, 得其時, 居其常, 是謂吉祥. 古者,
有主四時者: 主春者張, 昏而中, 可以種穀, 上告于天子, 下布
之民; 主夏者大火, 昏而中, 可以種黍菽, 上告於天子, 下布之民;
主秋者虛, 昏而中, 可以種麥, 上告于天子, 下布之民; 主冬者昴,
昏而中, 可以斬伐田獵蓋藏, 上告之天子, 下布之民. 故天子南面,
視四星之中, 知民之緩急, 急則不賦藉, 不擧力役.

　書曰: 『敬授民時.』

　詩曰: 『物其有矣, 維其時矣.』

　物之所以有而不絶者, 以其動之時也.

【易曰】《周易》繫辭(下)에 "古者, 包羲氏王天下也. 仰則觀象於天, 俯則觀法
　於地, 觀鳥獸之文, 與地之宜, 近取諸身, 遠取諸物, 於是始作八卦"라 하였다.
【幽明之故】만물의 형상이 감추어졌다 밝아졌다가 하는 까닭.
【靈臺】고대에 천문관측소. 누대. 천문대.
【堯曰】《書經》大禹謨에 "人心惟危, 道心惟微, 惟精惟一, 允執其中, ……欽哉愼,
　乃有位, 敬修其可願, 四海困窮, 天祿永終"이라 하였다. 그리고《論語》堯曰篇에
　"堯曰: '咨, 爾舜! 天之曆數在爾躬, 允執其中. 四海困窮, 天祿永終.'"라 하였다.
【書曰】《書經》舜典의 기록. 璿璣玉衡은 고대 천문을 관찰하던 기구로서, 漢나라
　때는 '渾天儀'라 한다. 七政은 日月과 五星을 빗대어 한 말.
【辰星】北極星.
【勾陳樞星】모든 별을 얽고 진열한 표준의 별.
【魁杓】北極星에 의해 움직이는 일곱 별, 즉 북두칠성. 주걱처럼 생겨 붙인

이름. 즉 天樞·璇·璣·權·衡·開陽·搖光. 이 중 天樞부터 權까지의 사성을 魁, 衡부터 搖光까지의 삼성을 杓라 한다.

【二十八宿】 본문 참조. 宿는 '수'로 읽는다.

【盈縮】 가득 차거나 축소됨.

【占變之道】 변화를 점치는 방법.

【宮】 四宮을 가리키며 고대 천문학에서 四宮, 즉 四神으로 나누어 28宿의 星宿를 속하게 한 것. 동방은 靑龍, 서방은 白虎, 남방은 朱雀, 북방은 玄武.

【歲星】 木星. 1년에 1회 운행하여, 이로써 紀年을 삼았기 때문에 歲星이라 일컬은 것.

【熒惑】 火星.

【鎭星】 土星.

【太白】 金星·明星·啓明星·長庚으로도 일컫는다.

【辰星】 여기서는 水星을 가리킨다.

【欃槍】 彗星, 창처럼 뾰족한 꼬리가 있어 붙인 이름. 빗자루 같아 彗星, 箒星 이라고도 한다.

【彗孛】 彗星의 이름.

【旬始】 별 이름으로 북두칠성에서 나와 모습이 달걀 같은 것.

【枉矢】 流星의 일종.

【蚩尤之旗】 彗星의 일종으로 깃발과 같아 蚩尤之旗의 이름을 붙인 것.

【五行】《書經》周書 洪範에 "五行, 一曰水, 二曰火, 三曰木, 四曰金, 五曰土, 水曰潤下, 火曰炎上, 木曰曲直, 金曰從革, 土爰稼穡"이라 하였다.

【詩曰】《詩經》小雅 鹿鳴之什中 魚麗의 구절.

참고 및 관련 자료

1.《尚書大傳》堯典篇

主春者張, 昏中, 可以種穀; 主夏者火, 昏中, 可以種黍; 主秋者虛, 昏中, 可以種麥; 主冬者昴, 昏中, 可以收斂.

2.《尚書大傳》堯典篇

主冬者昴, 昏中, 可以收斂, 田獵斷伐, 當上告之天子而下賦之民. 故天子南面而視四星之中, 知民之緩急, 急則不賦籍, 不擧力役. 故曰:「敬授人時」, 此之謂也.

3.《淮南子》主術訓

昏張中則務種穀, 大火中則種黍菽, 虛中則種宿麥, 昴中則收斂畜積, 伐薪木, 上告
於天, 下布之民. 先王之所以應時脩備, 富國利民, 實曠來遠者, 其道備矣.

4.〈四庫本〉에는 본 장이 앞장(745)과 연결되어 있다.

747(18-3) 易曰天垂象
하늘이 형상을 내려주니

《역易》에 말하였다.

"하늘이 그 상象을 내려주니 이로써 길흉을 볼 수 있다. 성인은 이를 본받는다."

옛날 고종高宗과 성왕成王이 구치雊雉와 폭풍의 변화를 보고서 스스로 몸을 닦고 잘못을 반성한 끝에 풍부하고 창성한 복을 누릴 수 있었다.

그러다가 진秦 시황제始皇帝가 즉위하자 혜성彗星이 네 차례나 나타났고, 메뚜기 떼가 하늘을 덮었으며, 겨울에 우레가 울고 여름에 얼음이 얼며, 운석隕石이 동군東郡에 떨어졌고, 임조臨洮에는 거인이 나타나는 등의 이상한 징조를 보였다. 그런가 하면 갖가지 요망한 재이災異가 연달아 나타나고, 형혹熒惑이 하늘 가운데로 옮겨가고 대각大角이 별에 가려져서 결국 그 대각이 사라지고 말았지만 끝내 회개하지 않았다.

이세二世 황제가 들어서서 다시 그 악이 심해지자, 즉위 때에 해와 달에 일식·월식이 일어나고 산림山林이 잠겨 사라졌으며, 진성辰星이 네 계절의 맹월孟月에 나타났고, 태백太白이 하늘을 가로질러 운행하며, 구름조차 없는 하늘에 우레가 울리고, 왕시枉矢가 밤에 빛을 내고 형혹熒惑이 달을 침범하고, 요괴스런 불이 궁전을 태웠으며, 들짐승이 궁중 뜰에서 뛰어 놀고 도성都城 문이 안으로 무너졌다.

이렇게 된 때에 하늘은 위에서 변동하고 신하들은 조정에서 혼미昏迷스러우며 백성은 아래에서 난을 부리는데도 이를 살필 줄 모르니 이 까닭으로 망하고 만 것이다.

易曰: 『天垂象, 見吉凶, 聖人則之.』

昔者, 高宗·成王感於雊雉暴風之變, 修身自改, 而享豊昌之
福也; 逮秦皇帝卽位, 彗星四見, 蝗蟲蔽天, 冬雷夏凍, 石隕東郡,
大人出臨洮, 妖孽竝見, 熒惑守心, 星茀太角, 太角以亡; 終不
能改. 二世立, 又重其惡; 及卽位, 日月薄蝕, 山林辰星出於四孟,
太白經天而行, 無雲而雷, 枉矢夜光, 熒惑襲月, 孽火燒宮, 野禽
戲庭, 都門內崩. 天變動於上, 羣臣昏於朝, 百姓亂於下, 遂不察,
是以亡也.

【易曰】《周易》繫辭傳(上)에 "天垂象, 見吉凶, 聖人象之; 河出圖, 洛出書, 聖人
　則之"라 하였다.
【高宗】殷나라의 중흥주. 武丁. 傅說을 등용시켜 나라를 흥하게 하였다.
【成王】周의 成王, 姬誦. 武王의 아들로 周公이 섭정하였다.
【雊雉】《史記》殷本紀에 "帝武丁祭成湯, 明日, 有飛雉登鼎耳而呴, 武丁懼, 祖己
　曰王勿憂, 先修政事, ……武丁修政行德, 天下咸驩, 殷道復興"이라 하였다.
【暴風】周成王이 周公의 보필을 받으면서 갑작스런 폭풍을 보고 근신하였다
　한다.
【秦始皇帝】嬴政. 전국시대를 마감하고 천하통일을 이룸. 재위 37년(B.C.246~
　210).
【東郡】秦나라 咸陽의 동쪽 郡.
【臨洮】地名.
【熒惑】火星.
【大角】별 이름. 원문은 太角으로 되어 있다.《說苑疏證》에 "大原作太, 從拾
　補改, 下同"이라 하였다.
【二世】秦 始皇의 둘째아들. 趙高가 첫째인 扶蘇를 죽이고, 皇帝에 오르게 해
　준 인물. 이름은 胡亥. 재위 3년(B.C.209~207). 그 뒤 아들 子嬰 때에 나라가
　완전히 망하였다.
【山林淪亡】〈四庫全書本〉에 山林으로만 되어 있다. 〈四部備要本〉을 따랐다.

【辰星】水星.

【孟月】네 계절의 첫 달, 곧 음력으로 1월(孟春) · 4월(孟夏) · 7월(孟秋) · 10월 (孟冬)을 가리킨다.

【太白】金星 · 啓明星.

【枉矢】流星의 일종. 746장 참조.

【孼火火燒宮】〈四部備要本〉에 '孼火燒宮'으로 되어 있다.

(참고 및 관련 자료)

1. 이 장은 漢나라를 위해 秦나라를 폄하한 것으로 보인다.

2. 다른 기록에 전재된 것을 찾을 수 없다.

748(18-4) 八荒之內有四海
팔황과 사해

팔황八荒 **안에는** 사해四海가 있고, 사해 안에는 구주九州가 있으며, 천자天子는 그 가운데인 중주中州에 살면서 팔방八方을 제어한다.

두 하수河水 사이를 기주冀州라 하고, 하남河南을 예주豫州라 하며, 하서河西를 옹주雍州, 한수漢水의 남쪽을 형주荊州, 강남江南을 양주揚州, 제수濟水와 하수河水 사이를 연주兗州, 제수濟水 동쪽을 서주徐州, 연燕나라가 있던 땅을 유주幽州, 제齊나라가 있던 땅을 청주靑州라 한다. 산천과 오택汙澤이 있고 구릉과 육지·언덕이 있어 오토五土의 마땅함이 있으니 성왕聖王은 그 형세에 맞게, 그리고 그 편의에 맞게 오토를 이용하되 그 본성을 놓치지 않는다. 즉 높은 땅에는 기장을 심고 중간 땅에는 메기장[稷]을 심으며, 낮은 땅에는 메벼를 심는다. 부들·갈대·사초·기름사초 등 여러 가지 소용 닿는 풀이 궁핍하지 않게 공급되고, 삼·보리·기장·조 역시 끊임없이 산출된다. 게다가 산림 속의 짐승, 천택川澤의 물고기·자라는 저절로 번식한다.

왕은 서울에서 사방으로 통하므로 이를 이용하는 것이다.

八荒之內有四海, 四海之內有九州, 天子處中州, 而制八方耳. 兩河間曰冀州, 河南曰豫州, 河西曰雍州, 漢南曰荊州, 江南曰揚州, 濟南間曰兗州, 濟東曰徐州, 燕曰幽州, 齊曰靑州. 山川汙澤,

陵陸丘阜, 五土之宜, 聖王就其勢, 因其便, 不失其性. 高者黍,
中者稷, 下者秔, 蒲葦菅蒯之用不乏, 麻麥黍粱亦不盡, 山林禽獸,
川澤魚鱉滋殖, 王者京師四通而致之.

【八荒】 온 세계, 우주.
【四海】 고대 中國人은 中國 땅 밖을 동서남북의 네 바다가 둘러싸고 있다고
　　믿었다. 따라서 海內는 곧 세계, 즉 인간이 사는 땅인 천하로 믿었음.
【九州】 夏나라 때에 禹임금이 천하를 九州로 나누었다고 한다.
【中州】 九州 중에 가장 가운데에 있는 땅. 中原·中國으로도 표현한다.
【兩河之間】 동쪽의 淸河에서 서쪽의 西河까지의 지역.
【冀州】 지금의 河北·山西를 중심으로 한 북쪽.
【豫州】 지금의 河南省 일부.
【雍州】 邕으로도 쓰며, 지금의 陝西·甘肅 일대.
【荊州】 지금의 湖南·湖北·四川 일대.
【揚州】 지금의 江蘇·安徽·江西·浙江 일대.
【兗州】 沇으로도 쓰며, 지금의 河北과 山東 일부.
【徐州】 지금의 江蘇 북부.
【幽州】 지금의 河北省 일부 및 내몽고 자치구 일대.
【靑州】 지금의 山東省과 渤海灣 일부 지역.

749(18-5) 周幽王二年
지진이 일어나는 이유

주周 **유왕**幽王 2년, 서주西周의 삼천三川 지방에 큰 지진이 일어났다. 백양보伯陽父가 이렇게 말하였다.

"주나라는 장차 망하리라. 무릇 천지天地의 기氣가 그 질서를 잃은 것이다. 만약 그 질서가 과하면 백성이 난을 일으키게 된다. 양陽이 잠복하여 능히 발출하지 못하고, 음陰이 짓눌려 능히 증발하지 못하는 것, 이것이 지진이다. 지금 삼천 지방의 지진은 양이 그 자리를 잃고, 음의 자리를 메우고 있는 것이다. 양이 넘쳐 음을 장대하게 하면 그 근원이 막혀 나라가 망하고 만다.

무릇 수토水土는 펼쳐져야 백성이 이를 통해 족함을 얻는 것이다. 흙이 제 구실을 못하면 백성의 재물은 결핍되고 만다. 그렇게 되면 망하는 것 외에 무엇을 기다리겠는가? 옛날 이락伊雒의 물이 마르자 하夏나라가 망하였고, 하수河水가 마르자 상商나라가 망하였다. 지금의 주나라 덕은 그 두 나라의 말기와 같다. 그 물의 근원이 막히면 그 물은 마르게 마련이다. 나라란 산과 내에 의지할 수밖에 없다. 산이 무너지고 내가 마른다고 하는 것은 망하는 징조이다. 내가 마르면 산은 무너질 수밖에 없다. 이 나라가 망하는 데는 10년을 넘기지 못할 것이니, 이는 바로 운명의 기紀이다. 하늘이 버릴 때에는 그 기紀를 넘기지 않는 법이다."

이 해에 삼천의 물이 마르고 기산岐山이 무너졌다. 그리고 유왕 11년 과연 유왕은 망하고 주나라는 동쪽으로 옮길 수밖에 없었다.

周幽王二年, 西周三川皆震, 伯陽父曰:「周將亡矣. 夫天地之氣, 不失其序, 若過其序, 民亂之也. 陽伏而不能出, 陰迫而不能烝, 於是有地震. 今三川震, 是陽失其所而塡陰也; 陽溢而壯, 陰源必塞, 國必亡. 夫水土演而民用足也, 土無所演, 民乏財用, 不亡何待? 昔伊雒竭而夏亡, 河竭而商亡, 今周德如二代之季矣; 其川源塞, 塞必竭, 夫國必依山川, 山崩川竭, 亡之徵也. 川竭山必崩, 若國亡不過十年, 數之紀也, 天之所棄不過紀.」

是歲也, 三川竭, 岐山崩, 十一年幽王乃滅, 周乃東遷.

【周幽王 2年】幽王은 宣王의 아들. 宮涅. 재위 11년(B.C.781~771). 西周의 마지막 임금으로 褒姒를 총애하였다가 申侯와 犬戎에 의해 멸망당하였다. 2년은 B.C.780년.

【西周】周武王부터 幽王 때까지 수도를 鎬京에 삼아, 이 시기를 다음의 洛陽時代 와 구분하여 西周라 일컫는다(B.C.11C~771년).

【三川】地名. 涇水・渭水・洛水로 鎬京 근처.

【伯陽父】周나라 때의 太史 伯陽.

【伊雒】伊水와 雒水(洛水).

【河水】黃河.

【幽王 11年】西周 멸망의 해(B.C.771).

【周乃東遷】幽王이 褒姒의 일로 申侯와 犬戎에 의해 멸망하자, 平王(姬宜臼)이 수도를 洛陽으로 옮겨 나라를 재건하였다. 이 시기(B.C.770)를 春秋의 시작으로 보며 뒤이은 전국시대와 합해 '東周'라 일컫는다.

참고 및 관련 자료

1. 《國語》周語(上)

幽王二年, 西周三川皆震. 伯陽父曰:「周將亡矣! 夫天地之氣, 不失其序, 若過其序,民亂之也. 陽伏而不能出, 陰迫而不能烝, 於是有地震. 今三川實震, 是陽失其所而鎮陰也. 陽失而在陰, 川源必塞, 源塞, 國必亡. 夫水土演而民用也, 水土無所演, 民乏財用, 不亡何待? 昔伊·洛竭而夏亡, 河竭而商亡. 今周德若二代之季矣, 其川源又塞, 塞必竭. 夫國必依山川, 山崩川竭, 亡之徵也. 川竭, 山必崩. 若國亡不過十年, 數之紀也. 夫天之所棄, 不過其紀.」是歲也, 三川竭, 岐山崩; 十一年, 幽王乃滅, 周乃東遷.

2.《史記》周本紀

四十六年, 宣王崩, 子幽王宮湦立. 幽王二年, 西周三川皆震. 伯陽甫曰:「周將亡矣. 夫天地之氣, 不失其序; 若過其序, 民亂之也. 陽伏而不能出, 陰迫而不能蒸, 於是有地震. 今三川實震, 是陽失其所而塡陰也. 陽失而在陰, 原必塞; 原塞, 國必亡. 夫水土演而民用也. 土無所演, 民乏財用, 不亡何待! 昔伊·洛竭而夏亡, 河竭而商亡. 今周德若二代之季矣, 其川原又塞, 塞必竭. 夫國必依山川, 山崩川竭, 亡國之徵也. 川竭必山崩. 若國亡不過十年, 數之紀也. 天之所棄, 不過其紀.」是歲也, 三川竭, 岐山崩.

3.《漢書》五行志(下之上)

史記周幽王二年, 三川皆震. 劉向以爲金木水火沴土者也. 伯陽甫曰:「周將亡矣. 天地之氣, 不過其序; 若過其序, 民亂之也. 陽伏而不能出, 陰迫而不能升, 於是有地震. 今三川實震, 是陽失其所而塡陰也. 陽失而在陰, 原必塞; 原塞, 國必亡. 夫水, 土演而民用也. 土無所演, 民乏財用, 不亡何待? 昔伊·雒竭而夏亡, 河竭而商亡. 今周德如二代之季, 其原又塞, 塞必竭; 川竭. 山必崩. 夫國必依山川, 山崩川竭, 亡之徵也. 若國亡, 不過十年, 數之紀也.」

750(18-6) 五嶽者
오악과 삼공

오악五嶽**이란** 어디인가? 태산泰山은 동악東嶽이며, 곽산霍山은 남악, 화산華山은 서악, 상산常山은 북악, 숭고산嵩高山은 중악이다. 그러면 이 오악을 어찌하여 삼공三公처럼 여기는가?

이는 능히 구름과 비를 만들어 내며, 그 구름과 비를 거두어 주기 때문이다. 구름이 산의 돌에 접촉하여 생겨나서 조금만 모이면 합해져서는 어디도 가리지 않고 급히 천하에 비를 뿌려 준다. 그 덕을 베풂이 넓고 크니 그 때문에 삼공으로 대접을 하는 것이다.

五嶽者, 何謂也?

泰山, 東嶽也; 霍山, 南嶽也; 華山, 西嶽也; 常山, 北嶽也; 嵩高山, 中嶽也.

五嶽何以視三公?

能大布雲雨焉, 能大斂雲雨焉; 雲觸石而出, 膚寸而合, 不崇朝而雨天下, 施德博大, 故視三公也.

【五嶽】고대 天子가 천하를 순수할 때 꼭 들러야 하는 산.
【泰山】지금의 山東省 泰安縣에 있는 산.
【霍山】지금의 安徽省 霍山縣에 있는 산.

【華山】일명 泰華山. 지금의 陝西省 華陰縣에 있는 산.

【常山】일명 恒山. 혹은 太茂山. 지금의 河北省 曲陽縣에 그 주봉이 있다.

【嵩高山】지금의 河南省 登封縣에 있다.

【三公】여러 가지 설이 있으나, 흔히 司徒·司馬·司空으로 본다.

【膚寸】옛날의 度量. 적은 양.

【不崇朝】'조정에 벼슬하는 것은 아니지만'으로도 볼 수 있다.

참고 및 관련 자료

1. 《爾雅》 釋山

泰山爲東嶽; 華山爲西嶽, 霍山爲南嶽, 恒山爲北嶽, 嵩高爲中嶽.

2. 《禮記》 王制篇

五嶽視三公.

3. 《公羊傳》 僖公 31年 傳

山川有能潤於百里者, 天子秩而祭之, 觸石而出; 膚寸而合, 不崇朝而遍雨乎天下者,
唯泰山爾.

사독과 제후

사독四瀆**이란** 무엇인가? 장강長江·황하黃河·회수淮水·제수濟水
이다. 그런데 이 사독을 어찌하여 제후諸侯로 대접하는가?

이는 능히 더러운 때와 탁한 것을 씻어내고, 백천百川을 바다로 통하게
해 주며, 1천 리의 큰 땅에 구름을 일으켜 비를 내리니 그 덕이 심히
크다. 그래서 제후처럼 높이 받드는 것이다.

四瀆者, 何謂也? 江河淮濟也.

四瀆何以視諸侯? 能蕩滌垢濁焉, 能通百川於海焉, 能出雲
雨千里焉, 爲施甚大, 故視諸侯也.

【四瀆】瀆은 나라의 중요한 물줄기. 하천이나 강.
【視諸侯】사람이 아닌데도 제후처럼 높여 준다는 뜻.
【爲施甚大】'爲德甚美'로도 본다.《說苑疏證》에 "爲德甚美, 原作爲施甚大, 從劉
氏斠補改"라 하였다.

1.《爾雅》釋水

江·河·淮·濟爲四瀆.

2.《禮記》王制篇

四瀆視諸侯.

산천과 작위

산山・**천**川은 **어찌하여** 자작子爵・남작男爵으로 대접하는가?
이들은 능히 물건을 산출하고, 능히 만물을 윤택하게 하며 능히
구름과 비를 일으켜 그 은혜가 많다. 그러나 그 산과 내는 수백씩이나
된다. 그래서 자작・남작으로 조금 낮추어 대접하는 것이다.
《서書》에 이렇게 말하였다.
"육종六宗에게 제사지내고, 산천에 망제望祭를 지내며, 여러 신들에
게도 고루 제사지낸다."

山川何以視子男也? 能出物焉, 能潤澤物焉, 能生雲雨; 爲恩,
然品類以百數, 故視子男也.
　書曰: 『禋于六宗, 望秩于山川, 徧于群神矣.』

【子男】 고대 五爵(公・侯・伯・子・男)의 종류.
【爲恩】 〈四部備要本〉에 '爲恩多'로 되어 있다.
【書曰】《書經》舜典의 구절. 六宗은 설이 분분하나 鄭玄의 注에는 四時・寒暑・
　日・月・星・水旱이라 하였다. 望秩은《書經》에 '望于'로 되어 있다. 望은 제사의
　명칭. 羣神은 丘陵墳衍 등의 신.

753(18-9) 齊景公爲露寢之臺

올빼미 울음소리

제齊 경공景公이 노침露寢이라는 누대를 지어 완성되었는데도 이를 사용하지 않고 막아 버렸다. 백상건柏常騫이 이상히 여겨 물었다.

"누각을 지을 때는 심히 급하게 서두르시더니 완성된 후에 어찌 막아 두고 사용치 않으십니까?"

경공이 대답하였다.

"그렇소. 올빼미가 지난 번 계속해서 그곳에서 울어댔소. 그 소리는 못내는 소리가 없이 처량하였소. 나는 그 소리를 심히 싫어하오. 그래서 닫아 두고 사용치 아니하는 거요!"

그러자 백상건이 제의하였다.

"청컨대 제가 그 언짢음을 제거해 드리지요."

왕이 물었다.

"무엇을 준비해 주면 되겠소?"

백성건이 대답하였다.

"새로운 집을 하나 짓되, 그 지붕을 띠로 이어 주십시오."

왕은 그의 말대로 새로운 집을 짓게 하고, 그 지붕을 띠로 잇도록 하였다. 이에 백상건은 밤에 몰래 가서 일을 꾸미고는 이튿날 임금을 만나 물었다.

"오늘밤에도 올빼미 울음소리가 들리던가요?"

왕이 이렇게 대답하였다.

"한 번 울고는 그 다음에는 듣지 못하였소!"

그리고는 사람을 시켜 가서 살펴보게 하였더니 그 올빼미는 계단에 떨어져 날개를 편 채 땅에 엎드려 죽어 있었다. 왕이 물었다.

"그대의 도술이 어찌 이리 명확하오? 그대는 능히 나의 목숨도 늘려 줄 수 있소?"

이 말이 떨어지자 백상건은 이렇게 자신하였다.

"능히 그렇게 해 드릴 수 있지요!"

왕이 물었다.

"그럼 얼마나 늘려 줄 수 있소?"

백상건은 이렇게 설명하였다.

"천자는 9년, 제후는 7년, 대부는 5년까지 늘려 줄 수 있습니다!"

왕이 다시 물었다.

"그런 징험을 보여 줄 수 있겠소?"

백상건이 말하였다.

"수명이 연장되면 장차 땅이 진동할 것입니다!"

왕은 신이 나서 모든 관리들에게 급히 백상건이 요구하는 것들을 갖추어 주도록 명하였다. 백상건이 밖으로 나오다가 안자晏子를 길에서 만나자 말 앞에서 인사를 한 다음 이렇게 말하였다.

"제가 임금을 위해 올빼미를 없애 주었더니, 임금께서는 제게 '그대의 도술이 그렇게 뛰어난가? 나를 위해 목숨을 늘려 줄 수 없겠는가?'고 물으시더군요. 그래서 제가 '할 수 있습니다'라 대답하였습니다. 지금 곧 그 행사를 갖추어 임금을 위해 기도를 드리고자 합니다. 그래서 이 일을 귀하게 알리러 가던 참이었습니다."

안자가 이 말을 듣고 이렇게 말하였다.

"아하, 훌륭하십니다! 능히 임금의 장수를 위해 기도를 드리신다네요. 그러나 내가 듣기로 오직 정치와 덕으로써 신에게 순응해야 더욱 장수할 수 있다고 하더이다. 그런데 지금 한갓 신에게 제사를 드려 기도한다고 목숨을 늘릴 수 있을까요? 그렇다 치고 복이 될 무슨 징조라도 눈에 보이는 게 있습니까?"

백상건은 이렇게 설명하였다.

"목숨이 늘려졌다는 것은 땅이 흔들리는 것으로 확인할 수 있지요!"

안자가 다시 물었다.

"백상건! 지난날 내가 보니 유성維星이 끊어지고 추성樞星이 흩어졌으며 땅에 지진이 있었소. 당신은 그것을 이용하려는 것이 아니오?"

그러자 백상건은 머리를 숙이고 조금 있다가 다시 고개를 들고 이렇게 수긍하였다.

"그렇습니다."

이에 안자가 이렇게 말하였다.

"그렇게 한다고 해서 이익이 되는 것도 없고, 그렇게 하지 않는다고 해서 손해날 것도 없소. 세금을 적게 거두고 백성의 재물을 낭비하지 않는 것, 그대는 이것을 임금께서 실천하도록 유도해야 하오!"

齊景公爲露寢之臺, 成而不通焉.

栢常騫曰:「爲臺甚急, 臺成, 君何爲不通焉?」

公曰:「然, 梟昔者鳴, 其聲無不爲也, 吾惡之甚, 是以不通焉.」

柏常騫曰:「臣請禳而去之!」

公曰:「何具?」

對曰:「築新室, 爲置白茅焉.」

公使爲室, 成, 置白茅焉.

柏常騫夜用事, 明日問公曰:「今昔聞梟聲乎?」

公曰:「一鳴而不復聞.」

使人往視之, 梟當陛布翼伏地而死.

公曰:「子之道, 若此其明也! 亦能益寡人壽乎?」

對曰:「能.」

公曰:「能益幾何?」

對曰:「天子九, 諸侯七, 大夫五.」

公曰:「亦有徵兆之見乎?」

對曰:「得壽, 地且動.」

公喜, 令百官趣具巂之所求.

柏常巂出, 遭晏子於塗, 拜馬前, 辭曰:「巂爲君禳梟而殺之, 君謂巂曰:『子之道若此其明也, 亦能益寡人壽乎?』巂曰『能.』今且大祭, 爲君請壽, 故將往. 以聞.」

晏子曰:「嘻, 亦善矣! 能爲君請壽也. 雖然, 吾聞之: 惟以政與德順乎神, 爲可以益壽. 今徒祭可以益壽乎? 然則福名有見乎?」

對曰:「得壽, 地將動.」

晏子曰:「巂, 昔吾見維星絕, 樞星散, 地其動. 汝以是乎?」

柏常巂俯有間, 仰而對曰:「然.」

晏子曰:「爲之無益, 不爲無損也. 薄賦斂, 無費民, 且令君知之!」

【齊景公】春秋 후기 齊나라 군주. 재위 58년(B.C.547~490).

【露寢】누대. 누각 이름.

【柏常巂】景公의 신하. 災異를 믿었던 인물. 같은 장 내에 '栢常巂'으로도 되어 있다.

【其聲無不爲也】그 소리가 처량함을 말함. 모든 처량한 울음소리를 냄을 뜻한다.

【夜用事】밤에 몰래 그 새를 죽임을 뜻한다.

【晏子】齊景公의 賢相.

【然則福名有見乎】'名'은 '兆'로 보았다.《說苑疏證》에 "兆原誤作名, 從拾補及 劉氏斠補改"라 하였다.

【維星】별들의 질서.

【樞星】북극성과 북두칠성.

1.《晏子春秋》內篇 雜下

景公爲露寢之台, 成而不踊焉. 柏常騫曰:「君爲台甚急, 台成, 君何爲不踊焉?」公曰:「然. 有梟昔者鳴, 聲無不爲也, 吾惡之甚, 是以不踊焉.」柏常騫曰:「臣請禳而去.」公曰:「何具?」對曰:「築新室, 爲置白茅.」公使爲室, 成, 置白茅焉. 柏常騫夜用事. 明日, 問公曰:「今昔聞梟聲乎?」公曰:「一鳴而不復聞.」使人往視之, 梟當陛, 布翌, 伏地而死. 公曰:「子之道若此其明, 亦能益寡人之壽乎?」對曰:「能.」公曰:「能益幾何?」對曰:「天子九, 諸侯七, 大夫五.」公曰:「子亦有徵兆之見乎?」對曰:「得壽, 地且動.」公喜, 令百官趣具騫之所求. 柏常騫出, 遭晏子於塗, 拜馬前, 騫辭曰:「爲禳君梟而殺之, 君謂騫曰:『子之道若此其明也, 亦能益寡人壽乎?』騫曰:『能.』今且大祭, 爲君請壽, 故將往, 以聞.」晏子曰:「嘻! 亦善能爲君請壽也. 雖然, 吾聞之, 維以政與德而順乎神, 爲可以益壽. 今徒祭可以益壽乎? 然則福兆有見乎?」對曰:「得壽, 地將動.」晏子曰:「騫! 昔吾見維星絕, 樞星散, 地其動, 汝以是乎?」柏常騫俯有間, 仰而對曰:「然.」晏子曰:「爲之無益, 不爲無損也. 汝薄斂, 毋費民, 且無令君知之.」

홍수와 가뭄

　무릇 수재水災와 한재旱災는 천하의 음양陰陽이 일으키는 것
이다. 따라서 큰 한재에는 우제雩祭를 지내어 비를 청하고, 큰 수재에는
북을 울려 사신社神이 겁먹도록 큰 소리를 내니 이는 무슨 원리인가?
답은 이러하다.

　양陽이라 하는 것은 음陰의 어른이다. 그것이 새에게 있어서는 수컷이
양이 되고 암컷이 음이 되며, 짐승에게 있어서도 역시 수컷이 양이
되고 암컷이 음이 된다. 마찬가지로 백성에게 있어서는 지아비가 양이
되고, 아내가 음이 되며, 집안에 있어서는 아버지가 양이 되고 그
아들이 음이 된다. 또 나라에 있어서는 임금이 양이 되고 신하가 음이
된다. 그러므로 양은 귀하고 음은 천하며, 양은 높고 음은 낮은 것이
하늘의 도이다.

　지금 큰 한발이 있다면, 양기陽氣가 지나치게 성하여 음기의 자리를
제압하고 있기 때문이다. 음기는 눌리고 양기는 굳으니 양기가 그
자리를 메우고 있다. 메우고 누름이 너무 심하여 음기로 하여금 일어설
수 없게 하므로, 우제를 지내어 비를 요청할 뿐이지 감히 무엇을 가할
수가 없다. 또 큰 수재와 일식日蝕이란, 음기가 지나치게 강하여 위로
양정陽精을 감소시켜 생기는 것이다.

　천한 것이 귀한 것을 타오르고 낮은 것이 높은 것을 능멸하니, 이는
대역불의大逆不義한 것이다. 그 때문에 북을 울려 겁먹도록 하여 붉은
실로 묶어 음을 제압한다.

이로 말미암아 보건대 《춘추春秋》에 천하지위天下之位를 바로잡고, 음양지실陰陽之失을 징벌하며 대역大逆을 곧바로 질책하는 것은, 그 곤란을 피하려 아니한 것이니 이 역시 강한 반발을 두려워하지 않는 춘추 본연의 의미이다.

그래서 사신社神에게 겁 주되 그 영靈은 놀라지 않게 하며, 천왕天王을 내쫓되 윗사람을 존경하지 않는 경우는 없다.

즉 괴외蒯聵를 멀리하라는 명령에 아버지의 뜻을 듣지 않을 수 없었고, 문강文姜을 거절하라는 위촉에 그 어머니를 고맙게 여기지 않을 수 없었던 것이니 이는 그 의리가 지극함이로다! 그 의리가 지극함이로다!

夫水旱俱天下陰陽所爲也. 大旱則雩祭而請雨, 大水則鳴鼓 而劫社. 何也? 曰: 陽者, 陰之長也, 其在鳥則雄爲陽, 雌爲陰, 其在獸則牡爲陽而牝爲陰; 其在民則夫爲陽而婦爲陰; 其在家則 父爲陽而子爲陰; 其在國則君爲陽而臣爲陰. 故陽貴而陰賤, 陽尊而陰卑, 天之道也. 今大旱者, 陽氣太盛以厭於陰, 陰厭陽固, 陽其塡也, 惟塡厭之太甚, 使陰不能起也, 亦雩祭拜請而已, 無敢 加也. 至於大水及日蝕者, 皆陰氣太盛而上減陽精, 以賤乘貴, 以卑陵尊, 大逆不義, 故鳴鼓而懾之, 朱絲縈而劫之. 由此觀之, 春秋乃正天下之位, 徵陰陽之失. 直責逆者, 不避其難, 是亦春秋 之不畏强禦也. 故劫嚴社而不爲驚靈, 出天王而不爲不尊上, 辭蒯聵之命不爲不聽其父, 絶文姜之屬而不爲不愛其母. 其義 之盡耶! 其義之盡耶!

【雩祭】 가물 때에 지내는 祈雨祭. 어린 남녀 8명이 춤을 추면서 '우, 우' 하는 소리를 내어 붙여진 명칭이라 한다.

【社】社神・土地神・后土.

【春秋】공자가 지은 경전 이름. 六經의 하나.

【蒯聵】춘추시대 衛靈公의 太子. 庶母인 男子와 不和하여 그녀를 죽이려다가 靈公의 노여움을 사 晉나라로 도망하였다. 뒤에 靈公이 죽으면서 아들 郢에게 자리를 잇도록 하였으나 郢은 蒯聵의 아들 輒이 있으므로 해서 망설였다.

【文姜】魯桓公 부인. 齊襄公과 私通하여 魯桓公의 노여움을 샀다. 이에 襄公이 公子 彭으로 하여금 桓公을 죽이게 하였다. 《左傳》桓公 5・6年 참조.

<hr>

참고 및 관련 자료

1.《公羊傳》莊公 25年 傳

六月, 辛未朔, 日有食之, 鼓用牲於社. 日食則曷爲鼓用牲於社, 求乎陰之道也, 以朱絲營社, 或曰脅之, 或曰爲闇, 恐人犯之, 故營之.

755(18-11) 齊大旱之時
재앙을 막는 근본

제齊**나라**에 큰 한재旱災가 들었을 때 경공景公이 여러 신하들을 소집하여 물었다.

"하늘이 오랫동안 비를 내려 주지 않아 백성들이 굶주린 기색이오. 내가 사람을 시켜 점을 쳐 보니 고산광수高山廣水의 귀신이 빌미[祟]가 되었다 하오. 나는 백성의 세금을 약간 거두어 그 영험스러운 산에 제사를 지내는 비용으로 쓰고 싶소. 어떻게들 생각하시오?"

그러나 여러 신하들은 감히 대답을 하지 못하였다. 이때 안자晏子가 나서서 이렇게 진언하였다.

"안 됩니다. 그런 제사를 올려 보았자 이익될 게 없습니다. 그 영산靈山 이란, 돌로 몸을 이루고 초목으로 머리털을 이루고 있습니다. 하늘이 오랫동안 비를 내려주지 않으면 그 터럭이 타고 그 몸이 뜨거울 텐데 그 산인들 어찌 비를 기다리지 않겠습니까? 이런 산에게 제사를 지내 보았자 이익이 없습니다."

그러자 경공은 다른 제안을 하였다.

"그렇지 않다면 그럼 하백河伯에게 제사를 지내고 싶소. 어떻소?"

안자는 역시 반대하였다.

"안 됩니다. 그런 제사도 무익합니다. 무릇 하백이란 물로써 나라를 삼고, 어별魚鼈로 그 백성을 삼습니다. 오랫동안 비가 오지 않으면 물의 근원이 줄어들어 낮아지고, 모든 냇물이 다 말라 그 나라도,

그 백성도 장차 멸망할 것입니다. 그런 상황에 그 하백인들 어찌 비를 기다리지 않겠습니까? 그러니 이런 하백에게 제사를 지내 보았자 이익이 없습니다."

경공은 난감하였다.

"그러면 지금 어찌하면 좋겠소?"

안자는 이렇게 제안하였다.

"임금께서 진실로 궁전에 계시지 말고 직접 볕을 쬐면서 영산·하백과 같이 근심하시면 다행히 비가 내릴지도 모르지요!"

이에 경공이 들에 나가 볕을 쬐며 사흘을 지내자 과연 큰비가 내려 백성들이 곡식을 심을 수 있게 되었다. 경공이 이렇게 감탄하였다.

"훌륭합니다! 안자의 말이여. 어찌 그의 말을 듣지 않을 수 있으리오? 그는 오로지 덕으로 그 근본을 삼을 뿐이로다."

齊大旱之時, 景公召羣臣問曰:「天不雨久矣, 民且有飢色, 吾使人卜之, 祟在高山廣水, 寡人欲少賦斂, 以祠靈山可乎?」

羣臣莫對.

晏子進曰:「不可, 祠此無益也. 夫靈山固以石爲身, 以草木爲髮; 天久不雨, 髮將焦, 身將熱, 彼獨不欲雨乎? 祠之無益.」

景公曰:「不然, 吾欲祠河伯可乎?」

晏子曰:「不可, 祠此無益也. 夫河伯以水爲國, 以魚鱉爲民; 天久不雨, 水泉將下, 百川竭, 國將亡, 民將滅矣, 彼獨不用雨乎? 祠之何益?」

景公曰:「今爲之奈何?」

晏子曰:「君誠避宮殿暴露, 與靈山河伯共憂; 其幸而雨乎!」

於是景公出野, 暴露三日, 天果大雨, 民盡得種樹.

景公曰:「善哉! 晏子之言, 可無用乎? 其惟有德也.」

【景公】齊나라 군주.

【高山廣水】큰 산과 넓은 강. 이들이 비를 내리지 못하게 횡포를 부림.

【靈山】《說苑疏證》에서는 이를 고유명사로 보았다.

【晏子】晏嬰. 晏平仲.

【河伯】河水의 神.

【百川渴】"百川將渴"로 보았다. 《說苑疏證》에 "將字原脫, 從拾補改"라 하였다.

참고 및 관련 자료

1.《晏子春秋》內篇 諫上

齊大旱逾時, 景公召群臣問曰:「天不雨久矣, 民且有饑色. 吾使人卜, 云, 祟在高山廣水. 寡人欲少賦斂以祠靈山, 可乎?」群臣莫對. 晏子進曰:「不可, 祠此無益也. 夫靈山固以石爲身, 以草木爲髮, 天久不雨, 髮將焦, 身將熱, 彼獨不欲雨乎? 祠之無益.」公曰:「不然, 吾欲祠河伯, 可乎?」晏子曰:「不可, 河伯以水爲國, 以魚鱉爲民, 天久不雨, 泉將下, 百川渴, 國將亡, 民將滅矣, 彼獨不欲雨乎? 祠之何益!」景公曰:「今爲之奈何?」晏子曰:「君誠避宮殿暴露, 與靈山・河伯共憂, 其幸而雨乎?」於是景公出野居暴露, 三日, 天果大雨, 民盡得種時. 景公曰:「善哉! 晏子之言, 可無用乎! 其維有德.」

남녀의 성징

무릇 천지는 각각 그 덕이 있어 이것이 서로 합하면 기氣가 생기고 정精이 나타나게 된다. 그리고 음양陰陽이 서로 소식消息하면 변화가 그 해당하는 때에 생기게 된다.

그리고 그 때를 얻으면 다스려지고 화육化育하게 되지만, 그 질서가 잘못되면 혼란이 생긴다. 그 까닭으로 사람은 갓난아기 때에는 할 수 없는 것이 다섯 가지이니, 눈이 있어도 보이지 않고 스스로 먹을 수 없으며 걷지도 못하고 말도 할 수 없고 시화施化하지 못한다. 때문에 석 달이 지나 눈이 제 구실을 하여야 능히 볼 수 있고, 일곱 달이 지나 이빨이 생긴 후라야 능히 먹을 수 있으며, 1년이 지나 무릎뼈가 생긴 후에야 걸을 수 있고, 3년이 지나 성대가 합해져야 말을 할 수 있고, 열여섯 살이 되어 정기精氣가 소통된 후라야 시화할 수 있다.

음이 다하면 양으로 돌아오고, 양이 다하면 음으로 돌아온다. 그러므로 음은 양 때문에 변하고, 양은 음 때문에 변한다.

그리하여 남자는 여덟 달에 이가 생겨 여덟 살에 이를 갈기 때문에 이팔二八은 십륙十六에 정기가 조금씩 통하기 시작하고, 여자는 일곱 달 만에 이가 나서 일곱 살 때에 이를 갈기 때문에 이칠二七은 십사十四에 정기가 화하여 조금씩 통하는 것이다. 그런데 지혜롭지 못한 자는 정기가 화하여 이를 때에 생식지기生息之氣가 감동하여 정욕情欲의 접촉을 마구 범하려 한다. 그 때문에 도리어 혼란을 반복하게 되는 것이다.

《시詩》에 이렇게 노래하였다.

"이와 같은 사람, 장가 갈 생각만 하네. 믿음이 전혀 없는 자, 천명도 모르네!"

어진 자는 그렇지 않다. 그는 정화精化가 가득 차기를 기다린 후에도 상해 입을 경우를 만나지 않도록 한다. 우선 그 단서가 될 일을 만들지 않으며, 자신의 정욕을 노래로 푼다.

그래서 《시詩》에 "조용하고 아리따운 여자, 성 귀퉁이에서 나를 기다리네. 사랑스러운 님 만나지 못해 머리 긁적이며 서성이네"라 하였고, 또 "저 높은 해와 달을 바라보니 아득히 그리운 나의 생각. 길이 멀다고요? 그러나 능히 오지 못할 만큼 멀리오!"라 하였다.

이는 짝지을 나이가 급함을 말한 것이며, 그 내용이 절실하다. 그래서 해와 달, 즉 세월을 거론한 것이다.

夫天地有德, 合則生氣有精矣; 陰陽消息, 則變化有時矣. 時得而治矣, 時得而化矣, 時失而亂矣; 是故人生而不具者五: 目無見, 不能食, 不能行, 不能言, 不能施化. 故三月達眼而後能見, 七月生齒而後能食, 期年生臏而後能行, 三年顗合而後能言, 十六精通而後能施化. 陰躬反陽, 陽窮反陰, 故陰以陽變, 陽以陰變. 故男八月而生齒, 八歲而毀齒, 二八十六而精小通; 女七月而生齒, 七歲而毀齒, 二七十四而精化小通. 不肖者, 精化始至矣, 而生氣感動, 觸情縱欲, 故反施亂化.

故詩云:『乃如之人, 懷婚姻也; 大無信也, 不知命也.』

賢者不然, 精化塡盈後, 傷時之不可遇也, 不見道端, 乃陳情欲以歌.

詩曰:『靜女其姝, 俟我乎城隅; 愛而不見, 搔首踟蹰.』『瞻彼日月, 遙遙我思; 道之云遠, 曷云能來?』

急時之辭也甚焉, 故稱日月也.

【夫天地有德, 合則生氣有精矣】《說苑疏證》에서는 '德'字를 衍文으로 보아 "夫天地有合, 則生氣有精矣"로 보고 있다. 즉 "合上原衍德者, 從拾補刪"이라 하였다.

【消息】消長生息, 즉 代謝.

【施化】남녀의 생식 접촉, 즉 남녀관계를 할 수 있음을 말한다. 새로운 생명을 넣기 위해 이루어지는 化精作用.

【觸情縱欲】男女의 第二次性徵을 설명한 것.

【詩云】《詩經》鄘風 蝃蝀의 구절.

【詩曰】앞에 인용된 구절은 《詩經》邶風 靜女. 뒤는 邶風 雄雉의 구절.

참고 및 관련 자료

1.《韓詩外傳》卷1

傳曰: 天地有合, 則生氣有精矣. 陰陽消息, 則變化有時矣. 時得則治, 時失則亂, 故人生而不具者五. 目無見, 不能食, 不能行, 不能言, 不能施行. 三月微昫而後能見, 八月生齒而後能食, 期年生臏就而就能行, 三年顋合而後能言. 十六精通而後能施行. 陰陽相反, 陰以陽變, 陽以陰變. 故男八月生齒, 八歲而齔齒. 十六而精化小通. 女七月生齒, 七歲而齔齒, 十四而精化小通. 是故陽以陰變, 陰以陽變, 故不肖者精化始具, 而生氣感動, 觸情縱欲, 反施亂化, 是以年壽亟夭而性不長也. 詩曰:『乃如之人兮, 懷婚姻也, 太無信也, 不知命也.』賢者不然. 精氣闐溢而後傷, 時不可過也. 不見道端, 乃陳情欲, 以歌道義. 詩曰:『靜女其姝, 俟我乎城隅. 愛而不見, 搔首蹰躇.』『瞻彼日月, 遙遙我思, 道之云遠, 曷云能來!』

2.《大戴禮記》本命篇

人生而不具者五. 目無見, 不能食, 不能行, 不能言, 不能化. 三月而徹昫, 然後能有見,八月生齒, 然後食, 期而生臏, 然後能行, 三年囟合, 然後能言, 十有六情通, 然後能化. 陰窮反陽, 陽窮反陰, 辰故陰以陽化, 陽以陰變. 故男以八月而生齒, 八歲而齔. 一陰 一陽, 然後成道. 二八十六, 然後情通, 然後其施行. 女七月生齒, 七歲而齔, 二七十四, 然後其化成.

3. 《孔子家語》本命解篇

人始生而有不具者五焉. 目無見, 不能食, 不能行, 不能言, 不能化. 及生三月而微煦, 然後有見, 八月生齒, 然後能食, 三年顋合, 然後能言, 十有六精通, 然後能化. 陰窮 反陽, 故陰以陽變, 陽窮反陰, 故陽以陰化. 是以男子八月生齒, 八歲而齔. 女子七月 生齒, 七歲而齔, 十有四而化. 一陽一陰, 奇偶相配, 然後道合化成. 性命之端形於此也.

4. 기타 참고자료

《春秋繁露》基義篇·循天之道篇

도량형

　　도량度量과 권형權衡은 곡식 중에 기장을 표준으로 하되 (10속粟을)
1푼分으로 하며, 10푼을 1촌寸으로 하고, 10촌을 1척尺으로 하며, 10척을
1장丈으로 한다.

　　또 기장으로 하되 16서黍를 1두豆로 하고, 6두를 1수銖로 하며, 24수의
중량을 1냥兩으로 하며, 16냥을 1근斤으로 하고, 30근을 1균鈞으로 하며,
4균의 무게를 1섬石으로 한다.

　　그리고 기장 1천2백 알을 1약龠으로 하고, 10약을 1홉合으로 하며,
10홉을 1되升로 하고, 10되를 1말斗로 하며, 10말을 1섬石으로 한다.

　　度量權衡, 以黍生之爲一分, 十分爲一寸, 一寸爲一尺, 十尺
爲一丈. 十六黍爲一豆, 六豆爲一銖, 二十四銖重一兩, 十六兩
爲一斤, 三十斤爲一鈞, 四鈞重一石. 千二百黍爲一龠, 十龠爲
一合, 十合爲一升, 十升爲一斗, 十斗爲一石.

【度量】度는 길이, 量은 부피와 중량.
【權衡】둘 모두 저울을 뜻하며 무게의 표준을 말한다.
【以黍生之爲一分】"以粟生之, 十粟爲一分"의 잘못으로 보고 있다. 《說苑疏證》
　　에 "粟原作黍, 十粟二字原脫, 均從拾補補正"이라 하였다.

참고 및 관련 자료

1. 이는《漢書》律曆志의 度, 量, 權衡의 내용을 요약한 것이며 내용에 약간씩의 차이가 있다.

2.《漢書》律曆志

度者, 分寸尺丈引也. 所以度長短也. 以子穀秬黍中者, 一黍之廣, 度之九十分. ……量者, 龠合升斗斛也. 所以量多少也. 以子穀秬黍中者千有二百實其龠, 二井水準其槩. ……權者, 銖兩斤鈞石也. 所以稱物平施, 知輕重也. 一龠容千二百黍, 重十二銖…….

육경과 사령

무릇 육경六經은 제왕帝王이 지은 바로서 사령四靈과 연관되지 않은 것이 없다. 덕이 성하면 이 신령스런 짐승이 길러지는 것으로 여겼으니, 다스림이 평화로운즉 그 시대의 기氣가 이른 것이다.

그러므로 기린麒麟은 노루의 몸체에 소의 꼬리이며, 둥근 정수리에 뿔은 하나이다. 인仁과 의義를 지니고 있고, 그 소리는 율려律呂에 맞으며, 그 행보行步는 법도에 맞고, 그 절선折旋도 규정에 맞는다. 땅을 가려 밟고 그 위치가 평평해야 거하며, 군집생활을 하지 않고 떠돌아다니지도 않는다. 그 바탕의 무늬는 뒤섞여 있고, 한가로울 때는 순순여循循如하며 움직일 때는 용의容儀가 있다.

황제黃帝가 즉위하여 성은을 베풀고 대명大明을 받들어 한결같이 도와 덕을 닦아 오직 인으로써 행하였다. 그래서 천하가 평화로웠지만 봉황鳳凰이 나타나지 않아 자나 깨나 그 모습을 그리워하였다. 이에 일찍 일어나 늦게 자면서 애타게 기다리다가 천로天老에게 물었다.

"봉황의 의태儀態는 어떠한가?"

천로는 이렇게 설명하였다.

"무릇 봉황이란 앞은 기러기 모습에 뒤는 인麟 같이 생겼고, 목은 뱀 같되 꼬리는 물고기 같으며, 황새의 이마에 원앙새 같고, 그 뜻한 바를 고절枯折스럽게 빛내고자 합니다. 게다가 용의 무늬에 거북 몸체이며, 제비부리에 닭의 입 같고, 그 날개를 함께 모아 가운데로 향하고 있습니다. 머리에는 덕德을 이었고 정수리에는 의義를 보이며, 등에는 인仁을 짊어지고 심장은 신信과 지智를 지니고 있지요. 먹을 때도 의표儀表가 있고 움직이면 무늬가 나타나며, 다가올 때는 아주 아름답습니다.

화상전 〈봉황〉

새벽에 우는 울음을 발명發明이라 하고, 낮의 울음소리를 보장保長이라 하며, 날면서 우는 것을 상상上翔이라 하고, 모여서 우는 것을 귀창歸昌이라 합니다. 날개에는 의義를 끼고 마음속에는 충忠을 안고 있으며, 발로는 정正을 밟고 꼬리는 무武를 달고 있습니다.

작은 소리는 쇳소리 같으나 큰 소리는 북소리에 맞습니다.

목을 빼고 날개를 저으면 다섯 가지 광채가 나고, 그 광채는 여덟 가지 바람을 일으키며, 그 기氣가 강하면 때맞추어 비가 내립니다. 이것이 곧 봉황의 모습입니다.

무릇 봉황만이 능히 만물을 궁구하고 하늘의 신과 통교하며, 1백 가지 형상을 상징하고 도에까지 도달합니다. 이가 떠나면 재앙이 있게 되고, 이가 보이면 복이 있게 됩니다.

봉황은 능히 구주九州·팔극八極을 볼 수 있으며, 문무文武를 겸비하고 왕국을 바르게 해주며 그 빛은 사방을 모두 비추니, 이 때문에 인자仁者·성자聖者가 모두 굴복하는 것입니다. 그러므로 봉황의 모습 중에 한 가지를 얻으면 봉황이 지나가고, 두 가지를 얻으면 봉황이 내려오며, 세 가지를 얻으면 봉황이 봄·가을로 내려오고, 네 가지를 얻으면 사철 내려오며, 다섯 가지를 얻으면 종신토록 머물러 살아 주지요!"

황제는 이렇게 감탄하였다.

"아! 훌륭하오!"

그리고는 황면黃冕을 갖추어 쓰고, 황신黃紳을 띠고 궁정 가운데에서 재계齋戒하였다. 그러자 봉황이 해를 가리며 내려왔다. 이에 황제는 스스로 동쪽 계단으로 내려서서 서쪽을 향해 선 다음 머리를 조아리며 이렇게 말하였다.

"하늘께서 이렇게 내려주시니 어찌 감히 천명을 받들지 않으리오!"

그러자 봉황들이 다시 동쪽 원유園囿로 모여들어 황제의 대나무 열매를 먹으며 오동나무에 살면서 종신토록 떠나지 않았다.

《시詩》에 "봉황이 울도다, 저기 높은 언덕 위에서. 오동나무 자랐네, 저기 아침 햇살 밝은 곳에. 무성하게 늘어진 저 오동잎. 재잘재잘 울어대는 저 봉황새 소리!"라 하였으니 바로 이를 두고 한 말이다.

다음으로 영구靈龜는 무늬가 오색으로 옥이나 금과 같다.

음을 등지고 양을 향해 산다. 위는 천문天文을 등지듯 둥글고 아래는 땅을 본받듯 평평하며, 주위는 산의 모습이고 네 발은 사시四時의 변화에 맞추어져 있고, 무늬는 28 수宿를 상징한다.

뱀의 머리에 용의 날개 같으며, 왼쪽은 해를 나타내고 오른쪽은 달을 상징하여 1천 년의 변화를 통해 아래쪽 기氣를 위로 통하게 하니, 능히 존망길흉存亡吉凶의 변화를 알고 있다. 편안할 때는 신신여信信如하되 움직이면 모든 것이 드러난다.

다음으로 신룡神龍이다.

이는 능히 높고 낮음을 마음대로 하고, 크고 작기도 뜻대로 하며, 숨기도 나타나기도, 짧게도 길게도 할 수 있다. 그 때문에 그 높이를 널리 보여 주기도 하고, 그 깊이도 물속 아래까지 하며, 천광天光을 엷게도 하고 이를 높이 들어 보이기도 한다. 한 번 보였다가 없어지는 것이 매우 짧으나, 그 무늬는 빛나고 아름답다. 사라졌을 때는 그 정精이 화하고, 움직이면 그 영靈이 화한다.

아! 훌륭하도다! 군자가 이를 신神으로 삼으니 그의 위의威儀를 보라.

얼마나 그윽한 사이를 유유히 떠도는가! 봉황새 같지 않은가?
《서書》에 "조수의 울음소리가 창창하니 봉황새가 오는 듯한 모습이
로구나!"라 하였으니 바로 이를 두고 한 말이다.

凡六經帝王之所著, 莫不致四靈焉; 德盛則以爲畜, 治平則
時氣至矣. 故麒麟麕身牛尾, 圓頂一角, 含仁懷義, 音中律呂,
行步中規, 折旋中矩. 擇土而踐, 位平然後處, 不群居, 不旅行,
紛紛其有質文也, 幽閒則循循如也, 動則有容儀. 黃帝卽位, 惟聖
恩承天, 明道一修, 惟仁是行, 宇內和平, 未見鳳凰, 維思影像,
夙夜晨興.

於是乃問天老曰:「鳳儀何如?」

天老曰:「夫鳳, 鴻前麟後, 蛇頸魚尾, 鸛植鴛鴦, 思麗化枯折
所志, 龍文龜身, 燕喙雞喙, 駢翼而中注, 首戴德, 頂揭義, 背負仁,
心信智, 食則有質, 飲則有儀, 往則有文, 來則有嘉. 晨鳴曰發明,
晝鳴曰保長, 飛鳴曰上翔, 集鳴曰歸昌. 翼挾義, 袞抱忠, 足履正,
尾繫武, 小聲合金, 大聲合鼓; 延頸奮翼, 五光備擧, 光興八風,
氣降時雨, 此謂鳳像. 夫惟鳳爲能究萬物, 通天祉, 象百狀, 達于道.
去則有災, 見則有福, 覽九州, 觀八極, 備文武, 正王國, 嚴照四方,
仁聖皆伏. 故得鳳之像一者, 鳳過之, 得二者, 鳳下之, 得三者,
則春秋下之, 得四者, 則四時下之, 得五者, 則終身居之.」

黃帝曰:「於戲盛哉!」

於是乃備黃冕, 帶黃紳, 齋于中宮, 鳳乃蔽日而降. 黃帝降自
東階, 西面啓首曰:「皇天降玆, 敢不承命?」

於是鳳乃遂集東囿, 食帝竹實, 棲帝梧樹, 終身不去.

詩云:『鳳凰鳴矣, 于彼高岡; 梧桐生矣, 于彼朝陽. 菶菶萋萋, 雍雍喈喈.』

此之謂也.

靈龜文五色, 似玉似金, 背陰向陽, 上隆象天, 下平法之, 繁衍象山, 四趾轉運應四時, 文著象二十八宿. 蛇頭龍翅, 左精象日, 右精象月, 千歲之化, 下氣上通, 能知吉凶存亡之變. 寧則信信如也, 動則著矣. 神龍能爲高, 能爲下, 能爲大, 能爲小, 能爲幽, 能爲明, 能爲短, 能爲長. 昭乎其高也, 淵乎其下也, 薄乎天光, 高乎其著也. 一有一亡忽微哉, 斐然成章, 虛無則精以和, 動作則靈以化. 於戲允哉! 君子辟神也, 觀彼威儀, 遊燕幽閒, 有似鳳也.

書曰:『鳥獸鶬鶬, 鳳凰來儀.』

此之謂也.

【六經】원래《易》・《詩》・《書》・《禮》・《樂》・《春秋》를 말하나, 여기서는 고대의 훌륭한 기록을 모두 지칭한 것.

【帝王】현재의 六經은 모두 古代 帝王 및 文王・武王・周公 등 성현과 연관된 것으로 보았다.

【四靈】고대 영험한 것으로 여겼던 네 가지 신령스런 동물. 즉 본 장에는 麒麟・鳳凰・靈龜・神龍을 들고 있다.

【循循如】늠름하거나 조용한 모습.《論語》子罕篇에 "夫子循循然善誘人"이라 하였다.

【黃帝】고대 五帝의 하나. 軒轅氏. 黃은 土德의 의미.

【惟聖恩承天, 明道一修】《說苑疏證》에서는 "施聖恩, 承大明, 一道脩德"으로 보아 "施原誤作惟, 大訛天. 一道二字倒, 德字脫. 均從王太岳四庫全書考證改正"이라 하였다.

【天老】黃帝의 臣下.

【鳳儀何如】〈四庫本〉에 "鳳像何如"로 되어 있다.

【鶴植鴛鴦】〈四庫全書本〉과 〈四部備要本〉 모두 "鶴植鴛鴦"으로 되어 있으며, 그 다음의 "思麗化枯折所志" 구절은 잘못된 것이라 보고 있다.《說苑疏證》에 "鸛顙原作鶴植, 鴛下衍鴦字, 思下衍麗化枯折所志六字, 均從拾補及朱駿聲校記 刪正"이라 하였다. 한편《說文解字》에도 "鸛顙鴛思"로 되어 있다.

【八風】《呂氏春秋》有始篇에 '동북풍은 炎風, 동풍은 滔風, 동남풍은 熏風, 남풍은 巨風, 서남풍은 淒風, 서풍은 飂風, 서북풍은 厲風, 북풍은 寒風이라 한다'라 되어 있다.

【達于道】"達五音"으로도 본다.《說苑疏證》에 "五音, 原作于道, 從拾補改"라 함.

【黃冕】노란 색의 면류관.

【黃紳】노란 색의 허리띠.

【園囿】임금 전용의 식물원·동물원.

【詩曰】《詩經》大雅 卷阿의 구절.

【靈龜】四靈의 하나. 거북의 형상.

【二十八宿】하늘의 별자리.《說苑》卷18 辨物篇 746(18-2) 참조.

【蛇頭龍翅】《說苑疏證》에 "胝原作翅, 從劉氏壽補改"라 하여 '翅'를 '胝'로 보았다.

【信信如】믿음직스러움.

【斐然成章】《論語》公冶長篇에 "子在陳曰歸與歸與, 吾黨之小子狂簡, 斐然成章, 不知所以裁之"라 하였다.

【書曰】《書經》益稷篇의 구절.

参고 및 관련 자료

1. 〈四庫全書〉에는 "靈龜文五色"부터 끝까지를 분리하여 하나의 장으로 하였다.

2.《韓詩外傳》卷8

黃帝卽位, 施惠承天, 一道脩德, 惟仁是行, 宇內和平, 未見鳳凰, 惟思其象. 夙寐晨興, 乃召天老而問之曰:「鳳象何如?」天老對曰:「夫鳳之象, 鴻前而麟後, 蛇頸而魚尾, 龍文而龜身, 燕頷而雞啄. 戴德負仁, 抱中挾義. 小音金, 大音鼓, 延頸奮翼, 五彩備明. 舉動八風, 氣應時雨. 食有質, 飲有儀. 往卽文始, 來卽嘉成. 惟鳳爲能通天祉, 應地靈, 律五音, 覽九德. 天下有道, 得鳳像之一, 則鳳過之. 得鳳象之二, 則鳳翔之. 得鳳象 之三, 則鳳集之. 得鳳象之四, 則鳳春秋下之. 得鳳象之五, 則鳳沒身居之.」黃帝曰:

「於戲, 允哉! 朕何敢與焉!」於是黃帝乃服黃衣, 帶黃紳, 戴黃冕, 致齋於中宮. 鳳乃蔽日而至. 黃帝降於東階, 西面再拜稽首曰:「皇天降祉, 敢不承命!」鳳乃止帝東園, 集帝梧桐, 食帝竹實, 沒身不去. 詩曰: 『鳳凰飛, 翽翽其羽, 亦集爰止.』

3. 《藝文類聚》(89)

韓詩外傳曰: 黃帝時, 鳳皇栖帝梧桐, 食帝竹實.

4. 기타 참고자료

《藝文類聚》(99)·《史記》〈屈原賈生列傳〉正義, 〈司馬相如列傳〉正義·《太平御覽》(719, 915)·《事類賦注》(18)·《初學記》(30)·《天中記》(14)

759(18-15) 成王時有三苗貫桑而生
월상씨가 찾아오다

주周 **성왕**成王 **때**에 세 종류의 곡식 싹이 뽕나무를 뚫고 자라서는 이삭은 하나로 맺히는 것이었다. 또 그 크기가 수레에 거의 가득 찰 정도여서 백성들이 이를 가져다가 성왕에게 바쳤다. 성왕이 주공周公에게 물었다.

"이것이 어찌 된 것입니까?"

주공은 이렇게 설명하였다.

"세 종류가 한 가지 이삭으로 패는 것은, 생각건대 천하가 화평을 얻어 하나로 통일된다는 뜻이 아닐까요?"

그로부터 3년이 지나자 월상씨越裳氏가 여러 번의 통역을 거쳐 조공을 와서는 이렇게 말하는 것이었다.

"길은 너무 멀고 험하며, 산천이 가로막아 사신 혼자의 통역으로는 올 수 없어 중역重譯·삼역三譯을 거쳐서 찾아온 것입니다."

주공이 그들에게 이렇게 말하였다.

"은택을 베푼 것이 없으면 군자로서 그 공물을 받지 않는 법이요, 정령政令을 베푼 것이 없으면 역시 군자로서 그대들을 신하로 삼을 수 없다 하였소!"

그러자 통역하는 이가 이렇게 말하였다.

"우리는 우리나라의 원로들에게서 이런 명령을 받았습니다. '오랫동안 하늘에 열풍음우烈風淫雨가 없는 것을 보면 중국에 성인이 나셨나 보다. 계시다면 어찌 가서 뵙지 않으랴!'라고요."

이에 주공은 공경히 그들이 가지고 온 바의 것을 받았다.

成王時, 有三苗貫桑而生, 同爲一秀, 大幾盈車, 民得而上之
成王.

成王問周公: 「此何也?」

周公曰: 「三苗同秀爲一, 意天下其和而爲一乎?」

後三年則越裳氏重譯而朝, 曰: 「道路悠遠, 山川阻深, 恐一使
之不通, 故重三譯而來朝也.」

周公曰: 「德澤不加, 則君子不饗其質; 政令不施, 則君子不臣
其人.」

譯曰: 「吾受命於吾國之黃髮: 『久矣, 天之無烈風淫雨, 意中
國有聖人耶? 有則盍朝之!』」

然後周公敬受其所以來矣.

【成王】 周初 武王의 아들. 姬誦. 周公의 보필을 받았다.
【周公】 姬旦. 文王의 아들. 성인으로 칭하였다.
【越裳氏】 中國 남쪽의 異民族. 지금의 貴州. 월남 근처.
【烈風淫雨】 태풍과 장마 등 좋지 못한 기후.

참고 및 관련 자료

1. 《尚書大傳》 嘉禾篇

成王之時, 有三苗貫桑葉而生, 同爲一穗, 其大盈車, 長幾充箱, 民得而上諸成王.

2. 《尚書大傳》 嘉禾篇

成王時, 有苗異莖而生, 同爲一穟, 人有上之者. 王召周公而問之, 公曰: 「三苗爲一穟,
抑天下共和爲一乎?」 果有越裳氏重譯而來.

3. 《尚書大傳》 嘉禾篇

交阯之南有越裳國. 周公居攝六年, 制禮作樂, 天下和平. 越裳以三象重譯而獻白雉,

曰:「道路悠遠, 山川阻深, 音使不通, 故重譯而朝.」成王以歸周公, 公曰:「德不加焉,
則君子不饗其質, 政不施焉, 則君子不臣其人. 吾何以獲此賜也?」其使請曰:「吾受命
吾國之黃耇曰:『久矣天之無烈風澍雨, 意者中國有聖人乎? 有則盍往朝之.』」周公
乃歸之於王, 稱先王之神致以薦於宗廟. 周德旣衰, 於是稍絶.

4.《韓詩外傳》卷5

成王之時, 有三苗貫桑而生, 同爲一秀, 大幾滿車, 長幾充箱, 民得而上諸成王. 成王
問周公:「此何物也?」周公曰:「三苗同爲一秀, 意者天下殆同一也.」比幾三年,
果有越裳氏重九譯而至, 獻白雉於周公. 曰:「道路悠遠, 山川幽深. 恐使人之未達也,
故重譯而來.」周公曰:「吾何以見賜也?」譯曰:「吾受命國之黃髮曰:『久矣天之不迅
風疾雨也, 海之不波溢也, 三年於茲矣. 意者中國殆有聖人, 盍往朝之.』於是來也.」
周公乃敬求其所以來. 詩曰:『於萬斯年, 不遐有佐.』

5.《十八史略》卷1

交趾南有越裳氏, 重三譯而來, 獻白雉, 曰:「吾受命國之黃耇, 天無烈風淫雨, 海不
揚波, 三年矣. 意者中國有聖人乎?」周公歸之王, 薦于宗廟, 使者迷歸路, 周公錫以
軿車五乘, 皆爲指南之制. 使者載之, 由扶南林邑海際, 朞年而至國. 故指南車常爲
先導, 示服遠人而正四方.

6.《藝文類聚》(8)

成王時, 有越裳氏重三譯而朝, 曰:「吾受命國之黃髮曰:『久矣! 天之不迅風雨, 海之
不波溢也, 三年於茲矣! 意者, 中國有聖人乎, 盍往朝之!』」

7. 기타 참고자료

《白虎通》封禪篇・《太平御覽》(10, 60, 872)・《類說》(38)・《文選》〈東都賦〉注,〈東
京賦〉注,〈頭陀碑〉注・《玉海》(154, 199)・《事類賦注》(6, 38)・《天中記》(2)

760(18-16) 周惠王十五年
신이 강림하다

주周 혜왕惠王 15년에 어떤 신神이 신莘 땅에 강림하였다. 왕이 내사內史 과過에게 물었다.

"이것이 무슨 연고인가? 무슨 징조가 있는가?"

그의 대답은 이러하였다.

"있습니다. 나라가 장차 흥하려면 그 임금이 재齋를 올리고 명석하게 하며, 중정中正하고 정결精潔히 하며, 은혜롭고 온화하게 합니다. 그 덕은 족히 그 향기를 밝힐 수 있으며, 그 은혜는 족히 그 백성을 동화시킬 수 있습니다.

신神이 이를 흠향하고, 백성은 따르게 되지요. 그래야 백성과 신이 원망이 없어 밝은 신이 강림하여 그 정치와 덕을 보고 고르게 복을 베풀어 주는 것입니다. 그러나 나라가 장차 망하려면 그 임금이 탐모貪冒·음벽淫僻·사일邪佚·황태荒怠·무예蕪穢·포학暴虐하여, 그 정치는 비린내가 나고 그 향기도 피어오르지 못하며, 그 형벌은 무고함을 벗어나지 못하고 백성은 두 가지 마음을 갖게 됩니다. 그렇게 되면 명신明神이 도움을 주지 않고, 백성은 멀어져 가지요.

그리하여 백성과 신이 다 함께 원통해하고 원망을 갖게 되어 어디에 의지할 곳이 없어집니다. 따라서 신이 와서 그 가혹한 정치를 보고 화를 내리고 마는 것입니다. 이 까닭으로 해서 신을 보는 것은 똑같으나 어떤 이는 이로써 흥하고, 어떤 이는 이로써 망하게 되는 것입니다.

옛날 하夏나라가 흥할 때 축융祝融이 숭산崇山에 내려왔고, 그 나라가 망할 때에는 회록回祿이 정수亭隧에 내려왔습니다. 또 상商나라가 흥할 때에는 도올檮杌이 비산丕山에 내려왔고, 그 나라가 망할 때에는 이양 夷羊이 목牧이라는 땅에 나타났습니다. 그리고 주周나라가 흥할 때에는 악작鸑鷟이 기산岐山에서 울었으며, 쇠망할 때에는 두백杜伯이 호경鎬京에서 선왕宣王을 쏘았습니다. 이는 모두가 명신明神의 기년紀年입니다."

왕이 다시 물었다.

"그러면 지금 나타난 신은 어떤 신인가?"

내사 과는 다시 이렇게 설명하였다.

"옛날 소왕昭王이 방房 땅에서 아내를 취하였는데, 그 여자는 방후房后라 하여 큰 덕이 있었으나 단주丹朱와 관계를 잘 처리하지 못하고 목왕 穆王을 낳았습니다. 이는 주周나라 자손에게 화와 복으로 감독하는 것입니다. 무릇 신이란 먼 곳으로 옮겨가지 않습니다. 이로 말미암아 보건대, 지금 내려온 신은 단주丹朱가 아닐까요?"

왕이 다시 물었다.

"누가 화를 입을 것 같은가?"

내사 과는 이렇게 말하였다.

"괵虢나라가 화를 입을 것입니다."

왕이 물었다.

"그러면 어찌하면 되겠는가?"

내사 과는 다시 이렇게 설명하였다.

"제가 듣건대 도를 갖추고 있으면서 신을 만나면 풍성한 복을 받지만, 음일한 상태에서 신을 만나면 이를 탐화貪禍라 하였습니다. 지금 괵나라는 임금이 어린데다 황음에 빠졌으니 그 때문에 망하겠지요!"

왕이 다시 물었다.

"그러면 나는 어떻게 해야 하는가?"

그는 이렇게 대답하였다.

"태재太宰로 하여금 제사를 드리게 하고, 사관史官으로 하여금 이성

狸姓을 거느리고 희생과 곡물, 그리고 옥백玉帛을 갖추어 봉헌하되 기구
祈求하지는 말아야 합니다."

왕이 다시 물었다.

"괵나라는 얼마나 갈 것 같은가?"

내사 과가 말하였다.

"옛날 요堯임금은 오기五器·오덕五德·오복五服·오례五禮·오형五刑 등
오五로써 백성을 다스렸습니다. 지금 단주는 귀신으로서 보인 것이니,
그 물物을 잃은 것은 아닙니다. 이로써 보면 5년을 넘기지 못하겠지요."

이에 왕은 태재太宰인 기보己父로 하여금 부씨傅氏를 거느리고 제사를
지내게 하고, 희생물과 옥술잔을 봉헌케 하였다. 내사 과가 이를 따라서
괵나라에 이르니 괵공虢公 역시 제사를 지냈으나, 사관史官은 오히려
그 신에게 땅을 달라 청하였다. 내사 과가 돌아와 왕에게 이렇게
보고하였다.

"괵나라는 반드시 망할 것입니다. 신에게 잘못하였다고 제사를 드리는
것이 아니라 복을 달라 하더군요. 신은 반드시 그에게 화를 내릴 것입니다.
또 백성을 친하게 대하지 않고, 그들을 재물 생산의 도구로 쓰고 있으니
백성도 왕에게서 멀어질 것입니다. 정성을 들여 제사지내는 것은 잘못을
비는 뜻이어야 하고, 서민을 사랑으로 보살피는 것은 친하기 위한
것입니다. 지금 괵공은 백성을 부려 자기 속을 채우고 있습니다. 백성은
떠나가고 신은 노하였는데도 이익을 요구하고 있으니, 이 어찌 난처한
일이 아니겠습니까?"

4년 후 혜왕 19년, 과연 진晉나라가 괵국을 취해 버렸다.

周惠王十五年, 有神降于莘.

王問於內史過曰:「是何故有之乎?」

對曰:「有之國將興, 其君齋明中正, 精潔惠和, 其德足以昭其
馨香, 其惠足以同其民人, 神饗而民聽, 民神無怨, 故明神降焉,

觀其政德而均布福焉. 國將亡, 其君貪冒淫僻, 邪佚荒怠, 蕪穢暴虐; 其政腥臊, 馨香不登, 其刑矯誣, 百姓攜貳, 明神不蠲, 而民有遠意, 民神痛怨, 無所依懷, 故神亦往焉, 觀其苛慝而降之禍. 是以或見神而興, 亦有以亡. 昔夏之興也, 祝融降于崇山; 其亡也, 回祿信於亭隧. 商之興也, 檮杌次於丕山; 其亡也, 夷羊在牧. 周之興也, 鸑鷟鳴於岐山; 其衰也, 杜伯射宣王於鎬. 是皆明神之紀者也.」

王曰:「今是何神也?」

對曰:「昔昭王娶于房曰房后, 是有爽德協于丹朱, 丹朱馮身以儀之, 生穆王焉. 是監燭周之子孫而福禍之. 夫一神不遠徙遷, 若由是觀之, 其丹朱耶?」

王曰:「其誰受之?」

對曰:「在虢.」

王曰:「然則何爲?」

對曰:「臣聞之: 道而得神, 是謂豐福, 淫而得神, 是謂貪禍. 今虢少荒, 其亡也.」

王曰:「吾其奈何?」

對曰:「使太宰以祝史率狸姓, 奉犧牲粢盛玉帛往獻焉, 無有祈也.」

王曰:「虢其幾何?」

對曰:「昔堯臨民以五, 今其冑見; 鬼神之見也, 不失其物. 若由是觀之, 不過五年.」

王使太宰己父率傅氏及祝, 奉犧牲玉鬯往獻焉. 內史過從至虢, 虢公亦使祝史請土焉.

內史過歸告王曰：「虢必亡矣. 不禋於神, 而求福焉, 神必禍之;
不親於民, 而求用焉; 民必違之. 精意以享, 禋也; 慈保庶民,
親也. 今虢公動匱百姓以逞, 其違離民怒神怨, 而求利焉, 不亦
難乎?」

十九年晉取虢也.

【周惠王】周莊王의 孫子이며, 釐王의 아들. 이름은 閬, 혹은 涼. 15年은 魯나라
莊公 32年에 해당한다. B.C.662. 惠王의 재위는 25년(B.C.676∼652).

【莘】地名. 虢地. 지금의 陝西省 郃陽縣의 華里.

【內史過】內史는 관직. 過는 이름.

【祝融】火神의 이름. 顓頊의 아들로 이름은 重黎.

【崇山】崇高山. 夏나라의 陽城은 이 崇山에 가깝다. 혹은 湖南省 澧縣이라도
한다.

【回祿】역시 火神의 이름.

【亳隄】옛 地名.《國語》에는 聆隄로 되어 있다.

【信於亳隄】《國語》注에 "再宿爲信"이라 함.

【檮杌】《國語》注에 鯀이라 하였다. 혹설로는 顓頊의 못난 아들 이름이라도
하고, 혹은 호랑이의 일종으로 그 털 길이가 2척이나 되며, 人面虎足豬牙에
尾長八尺의 맹수라도 한다.

【丕山】산 이름.《國語》注에 "丕山在河東"이라 하였다.

【夷羊】神獸의 일종.

【牧】商나라 교외인 牧野.

【鸑鷟】봉황의 別稱.

【岐山】周나라의 山.

【杜伯】堯의 후손인 劉累의 후예. 唐杜氏. 뒤에 杜伯이라 불렸으며, 무고하게
죽음.《國語》注에 "杜國, 伯爵, 陶唐氏之後也, 周春秋曰宣王殺杜伯而不辜,
後三年, 宣王會諸侯田于圃, 日中, 杜伯起於道左, 衣朱衣, 冠朱冠, 操朱弓, 朱矢射
宣王, 中心折脊而死矣"라 하였다.

【鎬】鎬京. 周나라 수도. 鄗로도 쓴다.

【宣王】周나라 군주 姬靜. 재위 46년(B.C.827~782).

【昭王】周나라 成王의 손자이며, 康王의 아들. 이름은 瑕.

【房】나라 이름.

【丹朱】堯의 아들. 舜이 그를 房 땅에 봉하였다.

【穆王】昭王의 아들. 姬滿. 穆天子라도 부르며 八駿馬·西王母와의 고사 등을 남긴 임금.

【生穆王焉】구체적인 사실은 알 수 없으나 《國語》의 이 문장 注에 "爽, 貳也, 協, 合也. 丹朱, 堯子也. 憑, 依也. 儀, 匹也. 詩云, 實維我儀, 言房后之行有似丹朱, 丹朱憑依其身而匹偶焉, 生穆王也"라 하였다.

【夫一神不遠徙遷】《說苑疏證》에 "夫神一不遠徙遷"이라 한 뒤 "神一二字原誤倒. 從劉氏斠補乙正"이라 하였다. 《國語》注에는 "言神壹心依憑於人, 不遠遷也"라 하였다.

【虢】《國語》注에 "言神在虢, 虢其受之也"라 하였다. 虢은 나라 이름. 지금의 河南省 陝縣 근처.

【太宰】제사 의식을 담당하는 王卿.

【狸姓】《國語》注에 丹朱의 후손이라 하였다.

【丹朱】堯의 아들. 원문의 冑는 《國語》에 "後也, 謂丹朱之神也"라 하였다.

【己父】《國語》에 周公 忌父라 하였다.

【傅氏】《國語》注에 "狸姓也, 在周爲傅氏"라 하였다.

【虢公】虢나라 군주.

【惠王 19년】《國語》에 "魯僖之五年也"라 하였으나, 이 해는 惠王 22年(B.C.655)에 해당한다. 이 해에 晉獻公(22년)이 虢을 멸망시켰다.

> 참고 및 관련 자료

1. 《左傳》莊公 32年

秋七月, 有神降于莘. 惠王問諸內史過曰:「是何故也?」對曰:「國之將興, 明神降之, 監其德也; 將亡, 神又降之, 觀其惡也. 故有得神以興, 亦有以亡, 虞·夏·商·周皆有之.」王曰:「若之何?」對曰:「以其物享焉. 其至之日, 亦其物也.」王從之.

內史過往, 聞虢請命, 反曰:「虢必亡矣. 虐而聽於神.」神居莘六月. 虢公使祝應・宗區・史嚚享焉. 神賜之土田. 史嚚曰:「虢其亡乎! 吾聞之, 國將興, 聽於民; 將亡, 聽於神. 神, 聰明正直而壹者也, 依人而行. 虢多凉德, 其何土之能得!」

2.《國語》周語(上)

十五年, 有神降于莘, 王問於內史過, 曰:「是何故? 固有之乎?」對曰:「有之. 國之將興, 其君齊明・衷正・精潔・惠和, 其德足以昭其馨香, 其惠足以同其民人. 神饗而民聽, 民神無怨, 故明神降之. 觀其政德而均布福焉. 國之將亡, 其君貪冒・辟邪・淫佚・荒怠・粗穢・暴虐; 其政腥臊, 馨香不登; 其刑矯誣, 百姓携貳. 明神不蠲而民有遠志, 民神怨痛, 無所依懷, 故神亦往焉, 觀其苛慝而降之禍. 是以或見神以興, 亦或以亡. 昔夏之興也, 融降於崇山; 其亡也, 回祿信於聆隧. 商之興也, 檮杌次於丕山; 其亡也, 夷羊在牧. 周之興也, 鸑鷟鳴於岐山; 其衰也, 杜伯射王於鄗. 是皆明神之志者也.」王曰:「今是何神也?」對曰:「昔昭王娶於房, 曰房后, 實有爽德, 協於丹朱, 丹朱憑身以儀之, 生穆王焉. 是實臨照周之子孫而禍福之. 夫神壹不遠徙遷, 若由是觀之, 其丹朱之神乎?」王曰:「其誰受之?」對曰:「在虢土.」王曰:「然則何爲?」對曰:「臣聞之: 道而得神, 是謂逢福; 淫而得神, 是謂貪禍. 今虢少荒, 其亡乎?」王曰:「吾其若之何?」對曰:「使太宰以祝・史帥狸姓, 奉犧牲・粢盛・玉帛往獻焉, 無有祈也.」王曰:「虢其幾何?」對曰:「昔堯臨民以五, 今其胄見, 神之見也, 不過其物. 若由是觀之, 不過五年.」王使太宰忌父帥傅氏及祝・史奉犧牲・玉鬯往獻焉. 內史過從至虢, 虢公亦使祝・史請土焉. 內史過歸, 以告王曰:「虢必亡矣, 不禋於神而求福焉, 神必禍之; 不親於民而求用焉, 人必違之. 精意以享, 禋也; 慈保庶民, 親也. 今虢公動匱百姓以逞其違, 離民怒神而求利焉, 不亦難乎!」十九年, 晉取虢.

761(18-17) 齊桓公北征孤竹
고죽국 정벌에 나섰을 때

제齊 환공桓公이 북쪽으로 고죽국孤竹國을 치러 가다가 비이卑耳라는 계곡에서 미처 10리도 이르지 못한 곳에서 갑자기 멈추었다. 그리고 눈을 들어 놀란 표정으로 보고 있다가 활을 들어 쏘려다 감히 쏘지를 못하고서 위연히 이렇게 탄식하였다.

"이번 싸움에는 내가 질 것이다. 나는 키 큰 사람을 보았다. 면류관을 쓰고 사람의 형상을 갖추었는데, 왼손에 옷을 들고서 말을 타고 내 앞을 지나갔다."

관중管仲이 이렇게 풀이하였다.

"반드시 이길 것입니다. 그 사람은 도를 아는 신神입니다. 말을 타고 앞질러 간 것은 우리를 인도하는 것이며, 왼손에 옷을 들었다는 것은 앞에 물이 있다는 뜻으로서 왼쪽으로 건너라는 것입니다."

과연 10리를 더 갔더니 물이 있었으며 요수遼水라 이름하였다. 그곳에 표시를 해 두고 왼쪽 방향으로 가자 물이 발목까지밖에 차지 않았으나, 오른쪽은 무릎까지 차 올랐다. 이에 그 물을 건너서 싸움을 이길 수가 있었다. 그러자 환공이 관중의 말 앞에서 재배하고 이렇게 감탄하였다.

"중부仲父의 성스러움이 이와 같군요. 과인이 일찍이 몰라뵈었습니다."

관중은 이렇게 설명하였다.

"제가 듣기로 성인은 형태가 보이기도 전에 안다고 하였습니다. 지금은 이미 형태가 나타난 다음에야 알았으니 이는 제가 가르침을 잘 이었을 뿐 성스럽다고 할 수는 없습니다."

齊桓公北征孤竹, 未至卑耳谿中十里, 闖然而止, 瞠然而視有頃, 奉矢未敢發也.

喟然歎曰:「事其不濟乎! 有人長尺, 冠冕大人物具焉, 左袪衣走馬前者.」

管仲曰:「事必濟, 此人知道之神也. 走馬前者, 導也, 左袪衣者, 前有水也.」從左方渡, 行十里果有水, 曰遼水. 表之, 從左方渡至踝, 從右方渡至膝. 已渡, 事果濟.

桓公再拜管仲馬前曰:「仲父之聖至如是, 寡人得罪久矣.」

管仲曰:「夷吾聞之, 聖人先知無形, 今已有形乃知之, 是夷吾善承敎, 非聖也.」

【齊桓公】 춘추오패의 하나.
【孤竹】 나라 이름. 지금의 河北省 및 遼東 근처 朝陽 부근. 伯夷叔齊의 나라.
【卑耳】 地名. 골짜기 이름.
【冠冕大人物具焉】 "冠冕而人物具焉"으로 보았다.
【管仲】 齊桓公의 재상.
【遼水】 물 이름. 강 이름.
【仲父】 齊桓公이 管仲을 높여 부른 것.
【夷吾】 管仲의 이름.

참고 및 관련 자료

1.《管子》小問篇

桓公北伐孤竹, 未至卑耳之谿十里, 闖然正, 瞠然視, 援弓將射, 引而未敢發也. 謂左右曰:「見是前人乎?」左右對曰:「不見也.」公曰:「事其不濟乎? 寡人大惑. 今者寡人見人長尺而人物具焉. 冠, 右袪衣, 走馬前, 疾. 事其不濟乎? 寡人大惑, 豈有人若此者乎?」管仲對曰:「臣聞登山之神有兪兒者, 長尺而人物具焉. 霸王之君興, 而登山

神見. 且走馬前疾, 道也; 祛衣, 示前有水也. 右祛衣, 示從右方涉也.」至卑耳之谿,
有贊水者, 曰:「從左方涉, 其深及冠, 從右方涉, 其深至膝. 若右涉, 其大濟.」桓公立
拜管仲於馬前曰:「仲父之聖至若此, 寡人之抵罪也久矣.」管仲對曰:「夷吾聞之,
聖人先知無形, 今已有形而後知之, 臣非聖也, 善承敎也.」

방풍씨의 뼈

오吳나라가 월越나라를 쳐서 회계會稽를 함락시킨 연후 수레에
가득 찰 만큼의 큰 뼈를 얻었다. 그러자 오나라가 공자孔子에게 사람을
보내어 이같이 물었다.

"어떤 뼈가 제일 큽니까?"

공자가 설명하였다.

"옛날 우禹임금이 여러 신하들을 회계산으로 모아 회의를 하고자
하였습니다. 그때 방풍씨防風氏가 뒤늦게 도착하여 우임금이 그를 죽여
버렸는데 그의 뼈가 수레에 가득 찰 만큼 컸다 합니다. 그의 뼈가
가장 큽니다."

사자使者가 다시 물었다.

"누가 신神이 됩니까?"

공자가 말하였다.

"산천의 신령은 천하의 기강을 바로 세우기에 족합니다. 그는 지키
면서 신이 되는 것입니다. 또 사직社稷의 제사는 공후公侯가 지내고,
산천의 제사는 제후들이 맡아서 하지요. 그러나 이들은 모두 왕에게
속하는 것입니다."

사신이 다시 물었다.

"방풍씨는 무엇을 지켰습니까?"

공자가 설명하였다.

"그는 왕망씨汪芒氏의 군주로서 봉산封山·우산嵎山을 지켰습니다. 이 두 신을 희성釐姓이라 합니다. 우虞·하夏 때에는 방풍씨라 하였고, 상商나라 때에는 왕망씨라 하였으며, 주周에 이르러서는 장적씨長狄氏라 하였고, 지금은 대인大人이라 부릅니다."

사자가 다시 물었다.

"사람의 키는 얼마나 큽니까?"

공자는 이렇게 대답하였다.

"초요씨僬僥氏라는 인종은 키가 3척尺밖에 되지 않으며, 그밖에 키가 커야 10척尺을 넘지 않으니, 이는 수數의 극極이기 때문입니다."

사자가 감탄하였다.

"훌륭하십니다! 성인이시여."

吳伐越, 墮會稽, 得骨專車, 使使問孔子曰:「骨何者, 最大?」

孔子曰:「禹致群臣會稽山, 防風氏後至, 禹殺而戮之, 其骨節專車, 此爲大矣.」

使者曰:「誰爲神?」

孔子曰:「山川之靈, 足以紀綱天下者, 其守爲神. 社稷爲公侯, 山川之祀爲諸侯, 皆屬於王者.」

曰:「防風氏何守?」

孔子曰:「汪芒氏之君守封嵎之山者也, 其神爲釐姓, 在虞夏爲防風氏, 商爲汪芒氏, 於周爲長狄氏, 今謂之大人.」

使者曰:「人長幾何?」

孔子曰:「僬僥氏三尺, 短之至也; 長者不過十, 數之極也.」

使者曰:「善哉! 聖人也.」

【會稽】地名. 원래 越나라의 땅.

【防風氏】夏나라 때의 諸侯. 키가 큰 人種. 夏禹氏가 天子가 되어 會稽山에서
諸侯들을 불러모았을 때, 諸侯인 防風氏가 가장 늦게 도착하여 禹임금이 防風氏
의 목을 쳐서 위엄을 보이자 천하의 諸侯들이 모두 복종하였다.

【封山·嵎山】모두 산 이름.

【汪芒氏】商나라 때의 防風氏 후예.

【長狄氏】춘추시대의 씨족.

【僬僥氏】西南쪽의 人種으로 키가 아주 작다.

참고 및 관련 자료

1. 본 장은 孔子가 지식이 풍부함을 나타내기 위한 내용으로 보인다.

2. 《國語》魯語(下)

吳伐越, 墮會稽, 獲骨焉, 節專車. 吳子使來好聘, 且問之仲尼, 曰:「無以吾命.」
實發幣於大夫, 及仲尼, 仲尼爵之. 旣徹俎而宴, 客執骨而問曰:「敢問骨何爲大?」
仲尼曰:「丘聞之: 昔禹致群神於會稽之山, 防風氏後至, 禹殺而戮之, 其骨節專車.
此爲大矣.」客曰:「敢問誰守爲神?」仲尼曰:「山川之靈, 足以紀綱天下者, 其守爲神;
社稷之守者, 爲公侯. 皆屬於王者.」客曰:「防風何守也?」仲尼曰:「汪芒氏之君也,
守封·嵎之山者也, 爲漆姓. 在虞·夏·商爲汪芒氏, 於周爲長狄, 今爲大人.」客曰:
「人長之極幾何?」仲尼曰:「僬僥氏長三尺, 短之至也. 長者不過十之, 數之極也.」

3. 《孔子家語》辨物篇

吳伐越, 墮會稽, 獲巨骨一節. 專車焉. 吳子使來聘於魯. 且問之孔子, 命使者曰:
「無以吾命也.」實旣將事, 乃發幣於大夫, 及孔子, 孔子爵之. 旣徹俎而燕, 客執骨而
問曰:「敢問骨何如爲大?」孔子曰:「丘聞之, 昔禹致群臣於會稽之山, 防風氏後至,
禹殺而戮之, 其骨專車焉. 此爲大矣.」客曰:「敢問誰守爲神?」孔子曰:「山川之靈,
足以紀綱天下者, 其守爲神·諸侯社稷之守爲公侯, 山川之祀者爲諸侯, 皆屬於王.」
客曰:「防風氏何守?」孔子曰:「汪芒氏之君, 守封·嵎者也, 爲漆姓. 在虞·夏爲防風氏,
商爲汪芒氏, 於周爲長翟氏, 今曰: 大人.」客曰:「人長之極幾何?」孔子曰:「焦僥氏
長三尺, 短之至也, 長者不過十, 數之極也.」

4.《史記》孔子世家

吳伐越, 墮會稽, 得骨節專車. 吳使使問仲尼:「骨何者最大?」仲尼曰:「禹致群神於會稽山, 防風氏後至, 禹殺而戮之, 其節專車, 此為大矣.」吳客曰:「誰為神?」仲尼曰:「山川之神足以綱紀天下, 其守為神, 社稷為公侯, 皆屬於王者.」客曰:「防風何守?」仲尼曰:「汪罔氏之君守封‧禺之山, 為釐姓. 在虞‧夏‧商為汪罔, 於周為長翟, 今謂之大人.」客曰:「人長幾何?」仲尼曰:「僬僥氏長三尺, 短之至也. 長者不過十之, 數之極也.」於是吳客曰:「善哉聖人!」

5.《博物志》卷2

禹致群臣於會稽, 防風氏後至, 戮而殺之, 其骨專車. 長狄喬如, 身橫九畝, 長五丈四尺, 或長十丈.

숙신씨의 화살

중니仲尼가 진陳나라에 있을 때, 새매가 진후陳侯의 조정에 멈추었다가 죽은 일이 있었다. 새매는 호시楛矢라는 화살에 맞아 관통되어 있었는데, 그 화살은 돌을 다듬어 만든 화살촉으로 그 길이가 한 자 하고도 또 한 척咫이나 되었다. 진후가 사람을 시켜 공자에게 물어 보도록 하자 공자는 이렇게 설명해 주었다.

"이 새매는 먼 곳에서 왔구나. 또 이 화살은 바로 숙신씨肅愼氏의 화살이로다. 옛날 무왕武王이 상商을 이기고 나자 구이백만九夷百蠻이 모두 교통하게 되었고, 이때 각 나라들로 하여금 그곳에서 나는 방물方物을 조공토록 하였다. 이는 그들이 각각 자신이 잘하는 생업을 잊지 않게 하려 함이었다.

이때에 숙신씨는 호시에 돌을 깎아 만든 화살촉의 한 자 여덟 촌짜리 화살을 바쳤다. 선왕先王께서는 자신의 영덕令德의 다스림을 밝혀 두기 위해 그 화살에 이런 명문銘文을 새겨 두었다.

'숙신씨가 호시를 바쳤다'

그리고는 이를 태희太姬에게 나누어 주고, 그 딸을 우호공虞胡公에게 시집보내어 이 진陳나라에 봉하였던 것이다.

같은 성씨에게 진옥珍玉을 분배해 주는 것은 그 친親을 펴는 것이며, 성씨를 나누어 주고 먼 곳에서 공물을 바치게 하는 것은 복종의 뜻을

잊지 말라 한 것이다. 그래서 이 진陳나라에 숙신씨의 화살을 나누어
준 것이다."

진후가 사람을 시켜 창고에서 화살을 찾아보게 하니 과연 그것이
보관되어 있었다.

仲尼在陳, 有隼集于陳侯之廷而死. 楛矢貫之, 石砮矢長尺
有咫.

陳侯使問孔子, 孔子曰:「隼之來也遠矣, 此肅愼氏之矢也. 昔武
王克商, 通道九夷百蠻, 使各以其方賄來貢, 思無忘職業. 於是
肅愼氏貢楛矢石砮, 長尺而咫. 先王欲昭其令德之致, 故銘其
栝曰:『肅愼氏貢楛矢.』以勞大姬, 配虞胡公而封諸陳. 分同姓
以珍玉, 展親也; 分別姓以遠方職貢, 使無忘服也. 故分陳以肅
愼氏之矢.」

試求之故府, 果得焉.

【陳侯】 陳나라 君主. 陳나라는 B.C.478년 楚에게 망하였다.
【楛矢】 싸리나무로 만든 화살.
【石砮】 돌을 깎아 만든 화살촉.
【尺有咫】 咫는 周代의 8寸. 따라서 길이가 1尺8寸.
【肅愼氏】 고대의 國名. 대체로 지금의 吉林省 寧安縣을 중심으로 발전하였던
  것으로 봄.
【武王】 周武王. 姬發.
【九夷百蠻】 많은 이민족을 말한다.
【其令德之致】 "其令德之致遠也"로 보았다.《說苑疏證》에 "遠也二字原脫, 從劉氏
  斠補補"라 하였다.

【太姬】大姬로도 쓰며,《史記》集解에 '韋昭曰: 大姬, 元女也'라 하였다.
【虞胡公】《左傳》에는 '胡公'으로 되어 있다.

참고 및 관련 자료

1. 본 장 역시 孔子의 지식이 풍부함을 과시하기 위해 씌어진 것으로 보인다.

2.《國語》魯語(下)

仲尼在陳, 有隼集於陳侯之庭而死, 楛矢貫之, 石砮其長尺有咫. 陳惠公使人以隼如仲尼之館問之. 仲尼曰:「隼之來也遠矣! 此肅愼氏之矢也. 昔武王克商, 通道於九夷·百蠻, 使各以其方賄來貢, 使無忘職業. 於是肅愼氏貢楛矢·石砮, 其長尺有咫. 先王欲昭其令德之致遠也, 以示後人, 使永監焉, 故銘其栝曰『肅愼氏之貢矢』, 以分大姬, 配虞胡公而封諸陳. 古者, 分同姓以珍玉, 展親也; 分異姓以遠方之職貢, 使無忘服也. 故分陳以肅愼氏之貢. 君若使有司求諸故府, 其可得也.」使求, 得之金櫝, 如之.

3.《孔子家語》辨物篇

孔子在陳, 陳惠公賓之於上館. 時有隼集於陳侯之庭而死, 楛矢貫之, 石砮, 其長尺有咫. 惠公使人持隼, 如孔子館而問焉. 孔子曰:「隼之來遠矣, 此肅愼氏之矢. 昔武王克商, 通道於九夷·八蠻, 使各以其方賄來貢而無忘職業. 於是肅愼氏貢楛矢·石砮, 其長尺有咫. 先王欲昭其令德之致遠物也, 以示後人, 使永鑒焉, 故銘其栝曰『肅愼氏貢楛矢』以分大姬, 配胡公而封諸陳. 古者, 分同姓以珍玉, 所以展親親也; 分異姓以遠方之職貢, 所以無忘服也. 故分陳以肅愼氏貢焉. 君若使有司求諸故府, 其可得也.」公使人求, 得之金櫝, 如之.

4.《史記》孔子世家

有隼集於陳廷而死, 楛矢貫之, 石砮, 矢長尺有咫. 陳湣公使使問仲尼. 仲尼曰:「隼來遠矣, 此肅愼之矢也. 昔武王克商, 通道九夷百蠻, 使各以其方賄來貢, 使無忘職業. 於是肅愼貢楛矢石砮, 長尺有咫. 先王欲昭其令德, 以肅愼矢分大姬, 配虞胡公而封諸陳. 分同姓以珍玉, 展親; 分異姓以遠方職, 使無忘服. 故分陳以肅愼矢.」試求之故府, 果得.

5.《漢書》五行志(下之上)

史記魯哀公時, 有隼集于陳廷而死, 楛矢貫之, 石砮, 長矢有咫. 陳閔公使使問仲尼.
仲尼曰:「隼之來遠矣. 昔武王克商, 通道百蠻, 使各以方物來貢, 肅愼貢楛矢, 石砮,
長尺有咫. 先王分異姓以遠方職, 使毋忘服. 故分陳以肅愼矢.」試求之故府, 果得之.
劉向以爲隼近黑祥, 貪暴類也; 矢貫之, 近射妖也. 死於廷, 國亡表也. 象陳眊亂,
不服事周, 而行貪暴, 將致遠夷之禍, 爲所滅也. 是時中國齊晉, 南夷吳楚爲彊, 陳交
晉不親, 附楚不固, 數被二國之禍. 後楚有白公之亂, 陳乘而侵之, 終爲楚所滅.

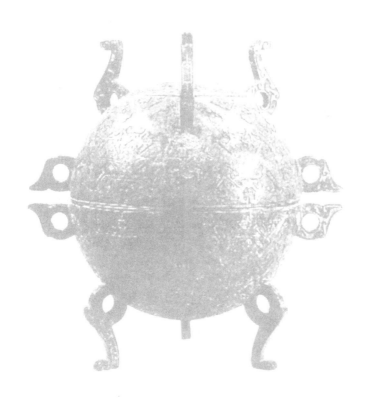

764(18-20) 季桓子穿井得土缶
우물 속의 토기

계환자季桓子가 우물을 파다가 항아리가 출토되었는데 그 속에
양羊 한 마리 들어 있었다. 이에 사람을 시켜 공자孔子에게 물어 보도록
하면서 양을 개라 속이도록 하였다. 그러자 공자가 이렇게 말하였다.
"내가 듣기로는 개가 아니라 양이라 하던데! 나무 정령精靈은 기망량
夔罔兩이며, 물 정령은 용망상龍罔象이며, 흙 정령은 분양羵羊이기 때문
이다. 그래서 개일 수가 없다."
환자가 이 소식을 듣고 놀랐다.
"훌륭하도다!"

季桓子穿井得土缶, 中有羊, 以問孔子, 言得狗.

孔子曰:「以吾所聞, 非狗, 乃羊也, 木之怪夔罔兩, 水之怪龍
罔象, 土之怪羵羊也, 非狗也.」

桓子曰:「善哉!」

【季桓子】魯나라의 權臣.
【羊】羊의 형상을 만들어 넣어 둔 것.
【精靈】정령신앙의 일종으로 만물에 모두 혼이 있다고 보는 것.

【夔罔兩】夔는 외발 짐승의 이름. 罔兩은 도깨비·귀신. 첩운연면어. 夔罔兩은
木神의 일종이라 한다. 한편《說苑疏證》에는 "木石之怪, 夔罔兩"이라 한 뒤,
"石字原脫, 從拾補及劉氏斠補改"라 하였다.

【龍罔象】罔象 역시 귀신·도깨비. 연면어. 水神의 일종. 일명 沐腫이라 한다.

【羵羊】土神. 혹은 羊神.

참고 및 관련 자료

1.《國語》魯語(下)

季桓子穿井, 獲如土缶, 其中有羊焉. 使問之仲尼, 曰:「吾穿井而獲狗, 何也?」對曰:
「以丘之所聞, 羊也. 丘聞之, 木石之怪曰: 夔·蝄蜽; 水之怪曰: 龍·罔象; 土之怪曰:
羵羊.」

2.《史記》孔子世家

季桓子穿井得土缶, 中若羊, 問仲尼云「得狗」. 仲尼曰:「以丘所聞, 羊也. 丘聞之,
木石之怪, 夔罔閬; 水之怪, 龍罔象; 土之怪, 墳羊.」

3.《漢書》五行志(中之下)

史記魯定公時, 季桓子穿井, 得土缶, 中得蟲若羊, 近羊禍也. 羊者, 地上之物, 幽於
土中, 象定公不用孔子而聽季氏, 暗昧不明之應也. 一曰, 羊去野外而拘土缶者, 象魯
君失其所而拘於季氏, 季氏亦將拘於家臣. 是歲季氏家臣陽虎囚季桓子. 後三年,
陽虎劫公伐孟氏, 兵敗, 竊寶玉大弓而出亡.

4.《孔子家語》辨物篇

季桓子穿井, 獲如土缶, 其中有羊焉. 使使問於孔子, 曰:「吾穿井於費, 而於井中得
一狗, 何也?」孔子曰:「丘之所聞者, 羊也. 丘聞之, 木石之怪, 夔·蝄蜽; 水之怪,
龍·罔象; 土之怪, 羵羊也.」

**5.《韓詩外傳》佚文.(《太平御覽》902와《初學記》7에 인용된 것으로 지금의《韓詩外傳》
에는 없음.)**

魯哀公使人穿井三月, 不得泉, 得一玉羊焉. 公以爲玉羊, 使祀鼓舞之, 欲上於天,
羊不能上. 孔子見曰:「水之精爲玉, 土之精爲羊, 願無怪, 此羊肝土.」公使殺之,
視肝卽土矣.

6. 《搜神記》卷12〈穿井獲羊〉

季桓子穿井, 獲如土缶, 其中有羊焉. 使問之仲尼曰:「吾穿井而獲狗, 何耶?」仲尼
曰:「以丘所聞, 羊也. 丘聞之, 木石之怪, 夔・蝄蜽; 水中之怪, 龍・罔象; 土中之怪,
曰蕡羊.」《夏鼎志》曰:「罔象, 如三歲兒. 赤目, 黑色, 大耳, 長臂, 赤爪, 索縛則可得食.」
《王子》曰:「木精爲遊光, 金精爲淸明也.」

7. 《博物志》卷9

水之怪爲龍・罔象, 木石之怪爲夔・罔兩, 土之怪爲蕡羊, 火之怪爲宋無忌.

8. 《法苑珠林》(11)

季桓子穿井, 獲如土缶, 其中有羊焉. 使問之仲尼曰:「吾穿井而獲狗, 何也?」仲尼曰:
「以丘所聞, 羊也. 丘聞之, 木石之怪, 蚯夔・蝄蜽; 水中之怪, 龍・罔象; 土中之怪曰
蕡羊.」《夏鼎志》曰:「罔象如三歲兒. 赤目, 黑色, 大耳, 長臂, 赤爪, 索縛則可得食.」
《王子》曰:「木精爲遊光, 金精爲淸明也.」

9. 《琱玉集》(12)

季桓子穿井, 獲如土缶, 其中. 而有羊焉. 使問之孔子曰:「吾穿井得狗, 何也?」孔子
對曰:「以丘所聞, 羊也. 丘聞之, 木石之怪, 夔・蝄蜽; 水中之怪, 龍・罔象; 土之怪,
蕡羊也.」使者曰:「實如夫子之言矣.」

765(18-21) 楚昭王渡江
상양이 나타나면 큰비가 온다

초楚 소왕昭王이 강을 건너고 있을 때, 어떤 말斗만한 크기의 물체가 왕이 탄 배를 치더니 배 안으로 올라 멈추었다. 소왕이 매우 이상히 여겨 공자孔子를 초빙하여 알아보도록 하였다. 이에 공자가 이렇게 설명하였다.

"이것의 이름은 평실萍實이며 갈라서 그 속을 먹는 것입니다. 오직 패왕霸王이 될 자만이 이를 얻을 수 있으니 이는 길상吉祥입니다."

그 후 제齊나라에 다리가 하나뿐인 새가 날아와 왕의 궁전 뜰에 머물고 있었다. 그 새는 깃을 편 채로 뛰어다녔다. 제후齊侯가 매우 괴이히 여겨 공자를 모셔다가 물어 보도록 하였다. 공자가 이렇게 설명해 주었다.

"이것의 이름은 상양商羊입니다. 어서 백성에게 고하여 물길을 수리하도록 하십시오. 장차 큰비가 내릴 것입니다."

공자의 말대로 하자, 과연 큰비가 내려 다른 여러 나라들은 모두 수해를 겪었지만, 제나라만은 홀로 안전하였다.

공자가 돌아오자 제자들이 여쭈었다. 공자는 이렇게 설명하였다.

"이상한 일이 있었지! 어린아이들이 이런 동요童謠를 부르는 것을 보았단다. '초왕이 강을 건너다가 평실을 얻었네. 크기는 말만하고 붉기는 해 같았네. 이를 갈라 먹어 보니 그 맛은 꿀과 같네!' 이는 바로 초나라에 해당하는 노래란다. 그리고 또 아이들이 둘씩 짝지어 한쪽 다리를 굽히고 뛰면서 '하늘이 장차 큰비를 내리려네. 상양이 일어나 춤을 추네!'라 하였지. 제나라에 그런 일이 있었으니 이것은 곧 제나라에 감응한 것이지. 이처럼 동요가 불린 후에는 그에 맞는 감응이 따르지 않은 적이 없었단다."

그러므로 성인聖人은 홀로 자기의 도를 지켜낼 뿐 아니라 만물을 보고 기억해 두어 그 응함을 알아내기도 하는 것이다.

楚昭王渡江, 有物大如斗, 直觸王舟, 止於舟中; 昭王大怪之, 使聘問孔子.

孔子曰:「此名萍實.」

令剖而食之:「惟霸者, 能獲之, 此吉祥也.」

其後齊有飛鳥一足來下, 止于殿前, 舒翅而跳, 齊侯大怪之, 又使聘問孔子.

孔子曰:「此名商羊, 急告民趣治溝渠, 天將大雨.」

於是如之, 天果大雨, 諸國皆水, 齊獨以安.

孔子歸, 弟子請問, 孔子曰:「異哉小兒謠曰:『楚王渡江, 得萍實, 大如拳, 赤如日, 剖而食之, 美如蜜.』此楚之應也. 兒又有兩兩相牽, 屈一足而跳者, 曰:『天將大雨, 商羊起舞.』今齊獲之, 亦其應也. 夫謠之後, 未嘗不有應隨者也.」

故聖人非獨守道而已也, 睹物記也, 卽得其應矣.

【楚昭王】 춘추시대 楚나라 군주. 재위 27년(B.C.515~489).

【萍實】 어떤 물풀의 큰 열매인 듯하다. 사과를 말하는 것이 아닌가 한다.

【商羊】 一足鳥의 새 이름. 큰 비를 예고하는 새.

【異哉】 〈四部備要本〉에 '異時'로 되어 있다.

【大如拳】'拳'자는 '斗'의 오기이다. 《說苑疏證》에 "斗原作拳, 從拾補改"라 하였다.

참고 및 관련 자료

1. 본 장은 두 가지 내용이 하나로 묶여 있다. 《孔子家語》에는 나뉘어 있고 더욱 자세하다.

2. 《孔子家語》致思篇

楚王渡江, 江中有物, 大如斗, 圓而赤, 直觸王舟, 舟人取之. 王大怪之, 遍問群臣, 莫之能識. 王使使聘於魯, 問於孔子, 子曰: 「此所謂萍實者也, 可剖而食之. 吉祥也, 唯霸者爲能獲焉.」 使者反, 王遂食之, 大美. 久之, 使來, 以告魯大夫, 大夫因子游問曰: 「夫子何以知其然乎?」 曰: 「吾昔之鄭, 過乎陳之野, 聞童謠曰: 『楚王渡江得萍實, 大如斗, 赤如日, 剖而食之甛如蜜.』 此是楚王之應也, 吾是以知之.」

3. 《孔子家語》辨政篇

齊有一足之鳥, 飛集於宮朝, 下止於殿前, 舒翅而跳. 齊侯大怪之, 使使聘魯問孔子, 孔子曰: 「此鳥名曰商羊, 水祥也. 昔童兒有屈其一脚, 振訊兩肩而跳, 且謠曰: 『天將大雨, 商羊鼓舞.』 今齊有之, 其應至矣. 急告民趨治溝渠, 修堤防, 將有大水爲災.」 頃之, 大霖雨, 水溢泛諸國, 傷害民人, 唯齊有備不敗. 景公曰: 「聖人之言, 信而徵矣.」

꿈속에 본 귀신

　정鄭 **간공**簡公이 공손성자公孫成子를 진晉나라에 보내어 보빙報聘 임무를 맡겼다. 이때 마침 진晉 평공平公은 병 중이라 한선자韓宣子가 대신 그를 맞이하여 객관客館에 머물도록 안내하였다. 공손성자가 임금의 병이 어느 정도인가를 묻자, 한선자가 이렇게 대답하였다.

　"임금의 병은 오래 되었습니다. 위아래 모든 신에게 두루 빌었지만 병이 차도가 없습니다. 오늘은 누런 곰이 침실 문으로 들어오는 꿈을 꾸었다는데 그것이 사람인지 귀신인지 모르겠습니다. 아마 지독한 귀신이겠지요?"

　그러자 공손성자子産가 이렇게 설명하였다.

　"임금께서 명철하시고, 그대 같은 분이 정치를 맡고 있는데, 어찌 험한 일이 생기겠습니까? 제僑가 듣기로 옛날 곤鯀이 순舜임금의 명령을 어기자, 순이 이를 우산羽山에서 죽여 곤이 누런 곰으로 화하였다고 합니다. 그 곰이 우연羽淵으로 들어갔으니 그곳이 바로 하夏나라의 교외 郊外입니다. 그 때문에 삼대三代를 내려오면서 그곳을 제사지내는 것입니다.

　무릇 귀신이 미치는 곳은, 자신의 족류族類가 아니면 곧 같은 계통을 이어온 경우에 한합니다. 그런 까닭에 천자天子는 하느님에게 제사지내고, 공후公侯는 백신百神에게 제사지내며, 경卿 이하는 자기 동족을 넘어서지 않는 것입니다. 지금 주실周室이 미약해져서 진晉나라가 그 계통을 이은 것이나 다름없습니다. 이렇게 보면 그 하교夏郊에 제사를 지내지 않았기 때문에 임금께 병이 생긴 것은 아닐까요?"

선자가 이를 왕에게 고하고, 하교에 제사를 지내면서 동백董伯에게
신주神主를 들고 있는 시동尸童이 되게 하였다. 그러자 닷새 만에 임금의
병이 나았다. 이에 평공이 자산을 접견하고 거정莒鼎을 선물하였다.

鄭簡公使公孫成子來聘於晉, 平公有疾, 韓宣子贊授館客,
客問君疾.

對曰:「君之疾久矣, 上下神祇, 無不遍諭也, 而無除. 今夢黃
熊入於寢門, 不知人鬼耶? 意屬鬼也?」

子産曰:「君之明, 子爲政, 其何屬之有? 僑聞之: 昔鯀違帝命,
殛之于羽山, 化爲黃熊, 以入于羽淵, 是爲夏郊, 三代擧之. 夫鬼神
之所及, 非其族類, 則紹其同位, 是故天子祠上帝, 公侯祠百神,
自卿以下不過其族. 今周室少卑, 晉實繼之, 其或者未擧夏郊也?」

宣子以告, 祠夏郊, 董伯爲尸, 五日瘳.

公見子産賜之莒鼎.

【鄭簡公】 춘추시대 鄭나라 군주. 재위 36년(B.C.563~530).

【公孫成子】 鄭나라 大夫 子産. 이름은 公孫僑. 東里라는 곳에 살아 '東里子'으로도
불린다.

【晉平公】 춘추시대 晉나라 군주. 재위 26년(B.C.557~532).

【韓宣子】 춘추시대 晉나라 六卿의 하나. 韓起. 그 후손이 뒤에 韓나라를 세워
전국칠웅에 들었다.

【子産】 公孫成子. 公孫僑.

【鯀】 鯀과 같은 글자. 禹의 아버지로 舜이 治水를 맡겼으나 실패하자, 순임금이
그를 羽山(지금의 江蘇省 북쪽 山東省과 접경지역)에서 죽여 버렸다.

【三代】 夏·殷·周.

【族類】 同姓. 같은 조상. 같은 氏族.

【董伯爲尸】董伯은 人名. '尸는 제사 따위를 주재하다'의 뜻.《國語》晉語(八)에 "董伯, 晉大夫. 神不歆非類, 則董伯其如姓乎. 尸, 主也"라 하였다. 鯀의 아들인 禹임금이 姒氏姓을 하사받았으므로 鯀의 후예인 姒氏의 大夫로 하여금 尸童이 되게 한 것.

【莒鼎】鼎 이름.《國語》에 "莒鼎出於莒, 傳曰賜子産莒之二方鼎, 方鼎, 鼎方上也"라 하였다.

참고 및 관련 자료

1.《左傳》昭公 17年

鄭子産聘於晉. 晉侯有疾. 韓宣子逆客, 私焉曰:「寡君寢疾, 於今三月矣, 並走群望, 有加而無瘳. 今夢黃熊入於寢門, 其何厲鬼也?」對曰:「以君之明, 子爲大政, 其何厲之有? 昔堯殛鯀於羽山, 其神化爲黃熊, 以入於羽淵, 實爲夏郊, 三代祀之. 晉爲盟主, 其或者未之祀也乎?」韓子祀夏郊. 晉侯有間, 賜子産莒之二方鼎.

2.《國語》晉語(八)

鄭簡公使公孫成子來聘. 平公有疾, 韓宣子贊授客館. 客問君疾, 對曰:「寡君之疾久矣, 上下神祇無不遍諭, 而無除. 今夢黃熊入於寢門, 不知人殺乎, 抑厲鬼邪!」子産曰:「以君之明, 子爲大政, 其何厲之有? 僑聞之, 昔者鯀違帝命, 殛之於羽山, 化爲黃熊, 以入於羽淵, 實爲夏郊, 三代擧之. 夫鬼神之所及, 非其族類, 則紹其同位, 是故天子祀上帝, 公侯祀百辟, 自卿以下不過其族. 今周室少卑, 晉實繼之, 其或者未擧夏郊邪?」宣子以告, 祀夏郊, 董伯爲尸, 五日, 公見子産. 賜之莒鼎.

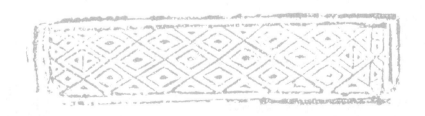

꿈 속에 나타난 신의 형상

괵공虢公이 꿈 속에서 자신이 사당에 있었는데 그때, 얼굴에 흰털이 난 데다 호랑이 발톱을 한 어떤 신神이 도끼를 들고 서쪽 언덕에 서 있는 형상을 보았다. 괵공이 무서워 도망치려 하자 그 신이 이렇게 말하였다.

"도망치지 말라! 천제가 오늘 진晉나라 군대로 하여금 너의 성문을 치게 하였다."

공은 머리를 조아려 절하고는 깨었다. 그리고는 사은史嚚을 불러 점을 치도록 하였다. 사은이 이렇게 설명하였다.

"만약 임금의 말이 맞는다면 그는 욕수蓐收라는 신일 것입니다. 그는 하늘에서 징벌을 내릴 때 그 일을 담당하는 신입니다. 그래서 하늘의 일을 맡아 이루도록 하지요!"

이 말에 괵공은 오히려 화를 내며 그를 잡아 가두어 버리고는 백성들로 하여금 자신이 좋은 꿈을 꾸었으니 축하하라고 하였다. 이에 주지교 舟之僑가 제후들에게 이렇게 고하였다.

"괵나라가 오래 가지 못하리라는 걸 내 이제야 알게 되었다. 임금은 이를 깨닫지 못하고서 큰 나라가 쳐들어오는 것을 축하하라 하니 그 자신을 무엇으로 고치겠는가? 내 듣기로 큰 나라가 무도하여 작은 나라가 이를 치는 것을 '복'服이라 하고, 작은 나라가 교만할 때 큰 나라가 치는 것을 '주'誅라 한다 하였다. 백성들은 임금의 사치를 미워하게 마련이다. 이 까닭에 역명逆命이 발생하는 것이다. 지금 그 꿈을 축하하면 사치는 더욱 심해질 것이다. 이는 하늘이 그의 운명을 빼앗는 일을 더욱 빠르게 진행시키게 하는 것이다. 백성들이 왕의 태도를 미워하고 하늘도 그를 버렸으니, 큰 나라가 쳐들어오고 왕이 명령해 보았자 듣지 않을 것이다. 종주국의 도움도 사라지고, 제후의 도움도 멀어졌다. 내외에 친한 자가 없으니 누가 돕겠다고 말해 주겠는가? 나는 차마 그 망함을 기다릴 수가 없다."

그리고는 괵나라를 떠나면서, 그 가족은 진晉나라로 가도록 하였다. 3년 만에 괵나라는 결국 멸망하고 말았다.

虢公夢在廟, 有神人面白毛, 虎爪執鉞, 立在西阿.

公懼而走, 神曰:「無走! 帝今日使晉襲于爾門.」

公拜頓首. 覺, 召史嚚占之.

嚚曰:「如君之言, 則蓐收也, 天之罰神也. 天事官成.」

公使囚之, 且使國人賀夢.

舟之僑告其諸侯曰:「虢不久矣, 吾乃今知之. 君不度, 而嘉大國之襲於己也, 何瘳? 吾聞之曰: 大國無道, 小國襲焉, 曰服; 小國傲, 大國襲焉, 曰誅. 民疾君之侈也, 是以由於逆命. 今嘉其夢, 侈必展, 是天奪之鑑而益其疾也! 民疾其態, 天又誑之; 大國來誅, 出令而逆. 宗國旣卑, 諸侯遠己, 外內無親, 其誰云救之? 吾不忍俟, 將行.」

以其族適晉, 三年虢乃亡.

【虢公】 춘추시대 虢나라 군주.
【帝今日】《說苑疏證》에 "帝命日"로 고쳐져야 한다고 하였다. 즉 "命曰, 原誤作 今日, 從拾補改"라 하였다.

【史嚚】춘추시대 虢나라 大夫.

【蓐收】少皥 金天氏의 아들로 이름은 該. 죽어서 金神(西方의 神)이 되었다
한다.

【舟之僑】춘추시대 虢나라 大夫.

【告其諸侯曰】"告其諸族曰"로 보았다. 《說苑疏證》에 "族, 原誤作侯, 從拾補改"
라 하였다.

【大國無道】《說苑疏證》에 "道上原衍無字, 從拾補刪"이라 하여 無자가 없어야
하는 것으로 보았다. 이럴 경우 해석은 "대국이 도가 있으므로 襲從하는 것을
服이라 한다"이다.

【宗國旣卑】종주국인 周나라가 미약해져서 도움을 주지 못함을 뜻한다.

【虢乃亡】虢나라는 B.C.655년(晉獻公 22년)에 晉나라에 망하였다.

> 참고 및 관련 자료

1. 《國語》晉語(二)

虢公夢在廟, 有神人面白毛虎爪, 執鉞立於西阿, 公懼而走. 神曰:「無走! 帝命曰:
『使晉襲於爾門.』」公拜頓首, 覺, 召史嚚占之, 對曰:「如君之言, 則蓐收也, 天之刑
神也, 天事官成.」公使因之, 且使國人賀夢. 舟之僑告諸其族曰:「衆謂虢亡不久,
吾乃今知之. 君不度而賀大國之襲, 於己也何瘳? 吾聞之曰:『大國道, 小國襲焉曰服.
小國傲, 大國襲焉曰誅.』民疾君之傲也, 是以遂於逆命. 今嘉其夢傲必展, 是天奪之
鑒而益其疾也. 民疾其態, 天又誑之; 大國來誅, 出令而逆; 宗國旣卑, 諸侯遠己.
內外無親, 其誰云救之? 吾不忍俟也!」將行, 以其族適晉. 六年, 虢乃亡.

768(18-24) 晉平公築虒祁之室

돌이 사람 말을 하다

진晉 평공平公이 사기虒祁에 궁실을 짓자, 그 가운데 어떤 돌石이 말을 한다는 것이었다. 평공이 이상히 여겨 사광師曠에게 물었다.

"돌이 어찌 말을 할 수 있습니까?"

사광이 이렇게 대답하였다.

"돌은 말을 못하지요. 신神이 돌을 통해서 말하는 것이지요. 그렇지 않다면 백성들이 무언가를 잘못 들었을 수도 있고요. 제가 들으니 '일을 벌이되 시간을 고려하지 않아 그 원망이 백성을 움직이면, 말하지 못하는 물건이 말을 한다'라 하더이다. 지금 궁실을 이렇게 높고 사치스럽게 짓자니, 백성들이 그 힘이 다하여 미움과 원망으로 가득 차 있습니다. 더 이상 그 성정性情을 편안히 할 수가 없지요. 그러니 돌이 말을 한다는 것이 꼭 불가능한 일이겠습니까?"

晉平公築虒祁之室, 石有言者.

平公問於師曠曰:「石何故言?」

對曰:「石不能言, 有神憑焉; 不然, 民聽之濫也. 臣聞之, 作事不時, 怨讟動於民, 則有非言之物而言. 今宮室崇侈, 民力屈盡, 百姓疾怨, 莫安其性, 石言不亦可乎?」

【晉平公】춘추시대 晉나라 군주. 재위 26년(B.C.557~532).
【虒祁】宮室 이름.《左傳》昭公 8年에 "祁, 地名. 在絳西四十里, 臨汾水, 虒音斯"
라 하였다.
【師曠】平公의 신하.

참고 및 관련 자료

1.《左傳》昭公 8年

八年春, 石言於晉魏楡. 晉侯問於師曠曰:「石何故言?」對曰:「石不能言, 或馮焉.
不然, 民聽濫也. 抑臣又聞之曰:『作事不時, 怨讟動於民, 則有非言之物而言.』今宮
室崇侈, 民力雕盡, 怨讟並作, 莫保其性. 石言, 不亦宜乎.」於是晉侯方築虒祁之宮.

2.《漢書》五行志(上)

左傳曰: 昭公八年:「春, 石言於晉.」晉平公問於師曠, 對曰:「石不能言, 神或馮焉.
作事不時, 怨讟動於民, 則有非言之物而言. 今宮室崇侈, 民力彫盡, 怨讟並興, 莫保
其性. 石之言, 不亦宜乎?」於是晉侯方築虒祁之宮. 叔向曰:「君子之言, 神而有徵」
劉歆以爲金石同類, 是爲金不從革, 失其性也. 劉向以爲石白色爲主, 屬白祥.

769(18-25) 晉平公出畋
사냥 중에 만난 호랑이

진晉 평공平公이 사냥을 나갔다가 어린 호랑이가 자기 앞에 엎드려 꼼짝도 하지 않는 것을 보게 되었다. 이에 사광師曠을 돌아보며 이렇게 물었다.

"내 듣기로 패왕霸王이 나타나면 맹수가 엎드려 감히 일어나지 못한다고 하던데, 지금 내가 나타나자 어린 호랑이가 엎드려 꼼짝도 않으니 이것이 바로 그 맹수가 아닐는지요?"

그러자 사광이 이렇게 대답하였다.

"까치는 고슴도치를 잡아먹고, 고슴도치는 준의駿鸃를 잡아먹으며, 준의는 표豹를 잡아먹고, 표는 박駮을 잡아먹으며 박은 호랑이를 잡아먹습니다. 무릇 박이라는 동물은 그 모습이 박마駮馬와 같습니다. 지금 임금께서 사냥을 나오면서 타고 나오신 것이 그 박마가 아닙니까?"

평공이 대답하였다.

"맞습니다."

사광이 다시 설명을 덧붙였다.

"제가 듣기로 한 번 착각하면 궁해지고, 두 번 착각하면 욕됨을 입으며, 세 번씩이나 착각하면 죽음을 당한다 하였습니다. 지금 호랑이가 꼼짝 못하는 까닭은 바로 박마 때문입니다. 이는 진실로 임금의 덕의德義 때문이 아닙니다. 그런데 어찌하여 임금께서는 이렇듯 한 차례 착각을 하십니까?"

또 다른 어느 날, 평공이 조회에 가던 중이었다. 어떤 새 한 마리가 평공 주위를 돌면서 떠나지 않는 것이었다. 이를 본 평공이 사광을 돌아보며 물었다.

"내 듣기로 패왕이 나타나면 봉황이 하강한다고 하였습니다. 지금 조회를 가려고 하는 차에 새가 나를 돌면서 아침 내내 떠나지 않으니 이것이 혹시 봉황새가 아닐는지요?"

사광이 물었다.

"동방에 간가諫珂라는 새가 있습니다. 그 새의 생김은 몸에는 무늬가 있고 발은 붉습니다. 같은 새들을 싫어하고 여우만을 좋아합니다. 지금 임금께서는 여우가죽으로 만든 외투를 입고 조회에 나가는 길이시지요?"

평공이 대답하였다.

"그렇습니다."

사광이 말을 이었다.

"제가 일찍이 말씀드렸지요. 한 번 착각하면 궁해지고, 두 번 착각하면 욕됨을 입으며, 세 번씩이나 착각하면 죽음을 당한다고요. 지금 이 새는 여우 외투 때문에 그런 것이지, 임금의 덕의 때문에 그런 것이 아닙니다. 그런데 임금께서는 어찌하여 두 번씩이나 착각을 하십니까?"

평공은 이를 불쾌하게 생각하였다.

그리하여 또 다른 어느 날, 평공은 사기궁虎祁宮에서 술잔치를 벌이면서 낭중郞中 마장馬章으로 하여금 계단에 찔레덩굴을 늘어놓도록 하였다. 그리고는 사람을 시켜 사광을 모셔 오게 하였다. 사광이 이르러 신을 신은 채 계단을 밟고 올라오자 평공이 물었다.

"어찌 신하된 자로서 신을 신은 채 임금의 당堂으로 올라올 수 있단 말이오?"

그러자 사광은 신을 벗고 발과 무릎을 찔레덩굴에 찔려가며 계단을 오르다가 하늘을 우러러 탄식하였다. 이를 본 평공이 그를 일으켜 세우며 말하였다.

"지금 노인장과 더불어 웃자고 한 일인데, 노인장께서는 어찌 그리 성급하게도 걱정을 하십니까?"

사광은 이렇게 대답하였다.

"제가 걱정하는 것은 살 속에 스스로 벌레를 길러 자기 살을 먹게 하고, 나무가 스스로 좀벌레를 길러 그 나무를 파먹게 하며, 사람이 스스로 요괴妖怪를 불러 이로써 적해賊害를 입는 일 때문입니다. 오정五鼎을 갖추어 놓은 궁중에는 명아주 잎과 콩 잎을 들여놓지 않는 법이며, 임금이 당堂이나 사당에 있을 때에는 찔레가 나도록 해서는 안 되는 법입니다."

평공이 이 말에 걱정이 되어 물었다.

"지금 그러면 어찌하면 좋습니까?"

사광이 설명하였다.

"요괴가 이미 앞에 있습니다. 어쩔 수가 없습니다. 다음 달 초여드렛날에 백관을 모아 놓고 태자를 책립하시오. 임금은 장차 죽을 것입니다."

그 다음 달 여드렛날 아침이 되자 평공이 사광에게 물었다.

"노인장께서 말씀하시던 날이 오늘입니다. 지금 어떻게 하면 되겠습니까?"

이에 사광은 근심을 띤 채 아무 배알도 아니하고 그 자리를 떠나 버렸다. 얼마 되지 않아 평공은 죽고 말았다. 사광의 예지豫知가 이렇듯 신명神明스러웠다.

晉平公出畋, 見乳虎伏而不動, 顧謂師曠曰:「吾聞之也, 霸王之主出, 則猛獸伏不敢起. 今者寡人出, 見乳虎伏而不動, 此其猛獸乎?」

師曠曰:「鵲食猬, 猬食駿鸃, 駿鸃食豹, 豹食駮, 駮食虎; 夫駮之狀有似駿馬, 今者, 君之出必驂駮馬而出畋乎?」

公曰:「然.」

師曠曰:「臣聞之: 一自誣者窮, 再自誣者辱, 三自誣者死. 今夫虎所以不動者, 爲駮馬也, 固非主君之德義也, 君奈何一自誣乎?」

平公異日出朝, 有鳥環平公不去, 平公顧謂師曠曰:「吾聞之也, 霸王之主, 鳳下之; 今者出朝, 有鳥環寡人, 終朝不去, 是其鳳鳥乎?」

師曠曰:「東方有鳥名諫珂, 其爲鳥也, 文身而朱足, 憎鳥而愛狐. 今者吾君必衣狐裘, 以出朝乎?」

平公曰:「然.」

師曠曰:「臣已嘗言之矣, 一自誣者窮, 再自誣者辱, 三自誣者死. 今鳥爲狐裘之故. 非吾君之德義也, 君奈何而再自誣乎?」

平公不說. 異日置酒虒祁之臺, 使郎中馬章布蒺藜於階上, 令人召師曠; 師曠至, 履而上堂.

平公曰:「安有人臣, 履而上人主堂者乎?」

師曠解履刺足, 伏刺膝, 仰天而歎, 公起引之曰:「今者, 與叟戲, 叟遽憂乎?」

對曰:「憂夫肉自生虫, 而還自食也; 木自生蠹, 而還自刻也; 人自興妖, 而還自賊也. 五鼎之具, 不當生藜藿, 人主堂廟, 不當生蒺藜.」

平公曰:「今爲之奈何?」

師曠曰:「妖已在前, 無可奈何. 入來月八日, 脩百官, 立太子, 君將死矣.」

至來月八日平旦, 謂師曠曰:「叟以今日爲期, 寡人如何?」

師曠不樂謁歸, 未幾而平公死, 乃知師曠神明矣.

【晉平公】 춘추시대 진나라 군주.

【師曠】 平公의 신하.

【虒祁宮】 768장 注 참조.

【郞中】 벼슬 이름.

【馬章】 人名.

【蒺藜】 찔레를 뜻함. 가시가 많은 나무. 이러한 것을 궁중에 들여놓으면 상서롭지
못하다고 여겼음.

【五鼎】 제후가 제사를 지낼 때 쓰는 다섯 가지 儀鼎.

【還自食也】〈四庫全書本〉에는 이 구절의 '食'자가 '失'로 되어 있다.

【平公死】 晉平公은 재위 26년 만인 B.C.532년에 죽고 昭公(재위 B.C.531~526)이
뒤를 이었다.

770(18-26) 趙簡子問於翟封荼
하늘에서 피 비가 내리다

조趙 **간자**簡子가 적翟나라 출신 봉도封荼에게 물었다.

"내가 듣기로 귀국 적나라에 사흘이나 곡식이 비처럼 하늘에서 떨어졌다는데 사실입니까?"

"예, 사실입니다."

간자가 다시 물었다.

"또 듣자니 사흘이나 피 비가 내렸다는데 그것도 사실입니까?"

"예, 사실입니다."

간자가 또 물었다.

"그럼 말이 소를 낳고 소가 말을 낳은 일이 있다고 들었는데 그것도 사실입니까?"

"예, 그것도 사실입니다."

간자는 이렇게 탄식하였다.

"크도다. 요괴가 족히 나라를 망하게 함이여!"

그러자 봉도가 이렇게 말하였다.

"곡식이 사흘을 비처럼 내린 것은 회오리바람이 곡식을 하늘로 띄워 올렸다가 내린 것이요, 피 비가 내린 것은 독수리가 짐승을 잡아 하늘로 채다가 그 피가 떨어진 것이며, 말이 소를 낳고 소가 말을 낳은 것은 섞어서 기르기 때문에 생긴 일입니다. 이로 보면 적나라는 요괴스러운 일로 망한 것이 아닙니다."

간자가 다시 물었다.

"그러면 적나라의 요괴는 무엇입니까?"

봉도는 이렇게 설명하였다.

"그 나라는 자주 흩어지고, 그 임금은 유약幼弱하며, 그 나라의 여러 경卿들은 대부大夫들과 재물로 결탁하여 무리지어 녹작祿爵을 요구하며, 그 나라 백관百官들은 멋대로 일처리해 놓고 알리지도 않으며, 그 정령政令은 끝까지 펴지도 않고 자주 바뀌고, 그 나라 선비들은 탐욕과 원망뿐입니다. 이것이 바로 그 나라를 망하게 한 요괴입니다."

趙簡子問於翟封茶曰:「吾聞翟雨穀三日, 信乎?」

曰:「信.」

「又聞雨血三日, 信乎!」

曰:「信.」

「又聞馬生牛, 牛生馬, 信乎?」

曰:「信.」

簡子曰:「大哉, 妖亦足以亡國矣!」

對曰:「雨穀三日, 虻風之所飄也; 雨血三日, 鷙鳥擊於上也; 馬生牛, 牛生馬, 雜牧也, 此非翟之妖也.」

簡子曰:「然則翟之妖奚也?」

對曰:「其國數散, 其君幼弱, 其諸卿貨其大夫, 比黨以求祿爵, 其百官肆斷而無告, 其政令不竟而數化, 其士巧貪而有怨, 此其妖也.」

【趙簡子】춘추시대 晉나라 六卿의 하나. 晉나라의 실권을 쥐고 있었으며, 그 후손이 전국시대 趙나라를 세웠다.

【翟】북쪽 이민족 국가. 狄과 같음.

【封茶】人名. 망한 翟나라 출신인 듯하다.

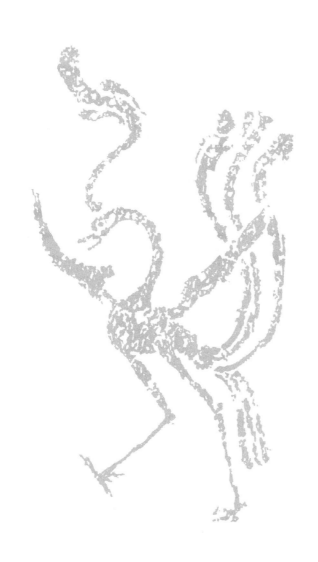

곡신을 쏘아 맞힌 애공

애공哀公이 활을 쏘다가 그 화살이 곡신穀神의 신위를 맞히고 말았다. 그러자 애공은 입에 병이 나서 고기를 먹을 수가 없었다. 이에 곡신에게 제사를 지내면서 무관巫官에게 점을 쳐서 빌도록 하였다. 무관이 말을 바꾸어 이렇게 일러 주었다.

"곡신이 다섯 가지 곡식을 짊어지고 그루터기에 의지해 하늘로부터 내려오다가, 땅에 닿기도 전에 그 나무가 부러졌습니다. 이때 엽곡獵谷에 살던 한 노인이 얼른 옷을 벌려 그 곡식을 받아냈습니다. 그러니 어찌 그 노인에게 제사를 지내지 않을 수 있겠습니까?"

애공이 그 말대로 하자 입병이 사라지고 말았다.

哀公射而中稷, 其口疾不肉食, 祠稷而善卜之巫官.

巫官變曰:「稷負五種, 託株而從天下, 未至於地而株絶, 獵谷之老人張袥以受之, 何不告祀之?」

公從之, 而疾去.

【哀公】 춘추시대는 각 나라마다 마지막에 哀公이 많아 구체적으로 어느 임금인지 알 수 없다.

【巫官】 점을 치는 임무를 맡은 관리. 무당.

【獵谷】 지역 이름.

772(18-28) 扁鵲過趙
편작의 의술

편작扁鵲이 조趙나라를 지나게 되었을 때, 조왕의 태자太子가 돌연히 급병에 걸려 죽고 말았다. 편작이 그 궁문에 이르러 말하였다.

"내 듣기로 나라에 갑작스러운 양토지사壤土之事가 있다니, 이 어찌 급한 일이 아니겠는가?"

이때 중서자中庶子 가운데 의술을 좋아하는 자가 있어 이렇게 응답하였다.

"그렇습니다. 태자는 폭질로 죽은 것입니다."

편작이 이렇게 말하였다.

"정鄭나라 의사 진월인秦越人이 와서 능히 태자를 살려낼 수 있다 하더라 알리십시오."

중서자가 같잖다는 듯이 이렇게 물었다.

"제가 듣기로 상고시대에 묘보苗父라는 의사가 있었다 합니다. 그의 시술방법은 갈대 잎을 자리로 삼고 꼴풀로 개의 형상을 만들어 북쪽을 바라보며 기도를 한다고 합니다. 그가 열 마디만 외우고 나면, 부축을 받고 온 환자나 들려서 온 환자나 모두 아무 일 없었다는 듯이 깨끗하게 낫는다고 하였습니다. 그대는 그와 같이 할 수 있습니까?"

편작이 대답하였다.

"그렇게 하지는 못합니다."

중서자가 다시 물었다.

"제가 듣기로 중고시대의 의사로서 유부俞柎라는 이가 있었다 합니다. 유부의 시술방법은 골수를 꺼내고 황막肓膜을 묶은 다음, 아홉 구멍에 뜸을 놓아 경락經絡을 안정시키는 방법으로 죽은 사람을 다시 살려낸다고 하였습니다. 그래서 그 이름을 유부라 한답니다. 그대는 그와 같이 할 능력이 있습니까?"

편작이 대답하였다.

"그런 능력은 없습니다."

중서자가 다시 비꼬았다.

"귀하가 이처럼 아무것도 못한다면, 이는 비유컨대 대롱으로 하늘을 쳐다보고 송곳으로 땅을 찔러 보는 정도에 불과한 실력이로군요. 보아야 할 하늘은 넓은데 보이는 것은 좁으니, 모두가 그대의 방법이라면 어찌 어린아이 하나 놀라게 할 수 있겠소?"

편작은 이렇게 설명하였다.

"그렇지 않소! 일이란 우연히 휘두른 팔에 모기 머리가 끊어지는 경우가 있고, 눈을 감았는데도 흑백을 맞추는 경우가 있소. 태자의 병은 시궐尸厥이라는 병이오. 믿지 못하겠거든 들어가서 진찰해 보시오. 태자의 양 허벅지 사이에는 지금도 습기가 있을 거요. 그리고 귀는 초초焦焦하고 소리를 내고 있으며, 그 소리는 휘파람 소리와 같은 것입니다. 그렇기만 하다면 아직 구할 길은 있소!"

이 말에 중서자가 달려가 조왕에게 알리자, 조왕은 맨발로 달려와 문을 열고 말하였다.

"선생께서 다행히 먼 길을 내방해 주셨습니다. 선생이 오셨으니 분토糞土로 변할 자식을, 하늘을 이고 땅을 밟고 사는 사람이 되게 하여 주십시오. 선생이 그렇게 해 주지 않으시면 제 아들은 견마犬馬보다 먼저 구학溝壑에 메워지고 말 것이오!"

그리고는 말이 미처 끝나기도 전에 눈물로 옷깃을 적시었다. 편작이 드디어 들어가 진찰을 하고, 먼저 헌광지조軒光之竈로 팔성지탕八成之湯을 만들고, 다시 침으로 쓰는 침석針石을 갈아 삼양오수三陽五輸를 찔렀다. 그리고 자용子容을 시켜 약을 갈게 하고, 자명子明에게는 이를 귓속으로 불어넣게 하였으며, 양의陽儀에게는 정신을 소생시키게 하고, 자월子越에게는 그 자세를 바로잡도록 하며, 자유子游에게는 마찰을 시켜 문지르게 하였다. 그러자 과연 태자가 다시 살아났다.

이 소식을 들은 천하 사람들이 모두 이렇게 말하였다.

"편작은 능히 죽은 사람도 살린다."

그러나 편작은 이 말에 이렇게 대답하였다.

"나는 죽은 사람을 능히 살릴 수 있는 게 아니오. 마땅히 살아나야 될 사람을 살리는 것뿐이오. 죽을 사람은 어떠한 약을 써도 살려낼 수가 없소!"

아! 슬프다. 난군亂君의 정치는 그 어떤 약으로도 그 악행을 그치게 할 수 없도다.

《시詩》에 "잔혹한 정령政令, 그 어떤 약으로도 고치지 못하네!"라 하였으니 아주 심한 경우를 두고 한 말이다.

扁鵲過趙, 趙王太子暴疾而死, 鵲造宮門曰:「吾聞國中卒有壞土之事, 得無有急乎?」

中庶子之好方者, 應之曰:「然, 王太子暴疾而死.」

扁鵲曰:「入言鄭醫秦越人能活太子.」

中庶子難之曰:「吾聞上古之爲醫者曰苗父, 苗父之爲醫也, 以菅爲席, 以芻爲狗, 北面而祝, 發十言耳, 諸扶而來者, 擧而來者, 皆平復如故. 子之方能如此乎?」

扁鵲曰:「不能.」

又曰:「吾聞中古之爲醫者曰兪柎, 兪柎之爲醫也, 搦腦髓, 束肓莫, 炊灼九竅而定經絡, 死人復爲生人, 故曰兪柎. 子之方能若是乎?」

扁鵲曰:「不能.」

中庶子曰:「子之方如此, 譬若以管窺天, 以錐刺地, 所窺者甚大, 所見者甚少. 鈞若子之方, 豈足以變駭童子哉?」

扁鵲曰:「不然. 物故有昧掃而中蛟頭, 掩目而別白黑白者. 太子之疾, 所謂尸厥者也, 以爲不然, 入診之, 太子股陰當濕, 耳中焦, 焦如有嘯者聲, 然者, 皆可治也.」

中庶子入報趙王, 趙王跣而趨出門曰:「先生遠辱幸臨寡人, 先生幸而有之, 則糞土之息, 得蒙天履地而長爲人矣. 先生不有之, 則先犬馬塡溝壑矣.」

言未已, 涕泣沾襟. 扁鵲遂爲診之, 先造軒光之竈, 八成之湯, 砥針礪石, 取三陽五輸; 子容擣藥, 子明吹耳, 陽儀反神, 子越扶形, 子游矯摩. 太子遂得復生.

天下聞之, 皆曰:「扁鵲能生死人.」

鵲辭曰:「予非能生死人也, 特使夫當生者活耳, 夫死者猶不可藥而生也.」

悲夫! 亂君之治, 不可藥而息也.

詩曰:『多將熇熇, 不可救藥!』

甚之之辭也.

【扁鵲】 고대 전설상의 명의. 원래 黃帝 때 인물이나, 뒤에 전국시대 鄭 땅 사람 秦越人의 의술이 神妙하여 그를 '扁鵲'이라 불렀다. 그가 盧라는 마을에 살아 '盧醫'라고도 한다. 《戰國策》 秦策 및 《史記》 扁鵲列傳 참조.

【壤土之事】 죽은 이를 매장하는 일. 즉 喪事.

【中庶子】 고대의 관직.

【鄭醫】 '鄭醫'의 오기이다. 《史記》 集解 참조.

【秦越人】전국시대의 扁鵲. 여기에서는 자신의 신분을 감추고 부른 것.

【苗父】상고시대의 神醫로 주술로 병을 고치던 시대의 名醫.

【擧而來者】"輿而來者"로 보았다.《說苑疏證》에는 "輿原作擧, 從拾補改"라 하였다.

【兪柎】《史記》正義에 黃帝時代의 大將이라 하였다.

【肓莫】肓膜, 가슴 깊은 곳의 횡경막 부위. 원문의 '盲莫'은 '肓莫'의 誤記.

【九竅】耳・目・口・鼻 외에 前陰・後陰 등 사람 신체의 9개 구멍.

【蛟頭】'蚊頭'의 誤記.《說苑疏證》에 "蚊, 原誤作蛟. 從拾補改"라 하였다.

【軒光之竈】아궁이 밑의 흙을 한의에서는 '龍心土'라 한다. 이를 원료로 약을 쓴 것으로 보인다.

【八成之湯】그릇의 8할이 되도록 한 탕약.

【三陽五輸】《黃帝素問》에 "手足各有三陰三陽"이라 하여 太陰, 少陰, 厥陰, 太陽, 少陽, 陽明을 말하였다. 五輸란 五會를 말하며 역시《素問》에 "五會謂百會・胸會・聽會・氣會・臑會"라 하였다.

【子容・子明・陽儀・子越・子游】모두 扁鵲(秦越人)의 제자.

【詩曰】《詩經》大雅板의 구절.

참고 및 관련 자료

1.《韓詩外傳》卷10

扁鵲過虢侯, 世子暴病而死. 扁鵲造宮曰:「吾聞國中卒有壤土之事, 得無有急乎?」曰:「世子暴病而死.」扁鵲曰:「入言鄭醫秦越人能活之.」庶子之好方者出應之. 曰:「吾聞上古醫者曰弟父. 弟父之爲醫也, 以莞爲席, 以芻爲狗, 北面而祝之, 發十言耳, 諸扶輿而來者, 皆平復如故, 子之方豈能若是乎?」鵲曰:「不能.」又曰:「吾聞中古之爲醫者, 曰兪跗. 兪跗之爲醫也, 搦木爲腦, 芷草爲軀, 吹竅定腦, 死者復生, 子之方豈能若是乎?」扁鵲曰:「不能.」中庶子曰:「苟如子之方, 譬如以管窺天, 以錐刺地, 所窺者大, 所見者小; 所刺者巨, 所中者少, 如子之方, 豈足以變童子哉?」扁鵲曰:「不然. 事故有昧提而中民蠡頭, 掩目而別白黑者. 夫世子病, 所謂尸蹷者, 以爲不然, 試入診世子股陰當溫, 耳焦焦如有啼者聲. 若此者, 皆可活也.」中庶子遂入診世子, 以病報. 虢侯聞之, 足跣而起, 至門, 曰:「先生遠辱, 幸臨寡人, 先生幸而治之, 則糞土之息, 得蒙天地, 載長爲人. 先生弗治, 則先犬馬, 塡壑矣.」言未卒, 而涕泣沾襟. 扁鵲入, 砥鍼礪石. 取三陽五輸,爲軒先之竈, 八拭之陽, 子同藥, 子明灸陽, 子遊按磨, 子儀反神, 子越扶形. 於是世子復生. 天下聞之, 皆以扁鵲能起死人也. 扁鵲曰:「吾不能起死人, 直使夫當生者起」死者猶可藥, 而況生乎? 悲夫! 罷君之治, 無可藥而息也. 詩曰:『不可救藥.』言必亡而已矣.

2.《史記》扁鵲列傳

其後扁鵲過虢. 虢太子死, 扁鵲至虢宮門下, 門中庶子喜方者曰:「太子何病, 國中治穰過於衆事?」中庶子曰:「太子病血氣不時, 交錯而不得泄, 暴發於外, 則爲中害. 精神不能止邪氣, 邪氣畜積而不得泄, 是以陽緩而陰急, 故暴蹷而死.」扁鵲曰:「其死何如時?」曰:「雞鳴至今.」曰:「收乎?」曰:「未也, 其死未能半日也.」「言臣齊勃海秦越人也, 家在於鄭, 未嘗得望精光侍謁於前也. 聞太子不幸而死, 臣能生之.」中庶子曰:「先生得無誕之乎? 何以言太子可生也! 臣聞上古之時, 醫有兪跗, 治病不以湯液醴灑, 鑱石撟引, 案扤毒熨, 一撥見病之應, 因五藏之輸, 乃割皮解肌, 訣脈結筋, 搦腦髓, 楺荒爪幕, 湔浣腸胃, 漱滌五藏, 練精易形. 先生之方能若是, 則太子可生也; 不能若是而欲生之, 曾不可以告咳嬰之兒.」終日, 扁鵲仰天歎曰:「夫子之爲方也, 若以管窺天, 以郄視文. 越人之爲方也, 不待切脈望色聽聲寫形, 言病之所在. 聞病之陽, 論得其陰; 聞病之陰, 論得其陽. 病應見於大表, 不出千里, 決者至衆, 不可曲止也. 子以吾言爲不誠, 試入診太子, 當聞其耳鳴而鼻張, 循其兩股以至於陰, 當尙溫也.」中庶子聞扁鵲言, 目眩然而不瞚, 舌撟然而不下, 乃以扁鵲言入報虢君. 虢君聞之大驚, 出見扁鵲於中闕, 曰:「竊聞高義之日久矣, 然未嘗得拜謁於前也. 先生過小國, 幸而擧之, 偏國寡臣幸甚. 有先生則活, 無先生則棄捐塡溝壑, 長終而不得反.」言未卒, 因噓唏服臆, 魂精洩橫, 流涕長潸, 忽忽承睞, 悲不能自止, 容貌變更. 扁鵲曰:「若太子病, 所謂『尸蹷』者也. 夫以陽入陰中, 動胃繵緣, 中經維絡, 別下於三焦‧膀胱, 是以陽脈下遂, 陰脈上爭, 會氣閉而不通, 陰上而陽內行, 下內鼓而不起, 上外絶而不爲使, 上有絶陽之絡, 下有破陰之紐, 破陰絶陽, 色廢脈亂, 故形靜如死狀. 太子未死也. 夫以陽入陰支蘭藏者生, 以陰入陽支蘭藏者死. 凡此數事, 皆五藏蹷中之時暴作也. 良工取之, 拙者疑殆.」扁鵲乃使弟子子陽厲鍼砥石, 以取外三陽五會. 有閒, 太子蘇. 乃使子豹爲五分之熨, 以八減之齊和煮之, 以更熨兩脅下. 太子起坐. 更適陰陽, 但服湯二旬而復故. 故天下盡以扁鵲爲能生死人. 扁鵲曰:「越人非能生死人也, 此自當生者, 越人能使之起耳.」

3. 기타 참고자료

《太平御覽》(743)

773(18-29) 孔子晨立堂上
비통한 울음소리

공자孔子가 이른 새벽에 당堂에 서 있다가 대단히 비통하게 우는 사람의 소리를 듣고, 자신도 거문고를 꺼내어 이를 연주하니 그 소리가 똑같았다. 공자가 나가자 제자 가운데 심한 소리로 그 울던 이를 꾸짖는 자가 있었다.

공자가 물었다.

"꾸짖은 자가 누구냐?"

그들이 대답하였다.

"안회顏回입니다."

공자가 다시 물었다.

"안회가 무슨 이유로 그 사람을 꾸짖었다드냐?"

그러자 안회가 나서서 이렇게 설명을 하였다.

"지금 울던 자는 그 울음소리가 심히 비통하였습니다. 이는 죽음뿐만 아니라, 생이별에 대해서도 슬퍼하는 것입니다."

공자가 물었다.

"어떻게 아느냐?"

안회가 대답하였다.

"그 울음소리가 완산完山의 새소리 같기 때문입니다."

공자가 물었다.

"무슨 뜻이냐?"

안회는 이렇게 설명하였다.

"완산의 새가 네 마리의 새끼를 낳았습니다. 그 어린 새는 날개와 깃이 자라면 어미를 떠나 사방으로 흩어집니다. 어미는 그 새끼들이 한 번 떠나면 다시 돌아올 수 없음을 알고 그저 울음으로 보낼 뿐이지요!"

이에 공자가 사람을 시켜 그 슬피 울던 자에게 물어 보게 하였더니 그자가 이렇게 대답하였다.

"지금 아버지가 돌아가셨으나 집이 가난하여 아들을 팔아 그 돈으로 장례를 치렀습니다. 장차 아들과 이별하게 되어 그래서 우는 것입니다."

공자가 이 말에 이렇게 감탄하였다.

"훌륭하다. 성인이로구나!"

孔子晨立堂上; 聞哭者聲音甚悲, 孔子援琴而鼓之, 其音同也.

孔子出, 而弟子有叱者, 問:「誰也?」

曰:「回也.」

孔子曰:「回何爲而叱?」

回曰:「今者有哭者, 其音甚悲, 非獨哭死, 又哭生離者.」

孔子曰:「何以知之?」

回曰:「似完山之鳥.」

孔子曰:「何如?」

回曰:「完山之鳥, 生四子, 羽翼已成, 乃離四海, 哀鳴送之, 爲是往而不復返也.」

孔子使人問哭者, 哭者曰:「父死家貧, 賣子以葬之, 將與其別也」

孔子曰:「善哉, 聖人也!」

【顏回】顔淵. 孔子의 제자.
【完山】산 이름. 구체적인 곳은 알 수 없음.

참고 및 관련 자료

1. 《孔子家語》顔回篇

孔子在衛, 昧旦晨興, 顔回侍側, 聞哭者之聲甚哀. 子曰:「回, 汝知此何所哭乎?」
對曰:「回以此哭聲, 非但爲死者而已, 又將有生離別者也.」子曰:「何以知之?」
對曰:「回聞桓山之鳥, 生四子焉, 羽翼旣成, 將分於四海, 其母悲鳴而送之. 哀聲有
似於此, 謂其往而不返也, 回竊以音類知之.」孔子使人問哭者, 果曰:「父死家貧,
賣子以葬. 與之長決.」子曰:「回也, 善於識音矣.」

774(18-30) 景公敗於梧丘
다섯 장부의 언덕

경공景公이 오구梧丘에서 사냥을 하던 중, 밤이 아직 채 이르지도 않았는데 잠시 앉은 채로 졸다가 꿈을 꾸게 되었다. 꿈 속에 다섯 명의 사나이가 북쪽으로 임금의 천막을 향해 서서 자신들은 죄 없이 죽은 자들이라 하는 것이었다. 경공이 깨어나 안자晏子를 불러 이 꿈 이야기를 하면서 물었다.

"내가 일찍이 무고한 자를 죽이거나 죄 없는 자를 주살한 적이 있습니까?"

안자가 대답하였다.

"지난날 선군 영공靈公께서 사냥을 하다가 다섯 사람에게 그물을 관리하도록 하였는데 이들이 잘못하여 그 짐승을 놀라게 하였지요. 그래서 그들의 머리를 베어 묻었습니다. 그 장소를 오장부五丈夫의 언덕이라 합니다. 이곳이 바로 그 장소가 아닐는지요?"

경공이 사람을 시켜 땅을 파 찾게 하였더니 과연 다섯 사람의 머리가 한 구덩이에 묻혀 있는 것이었다.

경공은 놀랐다.

"아!"

그리고는 관리로 하여금 이들을 잘 장사지내도록 하였다.

나라 사람들이 경공이 꿈 때문에 이런 일을 하였는지는 모르는 채 이렇게 칭송하였다.

"임금께서 죽은 사람의 백골에 대해서도 이처럼 불쌍히 여기시는데, 하물며 산 사람에게 있어서랴!"

그리고는 여력餘力을 남기지 않고 여지餘智도 아끼지 아니하며 임금을
위해 나섰다. 그러므로 "임금으로서 훌륭한 일을 하기는 사실 쉬운
것이다"라 한 것이다.

　景公畋於梧丘, 夜猶蚤, 公姑坐睡而夢有五丈夫, 北面倖盧,
稱無罪焉.

　公覺, 召晏子而告其所夢, 公曰:「我其嘗殺不辜, 而誅無罪耶?」

　晏子對曰:「昔者, 先君靈公畋, 五丈夫罟而駭獸, 故殺之斷其
首而葬之, 曰五丈夫之丘. 其此耶?」

　公令人掘而求之, 則五頭同穴而存焉. 公曰:「嘻!」

　令吏葬之.

　國人不知其夢也, 曰:「君憫白骨, 而況於生者乎?」

　不遺餘力矣, 不釋餘智矣.

　故曰:「人君之爲善易矣.」

【景公】춘추시대 齊나라 군주.

【梧丘】언덕. 地名이 아님.

【五丈夫, 比面】〈四部備要本〉에 '五丈夫, 北面'으로 되어 있다.

【倖盧】幸盧. 임금의 임시 막사.

【晏子】晏平仲. 晏嬰. 景公의 신하. 재상.

【靈公】景公의 할아버지 대. 재위 28년(B.C.581~554).

【故殺之斷其首而葬之】《說苑疏證》에 "故下原衍殺之二字, 從趙(劉)氏斠補刪"
　이라 하여 "殺之" 두 자가 없어야 하는 것으로 보았다.

【餘力, 餘智】남겨 두어 충분히 발휘하지 않던 힘과 지혜.

1.《晏子春秋》內篇 雜下

景公畋於梧丘, 夜猶早, 公姑坐睡, 而蕡有五丈夫北面韋盧, 稱無罪焉. 公覺, 召晏子而告其所蕡. 公曰:「我其嘗殺不辜, 誅無罪耶?」晏子對曰:「昔者先君靈公畋, 五丈夫罝而驂獸, 故殺之, 斷其頭而葬之. 命曰『五丈夫之丘』, 此其地邪?」公令人掘而求之, 則五頭同穴而存焉. 公曰:「嘻!」令吏葬之. 國人不知其蕡也, 曰:「君憫白骨而況於生者乎, 不遺餘力矣, 不釋餘知矣.」故曰:「君子爲善易矣.」

2.《新書》(賈誼) 諭誠篇

文王晝臥. 夢人登城而呼己曰:「我東北陬之槁骨也, 速以王禮葬我.」文王曰:「諾.」覺, 召吏視之, 信有焉. 文王曰:「速以人君禮葬之.」吏曰:「此無主矣, 請以五大夫.」文王曰:「吾夢中已許之矣, 奈何其倍之也?」士民聞之, 曰:「我君不以夢之故而倍槁骨, 況於生人乎!」於是下信其上.

775(18-31) 子貢問孔子
죽은 뒤에도 앎이 있습니까

자공子貢이 공자孔子에게 여쭈었다.

"사람이 죽은 후에도 압니까? 아니면 아무것도 모릅니까?"

공자가 설명하였다.

"내가 죽은 자도 앎이 있다고 말하고 싶으나, 그렇게 되면 효자순손孝子順孫들이 자기의 삶을 망치면서까지 죽은 이를 보내는 데 빠져들까 두렵고, 내가 죽고 나면 아무것도 모른다고 하고 싶으나, 그렇게 되면 불효한 자손들이 죽은 사람을 내팽개친 채 장례도 치르지 않을까 두렵다. 사賜야! 너는 죽은 사람이 앎이 있는지의 여부에 대해 알고 싶으냐? 죽은 후에 천천히 알게 될 것이니 그때에도 오히려 늦지 않다."

子貢問孔子:「死人有知無知也?」

孔子曰:「吾欲言死者, 有知也, 恐孝子順孫, 妨生以送死也; 欲言無知, 恐不孝子孫, 棄不葬也. 賜! 欲知死人有知將無知也? 死徐自知之, 猶未晚也.」

【子貢】孔子 제자. 端木賜.

【有知無知也】"有知將無知也"로 봄. 《說苑疏證》에 "將字原脫, 從劉氏斠補補"라 하였다.

【孝子順孫】 효성스러운 아들이나 효순한 자손.
【賜】 子貢의 이름.

참고 및 관련 자료

1. 《孔子家語》 致思篇

子貢問於孔子曰:「死者有知乎? 將無知乎?」子曰:「吾欲言死之有知,將恐孝子順孫妨生以送死; 吾欲言死之無知, 將恐不孝之子棄其親而不葬. 賜欲知死者有知與無知, 非今之急, 後自知之.」

776(18-32) 王子建出守於城父
삼이 옷감 재료인 줄 모른 왕자

왕자王子 **건**建이 성보城父 땅을 지키러 가다가, 성공成公 건乾을
밭두둑에서 만났다. 왕자가 성공에게 물었다.

"여기가 무엇을 하는 곳입니까?"

"농사짓는 밭이지요."

"밭이라는 것이 무엇입니까?"

"삼을 심는 곳이지요."

"삼이라는 것이 무엇입니까?"

"옷을 만드는 재료입니다."

그리고 나서 성공 건이 이렇게 설명하였다.

"지난날 장왕莊王이 진陳나라를 칠 때 유소씨有蕭氏의 땅에 머물게
되었습니다. 그때 길가의 집 주인에게 이렇게 말하였습니다. '이 골목은
잘 정비되지 못하였군! 도랑 또한 잘 쳐놓지 않았겠구나?'라고요. 장왕은
동네가 잘 정비되지 않은 것으로 도랑이 잘 준설되지 않은 것까지
알아냈습니다. 그런데 그대는 지금 밭에 심어진 삼은 물론 그것이
옷감의 재료가 된다는 것조차 모르고 있으니, 이 나라 사직을 이어
받기는 그른 것 같소!"

과연 왕자는 왕위를 잇지 못하였다.

王子建出守於城父, 與成公乾遇於疇中, 問曰:「是何也?」

成公乾曰:「疇也.」

「疇也者, 何也?」

「所以爲麻也.」

「麻也者, 何也?」

曰:「所以爲衣也.」

成公乾曰:「昔者, 莊王伐陳, 舍於有蕭氏, 謂路室之人曰: 巷其不善乎! 何溝之不浚也? 莊王猶知巷之不善, 溝之不浚, 今吾子不知疇之爲麻, 麻之爲衣, 吾子其不主社稷乎?」

王子果不立.

【王子建】 楚平王의 아들로 伍子胥의 일과 관련됨. 뒤에 피살당하였다.

【城父】 땅 이름. 楚邑. 지금의 河南省 寶豐縣.

【成公 乾】 人名.

【莊王】 춘추오패의 하나. 재위 23년(B.C.613~591).

【有蕭氏】 당시의 氏族 이름.

卷十九. 수문편脩文篇

"수문脩文"이란 '수문修文'으로도 표기하며 본질에 못지않게 문물 제도, 즉 문치, 문교, 예악, 율력 등을 잘 정비하고 닦아야 함을 말한다. 본권은 이에 대한 기록과 일화, 고사 등을 모은 것이다.

모두 44장(777~820)이다.

천하에 도가 있으면 예악정벌禮樂征伐이 모두 천자天子로부터 나온다. 무릇 공功이란 예禮를 제정함으로써 이루어지고, 다스림이란 악樂을 짓는 것으로 안정될 수 있다. 따라서 예악이란 교화를 실행하는 대사大事이다. 공자孔子는 이렇게 말하였다.

"풍속을 바꾸는 데는 악보다 더 좋은 것이 없고, 위를 편안히 하고 백성을 잘 다스리는 데는 예보다 더 좋은 것이 없다."

이 까닭으로 성왕聖王은 예문禮文을 닦고, 상서庠序를 설치하며, 종고鐘鼓를 진설하며, 천자는 벽옹辟雍을 세우고 제후는 반궁泮宮을 세우니, 이는 덕화德化를 시행하기 위함이다.

《시詩》에 "호경鎬京에 벽옹을 세우고부터 서에서, 동에서, 남에서, 북에서 복종하고 싶어하지 않는 이가 없네"라 하였으니 이를 두고 한 말이다.

天下有道, 則禮樂征伐自天子出. 夫功成制禮, 治定作樂, 禮樂者, 行化之大者也.

孔子曰:「移風易俗, 莫善於樂; 安上治民, 莫善於禮.」

是故聖王脩禮文, 設庠序, 陳鐘鼓, 天子辟雍, 諸侯泮宮, 所以行德化.

詩云: 『鎬京辟雍, 自西自東, 自南自北, 無思不服.』
此之謂也.

【庠序】 고대의 학교. 《孟子》 滕文公(上)에 "設爲庠序學校以敎之: 庠者, 養也;
校者, 敎也; 序者, 射也. 夏曰校; 殷曰序; 周曰庠; 學則三代共之, 皆所以明人倫也"
라 하였다.

【辟雍】 周나라 때 天子가 있는 도성에 설립한 대학. 주위의 형상이 璧과 같이
둥글고 물이 둘러져 있었다.

【泮宮】 周나라 때 諸侯의 도성에 설립한 대학. 辟雍의 半과 같은 모습이다.

【詩云】 《詩經》 大雅 文王有의 구절. 鎬京은 周나라 도읍지.

> 참고 및 관련 자료

1. 《孟子》 滕文公(上)

由此觀之, 雖周亦助也. 設爲庠序學校以敎之: 庠者, 養也; 校者, 敎也; 序者,
射也. 夏曰校; 殷曰序; 周曰庠; 學則三代共之, 皆所以明人倫也. 人倫明於上,
小民親於下. 有王者起, 必來取法: 是爲王者師也. 詩云: 『周雖舊邦, 其命惟新.』
文王之謂也. 子力行之, 亦以新子之國.」

778(19-2) 積恩爲愛
영대

은혜를 쌓으면 사랑이 되고, 사랑을 쌓으면 인이 되며, 인을 쌓으면 영靈이 된다. 영대靈臺를 신령스러운 것으로 여기는 까닭은 인을 쌓은 곳이기 때문이다. 신령神靈이란 천지의 근본으로 만물의 시초가 된다.

이 까닭으로 문왕文王이 처음으로 백성을 접할 때 인으로써 하자, 천하가 인으로써 되지 않는 것이 없어 문덕文德이 이르게 된 것이다. 덕이 이르지 않으면 문文을 이룰 수 없다.

積恩爲愛, 積愛爲仁, 積仁爲靈, 靈臺之所以爲靈者, 積仁也. 神靈者, 天地之本, 而爲萬物之始也.

是故文王始接民以仁, 而天下莫不仁焉. 文, 德之至也, 德不至則不能文.

【靈臺】 원래 천문을 관측하는 누대.
【文王】 周 文王. 西伯昌.

　　참고 및 관련 자료

1. 〈四庫本〉, 〈四部本〉 모두 본 장이 다음 장(779)과 연결되어 있다.

무늬와 바탕이 아름다움

상商나라의 상商은 상常이라는 뜻이다. 상常이라는 것은 바탕이며, 이 바탕은 하늘을 주관한다. 하夏나라의 하夏는 크다는 뜻이다. 이 큰 것은 문文이며 문은 땅을 주관한다. 그러므로 왕자王者가 한 번은 상, 한 번은 하가 되었고, 다시 이것이 반복하여 천지의 색을 세 번 바르게 하여 반복된다.

맛은 단 것을 숭상하고, 소리는 궁宮조를 숭상하여 한결같이 반복된다. 그래서 삼왕三王의 통치는 순환되는 고리와 같다. 이 때문에 하후씨夏后氏는 충忠으로 교화하여 그때의 군자는 충을 최고로 여겼다.

소인이 야野에 빠져들었을 때, 이 야만에서 구제하는 길은 경敬만한 것이 없다. 이 때문에 은인殷人은 그들을 경敬으로써 교화한 것이며, 당시 군자들은 경을 최고로 여겼던 것이다.

소인이 미신에 빠져들었을 때, 그들을 구하는 길은 문文만한 것이 없다. 이 때문에 주인周人은 그들을 문으로써 교화한 것이며 당시 군자들은 문을 최고로 여겼던 것이다.

소인이 박薄함에 빠져들었을 때, 그들을 구해 내는 길은 충忠만한 것이 없다. 그래서 성인이 성聖과 함께 할 수 있는 것은, 마치 구矩가 세 바퀴를 돌고 규規가 세 바퀴 돌면 다시 처음으로 돌아오는 원리와 같으니, 궁해지면 근본으로 되돌아오는 것이다.

《시詩》에 "문채가 나도록 다듬고 쪼니 금옥이 그 모습을 갖추어 보이네!"라 하였으니 이는 무늬와 바탕이 아름다움을 말한 것이다.

商者, 常也, 常者質, 質主天; 夏者, 大也, 大者, 文也, 文主地.
故王者一商一夏, 再而復者也, 正色三而復者也. 味尚甘, 聲尚宮,
一而復者, 故三王術如循環, 故夏后氏教以忠, 而君子忠矣; 小人
之失野, 救野莫如敬, 故殷人教以敬, 而君子敬矣. 小人之失鬼,
救鬼莫如文, 故周人教以文, 而君子文矣. 小人之失薄, 救薄莫
如忠, 故聖人之與聖也, 如矩之三雜, 規之三雜, 周則又始, 窮則
反本也.

詩曰;『彫琢其章, 金玉其相.』

言文質美也.

【宮】五音調의 하나. 宮·商·角·徵·羽의 宮調.
【三王】夏(禹)·殷(湯)·周(文·武)를 가리킨다.
【夏后氏】夏나라 禹임금.
【殷人】殷(商)나라 시대.
【周人】周나라 시대.
【小人~如忠】錯簡으로 보고 있다.《說苑疏證》에 “小人之失薄, 救薄莫如忠,
    尾張氏纂注云此十字蓋錯簡, 入上循環之下而義始穩也”라 하여 “循環” 다음, 그
    리고 “故夏后氏教以忠” 앞에 오는 것이 온당하다고 보고 있다.
【矩】원래 曲尺. 굽은 자를 말한다.
【雜】잡(匝)의 假借字로 보고 있다. ‘돌다, 한 바퀴’의 뜻.
【規】원래 그림쇠(원형을 그리는 도구, 자)를 말한다.《莊子》에 “圓者中規, 方者
    中矩”라 하였다. 한편 矩規를 묶어 법칙·법도를 말한다.
【詩曰】《詩經》大雅 棫樸篇의 구절.

1.《**史記**》高祖本紀 贊

太史公曰: 夏之政忠, 忠之敝, 小人以野, 故殷人承之以敬,; 敬之敝, 小人以鬼;
故周人承之以文; 文之敝, 小人以僿, 故救僿莫若以忠. 三王之道若循環, 終而復始.

정욕에 따라 방종하게 구는 자

전하는 말에 이렇게 일렀다.

"정욕이 닿는 대로 마구 방종하게 구는 자는 금수禽獸이며, 억지로 구차스럽게 행하는 자는 야만인이고, 자기 고향을 지키며 쉽게 옮겨가지 못하는 자들을 중서衆庶, 그리고 자연의 섭리를 변별하여 고금古今의 도에 통달한 자를 사士, 어진 이를 추천하고 능력 있는 이를 현달시키는 자를 대부大夫, 위를 공경하고 아랫사람을 사랑하는 자를 제후諸侯, 하늘이 덮어 주고 땅이 받쳐 주는 자를 천자天子라 이른다.

그래서 사士는 보黼를 입으며, 대부大夫는 불黻을 걸치고, 제후諸侯는 불꽃 문양을 입고, 천자天子는 산山과 용龍의 형상을 갖추어 입는 것이다. 덕이 많을수록 그 문채가 화려해야 하고 마음속에 이치가 가득 채워진 자일수록 그 휘장이 드러나야 하기 때문이다."

傳曰:「觸情從欲, 謂之禽獸; 苟可而行, 謂之野人; 安故重遷, 謂之衆庶; 辨然通古今之道, 謂之士; 進賢達能, 謂之大夫; 敬上愛下, 謂之諸侯; 天覆地載, 謂之天子. 是故士服黼, 大夫黻, 諸侯火, 天子山龍; 德彌盛者, 文彌縟, 中彌理者, 文彌章也.」

【辨然通古今之道】《說苑疏證》에서는 "辨然否, 通古今之道"로 보아 "否字原脫,
從拾補補"라 하였다.
【黼】 고대에 예복에 놓은 繡. 半黑半白의 빛으로 '己'字 두 개를 서로 반대로
하여 수놓은 것. '卍'자의 반대 방향 무늬.
【黻】 역시 고대 예복에 놓은 繡. 半黑半靑의 빛으로 자루 없는 도끼의 모양을
수놓은 것. 《禮記》에는 "諸侯黼, 大夫黻"이라 하였다.
【士服黼, 大夫黼】 〈四庫全書本〉에 '黼'와 '黻'이 서로 바뀌어 실려 있다.

┌─────────────────────┐
│ 참고 및 관련 자료 │
└─────────────────────┘

1. 〈四庫本〉과 〈四部本〉은 모두 다음 장(781)과 연결시켜 하나의 장으로 처리되어
있음.

군자에게는 마땅치 않은 것이 없다

《시詩》에 이렇게 노래하였다.

"왼쪽으로 하고 왼쪽으로 하면 그것도 군자에게 맞고, 오른쪽으로 하고 오른쪽으로 하면 그것도 군자의 것일세!"

전하는 말로는 "군자에게는 마땅치 않은 것이 없다"라 하였다. 그래서 필면韠冕을 갖추고 경계를 뚜렷이 한 다음 묘당廟堂에 바로 서면, 유사有司·집사執事 누구 하나 그를 존경하지 않는 이가 없다.

또 최상衰裳을 잘라 입고 저질苴絰에 지팡이를 짚은 채 상喪을 당해 서 있으면, 조문객들이 위로의 말을 하면서 누구 하나 애도를 표하지 아니하는 자가 없다.

그런가 하면 갑옷과 투구를 갖추어 입고 진격의 북 앞에 서 있으면, 그 밑의 사졸 누구 하나 용감하지 않은 이가 없다.

그리하여 그의 인仁은 족히 백성을 품어 안고, 그의 용勇은 족히 위험에 처한 나라를 안정시키며, 그의 신信은 족히 제후들과 결맹結盟을 이루고, 그의 강강强은 족히 환난을 물리치며, 그의 위威는 족히 삼군三軍을 통솔하게 된다. 따라서 왼쪽으로 해도 마땅하고 오른쪽으로 해도 마땅하니, 군자에게는 마땅하지 않음이 없다고 한 것은 이를 두고 한 말이다."

詩曰: 『左之左之, 君子宜之; 右之右之, 君子有之.』

傳曰: 「君子者, 無所不宜也, 是故韠冕厲戒, 立于廟堂之上,

有司執事無不敬者; 斬衰裳, 苴絰杖, 立于喪次, 賓客弔唁無不
哀者; 被甲攖冑立于桴鼓之間, 士卒莫不勇者. 故仁者足以懷
百姓, 勇足以安危國, 信足以結諸侯, 强足以拒患難, 威足以率
三軍. 故曰爲左亦宜, 爲右亦宜, 爲君子無不宜者, 此之謂也.」

【詩曰】《詩經》 小雅 裳裳者華의 구절.
【鞸冕】 '鞸'은 가죽으로 만든 朝服, '冕'은 갓. 조회에 나갈 때의 正裝.
【廟堂】 조정. 문무백관이 天子를 모시고 조회하는 곳.
【有司執事】 조정의 문무백관을 말한다.
【衰裳】 喪服. 윗옷은 '衰', 아래옷은 '裳'. 바느질을 하지 않는다.
【苴絰】 상중에 쓰는 검은 삼베의 首絰과 腰絰.

> 참고 및 관련 자료

1. 본 장은 〈四庫本〉, 〈四部本〉은 앞장(780)과 연결되어 한 장으로 되어 있음.

782(19-6) 齊景公登射
번거로운 격식

제齊 **경공**景公이 활을 쏘려고 사대射臺에 오르자, 안자晏子가 예를 갖추어 대기하고 있었다. 그러자 경공이 이렇게 불평을 하였다.

"선비를 뽑는 활쏘기 의식에 나는 아주 염증이 나오. 나는 그저 천하의 용사를 얻어 함께 나라를 부강케 하면 되었지 무슨 격식이 이리 번거로운지!"

안자가 이렇게 설명하였다.

"군자로서 예가 없다면 이는 서인庶人과 같습니다. 또 서인으로서 예가 없다면 이는 금수와 같습니다. 무릇 신하가 용기만 많으면 그 임금을 시해弑害하게 되고, 아들 된 자가 힘만 세다면 그 아버지도 죽이게 됩니다. 그러나 감히 그렇게 하지 않는 것은 바로 예라는 것이 있기 때문이지요. 예라는 것은 백성을 제어하는 것으로서 고삐가 말을 제어하는 것과 같습니다. 예가 없으면서 나라를 잘 다스렸다는 말은 저는 들어보지 못하였습니다."

그러자 경공이 수긍하였다.

"좋습니다!"

그리고는 다시 예를 갖추어 활쏘기를 마치고, 자리를 바꾼 다음 안자를 상객으로 모시고 하루 종일 예의 문제에 대해 물었다.

齊景公登射, 晏子脩禮而待.

公曰:「選射之禮, 寡人厭之矣. 吾欲得天下勇士, 與之圖國.」

晏子對曰:「君子無禮, 是庶人也, 庶人無禮, 是禽獸也; 夫臣勇多則弑其君, 子力多則弑其長, 然而不敢者, 惟禮之謂也. 禮者, 所以御民也, 轡者, 所以御馬也; 無禮而能治國家者, 嬰未之聞也.」

景公曰:「善!」

乃飭射更席以爲上客, 終日問禮.

【齊景公】춘추시대 齊나라의 군주. 재위는 58년(B.C.547~490).
【晏子】景公의 신하. 재상. 晏嬰. 平仲.
【選射之禮】활쏘기를 통해 훌륭한 선비를 뽑고 예를 행하는 의식.

참고 및 관련 자료

1.《晏子春秋》內篇 諫下

景公登射, 晏子脩禮而待. 公曰:「選射之禮, 寡人厭之矣! 吾欲得天下勇士, 與之圖國.」

晏子對曰:「君子無禮, 是庶人也; 庶人無禮, 是禽獸也. 夫臣勇多則弑其君, 力多則弑其長, 然而不敢者, 維禮之謂也. 禮者, 所以御民也, 轡者, 所以御馬也, 無禮而能治國家者, 嬰未之聞也.」景公曰:「善!」遁飭射更席, 以爲上客, 終日問禮.

783(19-7) 書曰五事
치욕을 멀리할 수 있는 예

《서書》에 오사五事를 말하면서 그 첫째에 모貌를 들었다.

모貌라는 것은 남자로서 갖추어야 할 공경恭敬의 얼굴빛과, 부인婦人으로서 갖추어야 할 교호姣好를 말한다.

걷는 태도도 격식에 맞아야 하고, 돌아서거나 움직임도 격식에 맞아야 한다. 설 때는 경절磬折해야 하고, 인사할 때는 포고抱鼓의 모습이어야 한다. 임금에게 조회하러 나아갈 때는 존엄尊嚴하게 하며, 종묘宗廟에 들어갈 때는 경충敬忠해야 하고, 향당鄉黨에 들어갈 때는 화순和順해야 하며, 자신의 족당族黨이 있는 주리州里에 들어갈 때는 화친和親해야 한다.

《시詩》에 이렇게 노래하였다.

"온화하고 공손하게 남을 대하는 것, 이것이 곧 덕의 기본일세!"

그리고 공자孔子는 이렇게 말하였다.

"공경스럽게 하여 예에 가까이하면 치욕을 멀리할 수 있다."

書曰五事: 一曰貌. 貌者男子之所以恭敬, 婦人之所以姣好也. 行步中矩, 折旋中規, 立則磬折, 拱則抱鼓, 其以入君朝, 尊以嚴, 其以入宗廟, 敬以忠, 其以入鄉黨, 和以順, 其以入州里族黨之中, 和以親.

詩曰:『溫溫恭人, 惟德之基.』
孔子曰:「恭近於禮, 遠恥辱也.」

【五事】《書經》洪範篇에 "五事, 一曰貌, 二曰言, 三曰視, 四曰聽, 五曰思, 貌曰恭, 言曰從, 視曰明, 聽曰聰, 思曰睿, 恭作肅, 從作乂, 明作哲, 聰作謀, 睿作聖"이라 하였다.

【姣好】아름답고 친절함.

【磬折】玉磬(악기)의 소리처럼 바르게 섬.

【抱鼓】북을 껴안는 모습으로 해야 함.

【鄉曲】시골 마을이나 자기 무리가 있는 곳. 〈四部備要本〉에는 '鄉曲'으로 되어 있다.

【族黨】친척. 같은 성씨의 마을.

【詩曰】《詩經》小雅 小宛 및 大雅 抑의 구절.

【孔子曰】《論語》學而篇에 "有子曰: 信近於義, 言可復也. 恭近於禮, 遠恥辱也, 因不失其親, 亦可宗也"라 하였다.

784(19-8) 衣服容貌者
의복과 용모

의복衣服과 용모容貌라는 것은 눈을 즐겁게 하는 것이요, 소리와 응대應對는 귀를 즐겁게 하는 것이며, 기욕嗜慾과 호오好惡는 마음을 즐겁게 하는 것이다.

군자가 의복을 바르게 입고 용모를 단정히 하면 백성들의 눈이 스스로 즐거워할 것이며, 말이 순하고 응대應對가 맞으면 백성들은 귀가 즐겁다고 할 것이며, 인仁으로 나아가고 불인不仁을 제거해 주면 백성들은 마음이 즐겁다고 할 것이다.

이 세 가지가 마음에 있어 몸체에 이것이 드러나고, 행동에 이것이 형태로 나타나면, 비록 높은 지위에 있지 아니하여도 이를 소행素行이라 한다.

그러므로 충성된 마음으로 선을 좋아하면서 날마다 새롭게 나아가면, 홀로 있어도 그 덕을 즐길 수 있어 안으로 즐거움 속에 이를 실행할 수 있게 된다.

《시詩》에 "무슨 이유로 거기에 머무르는가, 반드시 사연이 있으리로다. 무엇 때문에 그리 오래 머무르는가, 무슨 까닭이 분명히 있으리로다!"라 하였는데 여기서 까닭이 있다고 한 것은 능히 오래 머물러 살면서 장수하되 외물外物에 연루됨이 없음을 말한 것이다.

衣服容貌者, 所以悅目也; 聲音應對者, 所以悅耳也; 嗜慾好惡者, 所以悅心也. 君子衣服中, 容貌得, 則民之目, 悅矣; 言語順, 應對給, 則民之耳, 悅矣; 就仁去不仁, 則民之心, 悅矣. 三者存乎心, 暢乎體, 形乎動靜, 雖不在位, 謂之素行. 故忠心好善而日新之, 獨居樂德, 內悅而形.

詩曰: 『何其處也? 必有與也; 何其久也? 必有以也.』

惟有以者, 爲能長生久視, 而無累於物也.

【應對】 서로 응하고 대답하며 주고받는 말.

【嗜慾】 기호와 욕구.

【素行】 더럽혀지지 않은 깨끗한 행동.

【詩曰】《詩經》邶風 旄丘의 구절.

참고 및 관련 자료

1. 《韓詩外傳》卷1

傳曰: 衣服容貌者, 所以說目也; 應對言語, 所以說耳也; 好惡去就者, 所以說心也. 故君子衣服中, 容貌得, 則民之目悅矣; 言語遜, 應對給, 則民之耳悅矣; 就仁去不仁, 則民之心悅矣. 三者存乎身, 雖不在位, 謂之素行. 故中心存善, 而日新之, 則獨居而樂, 德充而行. 詩曰: 『何其處也, 必有與也, 何其久也, 必有以也.』

2. 《春秋繁露》五行對(일부는 「爲人者天」편에 있음)

衣服容貌者, 所以說目也, 聲音應對者, 所以說耳也, 好惡去就者, 所以說心也. 故君子衣服中而容貌恭, 則目說矣. 言理應對遜, 則耳說矣. 好仁厚而惡淺薄, 就善人而遠鄙, 則心說矣. 故曰: 行思可樂, 容止可觀. 此之謂也.

천도를 아는 자

천도天道를 아는 자는 술鉥을 쓰며, 지도地道를 아는 자는
신을 신는다.

능히 번거롭고 얽힌 일을 다스리는 자는 휴觿를 차고 다니고, 능히
활 쏘고 말 다루는 자는 섭韘를 차고 다닌다. 그런가 하면 능히 삼군
三軍을 통솔하는 자는 홀笏을 꽂고 다닌다. 의복의 모습은 규정에 맞고
승준繩準에 합당해야 한다. 그러므로 군자로서 의복이 맞고 용모가
맞아야 능히 그 의복을 통해 자신의 덕을 상징할 수 있다. 이는 그
옥의 모습을 보고 능히 그가 훌륭한 사람임을 알아차리게 하는 일이다.

《시詩》에 "마치 봉란芃蘭의 가지처럼 휴를 찬 저 총각"이라 하였으니
이는 능력을 알도록 하라는 뜻이다.

知天道者, 冠鉥, 知地道者, 履蹻, 能治煩決亂者, 佩觿, 能射
御者, 佩韘, 能正三軍者, 搢笏; 衣必荷規而承矩, 負繩而準下.
故君子衣服中而容貌得, 接其服而象其德, 故望玉貌而行能,
有所定矣.

詩曰: 『芃蘭之枝, 童子佩觿.』

說行能者也.

【銶】긴 바늘.《管子》에 "一女必有一鍼一銶"이라 하였으며, 여기서는 모자에 꽂고 다니는 바늘 장식을 말한다.

【觿】觹로도 쓰며, 뿔 송곳. 뿔 또는 뼈를 깎아 만들어 매듭이나 엉킨 실을 푸는 기구.

【韘】깍지. 활을 쏠 때 시위를 잡아당기는 엄지손가락에 끼우는 골무.

【笏】옥이나 상아 또는 대나무로 만들어 간단히 메모할 수 있는 것.

【繩準】기준. 표준.

【詩曰】《詩經》衛風 芄蘭의 구절. '芄蘭'을 '芃蘭'으로 잘못 기록한 책이 많으나 여기서는 《十三經注疏本》을 따랐다.

어른이 되었음을 알리는 관례

관冠이라는 것은 어른이 되었음을 남이 알도록 하기 위한 것일 뿐 아니라, 덕을 쌓아 스스로를 속박하여 잘 수행하도록 하기 위한 것이기도 하다. 그렇게 함으로써 자신의 사악한 마음을 걸러내고 바른 뜻을 지켜 나갈 수 있도록 돕는다.

군자가 처음 관을 쓰면 반드시 축하해 주고, 예를 갖추어 그 관으로 하여금 마음에 다짐이 되도록 한다. 따라서 군자로서 어른이 되면 반드시 관대冠帶를 갖추고 일을 처리하되, 유치幼稚·소년少年 시절의 놀기 좋아하고 나태하던 마음을 버리고 건실하게 진덕수업進德修業의 뜻을 세우고 실천해야 한다.

그러므로 의복에 충분히 드러나지 않더라도 내심內心은 변화가 없으며, 내심으로 덕을 쌓으면 밖으로 예문禮文이 입혀지게 되니 이로써 현달한 지도자로서의 이름을 성취시키게 된다.

이런 이유 때문에 모자에 대한 제도는 계속 이어져서 수없는 왕이 나와도 그 제도를 쉽게바꾸지 않는 것이니, 이는 이미 이로써 덕을 닦고 그 용모를 단정히 하는 기준이 되었기 때문이다.

공자孔子는 이렇게 말하였다.

"그 의관을 바르게 하여야 그를 존귀하게 그를 보아 줄 것이니, 단정하게 하면 사람들이 보고서 경외심을 느끼고, 또한 위엄을 부리되 사납지 않음을 나타내는 방법이 아니겠느냐?"

冠者, 所以別成人也, 脩德束躬以自申飭, 所以檢其邪心, 守其正意也. 君子始冠, 必祝成禮, 加冠以屬其心, 故君子成人, 必冠帶以行事, 棄幼少嬉戲惰慢之心, 而衎衎於進德脩業之志. 是故服不成象, 而內心不變, 內心脩德, 外被禮文, 所以成顯令之名也. 是故皮弁素積, 百王不易, 旣以脩德, 又以正容.

孔子曰:『正其衣冠, 尊其瞻視, 儼然人望而畏之, 不亦威而不猛乎?』

【申飭】警戒의 뜻으로도 풀이한다.
【進德脩業】덕으로 나아가고 자신의 업을 닦음.
【禮文】禮儀와 文飾.
【皮弁素積】皮弁은 白鹿皮로 만든 고깔, 素積은 素裳을 말한다.

> 참고 및 관련 자료

1. 《論語》 堯曰篇
君子正其衣冠, 尊其瞻視, 儼然人望而畏之, 斯不亦威而不猛乎?

787(19-11) 成王將冠
성왕이 치른 관례

성왕成王이 관례冠禮를 치를 때에 주공周公이 축옹祝雍으로 하여금 이렇게 축문을 읊도록 하였다.

"통달하되 많은 욕심은 부리지 않게 되기를 빕니다."

이어서 축옹은 이렇게 축을 읊었다.

"왕으로 하여금 백성에게 가까하도록 하고, 아첨하는 무리로부터는 멀리하게 하여 시간을 아끼고 재물을 은혜롭게 쓰며, 어진 이에게 맡기며 능력 있는 자를 부리게 하여 주소서. 지금부터 이를 이루기 시작하는 때가 되게 하소서."

이렇게 축사를 하고는 사가四加를 치른 후 물러났다.

周 成王(姬誦)《三才圖會》

주공은 관례를 스스로 주관하면서 경대부卿大夫들을 빈賓으로 삼아 삼헌지례三獻之禮로써 향응을 베풀었다.

이에 공은 비로소 성왕成王에게 현단玄端과 피변皮弁을 입히고, 조복朝服과 현면玄冕을 입는 사가四加를 거행토록 하였다. 그리고 제후의 태자·서자의 관례도 주공이 주가 되어 치렀는데, 그 예는 선비의 관례와 같았다. 다음으로 관을 쓰고 조묘朝廟에 이르러 이렇게 고하였다.

"좋은 달의 길한 날을 택하여 그대에게 원복元服을 입히노니 어릴 때의 뜻은 모두 버리고 덕을 이루기에 순종할지니라."

이처럼 관례는 열아홉 살에 이르러 바르게 치르는 것이 옛날의 통례通禮였다.

成王將冠, 周公使祝雍祝王曰:「達而勿多也.」

祝雍曰:「使王近於民, 遠於佞, 嗇於時, 惠於財, 任賢使能.」

於此始成之時, 祝辭四加而後退, 公冠自以爲主, 卿爲賓, 饗之以三獻之禮. 公始加玄端與皮弁, 皆必朝服玄冕四加, 諸侯太子庶子冠公爲主, 其禮與上同.

冠於祖廟曰:「令月吉日, 加子元服, 去爾幼志, 順爾成德.」

冠禮十九見正而冠, 古之通禮也.

【成王】周의 成王. 武王의 아들이며 周公의 조카. 姬誦.
【周公】周公旦. 成王을 섭정·보필하였다.
【祝雍】冠禮를 관장하여 축사를 하는 임무를 맡은 이.
【四加】天子만이 四加를 하며, 이는 緇布·皮弁·爵弁(이상은 三加로 天子 아래 신분이 행함)에 玄冕을 더하는 것.
【三獻之禮】세 차례 술잔을 들고 마시는 것. 《禮記》郊特牲 참조.
【玄端】검은 테두리를 두른 옷.
【皮弁】흰 사슴 가죽으로 만든 고깔.
【玄冕】검은 테두리를 한 면류관.
【祖廟】조상의 사당. 宗廟.
【元服】冠禮 때 사당에서 입는 옷.

참고 및 관련 자료

1.《大戴禮記》公冠(公符)篇

成王冠, 周公使祝雍祝王, 曰:「達而勿多也.」祝雍曰:「使王近於民, 遠於年, 嗇於時, 惠於財, 親賢使能.」

2.《大戴禮記》公冠(公符)篇

公冠自爲主, 迎賓揖, 升自阼, 立於席, 旣醴, 降自阼. 其餘自爲主者, 其降也, 自西階以異, 其餘皆公同也. 公玄端與皮弁皆韠, 朝服素韠, 公冠四加玄冕, 饗之以三獻之禮, 無介, 無樂, 皆玄端, 其醻幣朱錦采, 四馬其慶也, 天子儗焉, 太子與庶子其冠皆自爲主, 其禮與士同. 饗賓也皆同.

3.《孔子家語》冠頌篇

冠成王而朝於祖, 而見諸侯, 亦爲君也. 周公命祝雍作頌, 曰:「祝王達而未多.」祝雍辭曰:「使王近於民, 遠於年, 嗇於時, 惠於財, 親賢而任能.」

4.《孔子家語》冠頌篇

懿子曰:「諸侯之冠, 其所以爲賓主何也.」孔子曰:「公冠則以卿爲賓, 無介, 公自爲主, 迎賓揖, 升自阼, 立於席北. 其醴也, 則如士, 饗之以三獻之禮. 旣醴, 降自阼階. 諸侯非公而自爲主者, 其所以異, 皆降自西階, 玄端與皮弁異, 朝服素畢, 公冠四加, 玄冕祭, 其酬幣於賓, 則束帛乘馬. 王太子庶子之冠擬焉, 皆天子爲主, 其禮與士無變. 饗食賓也皆同.」

788(19-12) 夏公如齊逆女
친영의 예

"여름, 공公이 제齊나라 여자를 아내로 맞이하여 오다. 이는 왜 기록하였는가? 친영親迎의 예이기 때문이다."

그러면 그 예는 무엇인가? 제후라면 두 켤레의 신발과 하나의 옥홀玉笏을 말하는 것이고, 대부나 서인이라면 두 켤레의 신발과 속수束脩 두 묶음을 말하는 것이다. 그러고 나서 이렇게 말했다.

"아무 나라의 과소군寡小君은 과인으로 하여금 진귀하지 못한 옥홀을 받들고, 귀하지 못한 신발을 예물로 부인夫人의 정녀貞女를 예로써 맞이하도록 하였습니다."

이 말을 들은 부인이 이렇게 말한다.

"어려서부터 깊은 규방에 처해 있어서 예수禮數의 교육이 충분하지 못하고, 스승과 어머니로서의 교육을 깨우쳐 주지 못하였습니다. 이에 의상지사衣裳之事를 받게 되어 경배도 드리지 못합니다."

그리고는 축祝을 하고 답배答拜를 한다. 그러면 부인은 옥홀을 받고 한 켤레의 신을 딸에게 신겨 주고는 비녀와 옷을 단정히 하여 갖춘 다음 이렇게 명한다.

"문을 나선 이후에는 너의 시부모를 잘 받들고 모셔야 하며, 그 집안의 모든 일에 순종으로 따라야 한다. 너의 두 마음을 없애 버리고 감히 되돌아오는 일이 없도록 하라."

이때에 딸은 어머니에게 절하여 고별하고, 어머니는 그 딸의 손을 잡고 문 앞에서 기다리는 신랑에게 넘겨 준다. 신랑은 그의 손을 잡고 문 밖에 나서서 여자를 이끌며, 여자는 그를 따라 다시 아버지가 있는 당堂에 가서 인사하고, 다시 여러 이모·고모들에게 대문에서 인사한다. 신랑이 먼저 수레에 올라 고삐를 잡으면, 여자는 그 수레에 오른다. 이렇게 하여 세 바퀴를 돈 연후에 신랑이 내려서 먼저 앞서간다. 한편 대부나 서인은 그 아버지에게 이렇게 말한다.

"모인某人의 부친, 모인의 사우師友가 모인으로 하여금 귀하지 않은 신발과 미약한 속수를 바치게 하여, 감히 모씨의 정녀貞女에게 경례를 다하지 못합니다."

그러면 그 딸의 어머니는 이렇게 말한다.

"가난한 집에 태어나서 옷감 짜는 일도 제대로 가르치지 못하였는데 감히 기추지사箕帚之事를 만나게 되어 감히 경배도 드리지 못합니다."

「夏, 公如齊逆女. 何以書? 親迎禮也.」

其禮奈何? 曰: 諸侯以屨二兩加琮, 大夫庶人以屨二兩加束脩二.

曰:「某國寡小君, 使寡人奉不珍之琮, 不珍之屨, 禮夫人貞女.」

夫人曰:「有幽室數辱之産, 未諭於傅母之敎, 得承執衣裳之事, 敢不敬拜祝.」

祝答拜. 夫人受琮取一兩屨, 以屨女, 正笄衣裳而命之曰:「往矣, 善事爾舅姑, 以順爲宮室, 無二爾心, 無敢回也.」

女拜, 乃親引其手, 授夫乎戶, 夫引手出戶; 夫行女從, 拜辭父於堂, 拜諸母於大門. 夫先升輿執轡, 女乃升輿, 轂三轉, 然後夫下先行.

大夫士庶人稱其父曰:「某之父, 某之師友, 使某執不珍之屨, 不珍之束脩, 敢不敬禮某氏貞女.」

母曰:「有草茅之産, 未習於織絍紡績之事, 得奉執箕帚之事,
敢不敬拜?」

【公】 구체적으로 魯나라 莊公을 말한다. 재위 32년(B.C.693~662). 이 첫 구절은
《公羊傳》莊公 24年 傳의 구절이다.
【親迎】 婚禮六事의 한 과정. 직접 신부집에서 맞아오는 일.
【逆】 迎과 같다.
【琮】 瑞玉. 안쪽은 圓이고, 밖은 八角으로 된 玉으로 만든 笏.
【束脩】 예를 갖출 때 예물로 드리는 乾肉.《論語》述而篇에 "子曰: 自行束脩以上,
吾未嘗無誨焉"이라 하고, 注에 "脩, 脯也, 十脡爲束. 古者相見, 必執贄以爲禮,
束脩, 其至薄者, ……故苟以禮來, 則無不有以敎之也"라 하였다.
【寡小君】 자기 나라 임금을 낮추는 謙辭.《論語》季氏篇에 "邦君之妻, 君稱曰
夫人, 夫人自稱曰小童, 邦人稱之曰君夫人, 稱諸異邦曰寡小君"이라 하고, 그 疏에
"寡小君, 謙言寡德之君, 夫人對君爲小, 故曰寡小君"이라 하였다.
【貞女】 신부 될 여자를 일컬음.
【衣裳之事】 諸侯의 혼례.
【箕帚之事】 서민으로 키와 빗자루를 들고 집안을 다스려 장부를 모시는 일.
즉 남의 아내가 되는 일을 말한다.

참고 및 관련 자료

1.《公羊傳》莊公 24年 傳
夏, 公如齊逆女, 何以書? 親迎禮也.

789(19-13) 春秋曰壬申公薨于高寢
천자의 침소

《춘추春秋》에 "임신壬申에 공公이 고침高寢에서 죽다"라 하였고, 《전傳》에는 "고침高寢이란 무엇인가? 정침正寢을 말한다"라 하였다.

그런데 어찌하여 어떤 경우에는 고침高寢이라 하고, 또 어떤 경우에는 노침路寢이라 하는가?

설명은 이러하다. 즉 제후에게는 정침正寢이 셋이다. 첫째 고침高寢, 둘째 좌로침左路寢, 셋째 우로침右路寢이다. 그 중에 고침이란 처음 제후로 봉封받았을 때의 침소이며 노침이란 윗대를 계승한 제후로서의 침소이다.

그런데 노침이 둘인 것은 무슨 이유인가?

이는 아들은 아버지의 침소에 거할 수 없기 때문이다. 그래서 두 개의 침소가 있는 것이다. 뒤를 이은 임금들은 대대로 첫 조상인 고조高祖의 침소에 거할 수 없다. 그 때문에 고침은 고高자를 붙인 것이다.

그러면 노침은 어떤 위치에 있어야 하는가? 고침이 가운데 있으므로 노침은 좌우에 마련된 것이다.

《춘추春秋》에 "천왕이 성주成周로 들다"라 하였고, 그《전傳》에 "성주란 무엇인가? 동주東周를 말한다"라 하였다.

그렇다면 천자의 침소는 어떠한가?

역시 세 곳이며, 그 침당을 승명承明이라 하고, 뒤를 이은 천자로서의 문文을 지킨 침소이다. 그리고 좌우에 있는 노침도 이에 포함된다.

그러면 승명이란 무엇인가?

명당明堂이 뒤를 이었다는 뜻이다. 그러므로 천자나 제후 모두 세 개의 침소를 마련하여 실정實正의 명분을 바로 하였다.

이렇게 하여야 부자지의父子之義가 드러나고 존비지사尊卑之事가 분별되며 대소지덕大小之德이 달라지는 것이다.

春秋曰: 『壬申公薨于高寢.』

傳曰: 「高寢者何? 正寢也.」

曷爲或言高寢, 或言路寢?

曰, 諸侯正寢三: 一曰高寢, 二曰左路寢, 三曰右路寢. 高寢者, 始封君之寢也. 二路寢者, 繼體之君寢也.

其二何? 曰, 子不居父之寢, 故二寢. 繼體君世世不可居高祖之寢, 故有高寢, 名曰高也. 路寢其立奈何? 高寢立中, 路寢左右.

春秋曰: 『天王入于成周.』

傳曰: 「成周者何? 東周也.」

然則天子之寢奈何? 曰, 亦三承明, 繼體守文之君之寢, 曰左右之路寢. 謂之承明何? 曰: 承乎明堂之後者也. 故天子諸侯三寢立而名實正, 父子之義章, 尊卑之事別, 大小之德異矣.

【春秋】魯나라를 中心으로 孔子가 기술한 역사서. 六經의 하나.

【壬申公薨于高寢】《左傳》定公 15年 經文.

【傳曰】《公羊傳》의 기록. 참고란을 볼 것.

【成周者何】《公羊傳》昭公 26年의 문장. 成周는 지금의 河南省 洛陽縣 근처. 東周의 서울. 한편 이 구절은 잘못된 것이 아닌가 한다. 《說苑疏證》에 "春秋至東周也十八字, 拾補云: 非此處語, 疑脫誤"라 하였다.

【文】무력으로 찬탈하지 않음을 말한다.

1.《公羊傳》莊公 32年 傳

八月, 癸亥, 公薨於路寢. 路寢者何, 正寢也.

2.《公羊傳》昭公 26年 傳

冬, 十月, 天王入於成周. 成周者何? 東周也.

790(19-14) 天子以鬯爲贄
초견례의 예물

천자天子는 거창秬鬯을 하사하는 것으로써 제후諸侯에 대한 초견례初見禮를 삼는다. 창鬯이라는 식물은 백초百草의 근본으로서 위로는 하늘에 닿고, 아래로는 땅까지 닿아 창달暢達시키지 않는 것이 없다. 그러므로 천자는 창으로 초견례의 예물을 삼는 것이다.

다음으로 제후는 규圭로써 초견례를 삼으니, 규는 옥玉이다. 얇지만 휘어지지 않고 날카로우나 사람을 다치게 하지 않는다. 또 가운데에 흠이 있으면 반드시 이를 밖으로 드러내 보인다. 그러므로 제후는 규로써 초견례의 예물을 삼는다.

경卿은 검은 양으로 초견례를 삼으니, 검은 양은 양의 일종으로 서로 무리를 지어 다니되 작당作黨하지 않는다. 그 때문에 경은 검은 양으로 초견례의 예물을 삼는다.

대부大夫는 기러기로써 초견례를 삼는다. 기러기는 줄지어 날아 장유長幼의 예禮가 있다. 따라서 대부는 이를 초견례의 예물로 삼는다.

또 사士는 꿩으로 초견례를 삼으니 이는 탐욕으로 유인해서는 안 된다는 뜻이며, 가두어 기를 수도 없다는 뜻을 가지고 있다. 그 때문에 사士는 꿩으로 초견례의 예물을 삼는다.

서인庶人은 목鶩으로써 초견례를 삼으니 목은 목목鶩鶩하다는 뜻으로, 목목은 다른 마음을 갖지 않는다는 의미이다. 그러므로 서인은 목으로 초견례의 예물로 삼는다.

이처럼 초견례의 예물은 그 바탕 즉 그 본질을 가지고 따지는 것이다.

天子以鬯爲贄, 鬯者百草之本也, 上暢於天, 下暢於地, 無所不暢, 故天子以鬯爲贄. 諸侯以圭爲贄, 圭者, 玉也, 薄而不撓, 廉而不劌, 有瑕於中, 必見於外, 故諸侯以玉爲贄. 卿以羔爲贄, 羔者, 羊也, 羊群而不黨, 故卿以爲贄. 大夫以雁爲贄, 雁者, 行列有長幼之禮, 故大夫以爲贄. 士以雉爲贄, 雉者, 不可指食籠狎而服之, 故士以雉爲贄. 庶人以鶩爲贄, 鶩者, 騖騖也, 騖騖無他心, 故庶人以鶩爲贄. 贄者, 所以質也.

【鬯】鬱金香의 일종으로 이를 쪄서 빚으며, 제사의 降神酒로 사용한다. 이를 '울창주(鬱鬯酒)'라 한다.

【贄】初見禮 때에 주고받는 예물을 말한다.

【廉而不劌】廉은 利, 즉 '날카롭다'의 뜻.

【指食】먹이나 미끼로 유인함을 말한다.

【鶩】집오리의 일종. 혹은 '달리다'의 뜻.

【騖騖】樸實純一함을 말한다.

【庶人以鶩爲贄者, 所以質也】〈四部備要本〉에 "庶人以鶩爲贄者, 贄者, 所以質也."로 되어 있으며, 바로 위의 '他心'도 '它心'으로 되어 있다.

참고 및 관련 자료

1. "諸侯以圭爲贄, 圭者玉也, 薄而不撓, 廉而不劌, 有瑕於中, 必見於外"는 본 《說苑》雜言篇 48장(17-48)의 '玉有六美'와 비슷하다.

2. 《禮記》曲禮(下)

凡贄, 天子鬯, 諸侯圭, 卿羔, 大夫雁, 士雉, 庶人之摯匹.

791(19-15) 諸侯三年一貢士
제후들의 선비 추천 의무

제후諸侯는 3년에 한 번씩의 사士를 천자天子에게 천거하여야 한다. 그 선비가 아주 합당한 경우를 한 번 이루었을 때를 호덕好德이라 하고, 두 번씩이나 훌륭한 선비를 천거하였을 때를 존현尊賢이라 이르며, 세 번 훌륭한 선비를 천거하였을 때를 유공有功이라 한다.

이러한 유공자有功者에게 천자는 그 공이 한 번일 때에는 여복輿服과 궁시弓矢를 하사하고, 두 번일 때는 창鬯을 하사하며, 세 번일 때에는 호분虎賁 1백 명을 하사하고 명제후命諸侯라는 호를 내린다.

명제후가 된 자는 이웃나라에서 신하가 임금을 시해하는 일이나, 또는 서얼庶孽이 그 종가宗家를 죽이는 일이 생기면 천자로부터 재가를 받지 않았더라도 그를 정벌할 수 있다. 그러나 정벌한 후에는 그 땅을 천자에게 귀속시켜야 한다.

다음으로 제후가 천자에게 선비를 잘못 추천하였을 때 한 번일 경우를 과過라 하고, 두 번일 경우를 오傲라 하며, 세 번일 경우를 무誣라 한다. 이때에는 천자가 그를 축출하되 한 번일 경우에는 그 작위爵位를 없애고, 두 번일 경우에는 토지를 삭감하며, 세 번일 경우에는 그의 토지를 몰수한다.

그리고 제후로서 선비를 추천하지 않을 경우에는 이를 불솔정不率正이라 하며, 이 경우에도 첫 번째에는 작위를 없애고, 두 번째에는 토지를 삭감하며, 세 번째에는 토지를 몰수한다.

그런 후 천자는 1년 동안 제후들의 고과를 심의하여 여러 관리 중에 성적이 없는 자를 축출하고, 제후들로부터 추천받은 선비로 하여금 그 자리를 대신하게 한다.

《시詩》에 "그렇게 많고 많은 훌륭한 선비들, 문왕은 이로써 안녕을 얻네!"라 하였으니 바로 이를 두고 한 말이다.

諸侯三年一貢士, 士一適謂之好德, 再適謂之尊賢, 三適謂之有功. 有功者, 天子一賜以輿服弓矢, 再賜以鬯, 三賜以虎賁百人, 號曰命諸侯. 命諸侯者, 鄰國有臣弑其君, 孽弑其宗, 雖不請乎天子而征之可也, 已征而歸其地于天子. 諸侯貢士, 一不適謂之過, 再不適謂之傲, 三不適謂之誣. 誣者, 天子黜之, 一黜以爵, 再黜以地, 三黜而地畢. 諸侯有不貢士, 謂之不率正, 不率正者, 天子黜之, 一黜以爵, 再黜以地, 三黜而地畢. 然後天子比年秩官之無文者而黜之, 以諸侯之所貢士伐之.

詩云:『濟濟多士, 文王以寧.』

此之謂也.

【輿服】 수레와 의복.
【鬯】 鬱金香의 일종. 790(19-14) 注 참조.
【虎賁】 官職名. 군대를 지휘하는 임무. 武官.
【命諸侯】 '특수한 명을 받은 제후'라는 뜻.
【詩云】《詩經》 大雅 文王의 구절.

1.《尙書大傳》皐陶謨篇

古者諸侯之於天子也, 三年一貢士. 天子命與諸侯輔助爲政, 所以通賢共治, 示不獨專, 重民之至. 大國擧三人, 次國擧二人, 小國擧一人, 一適謂之攸好德, 再適謂之賢賢, 三適謂之有功. 有功者天子賜以車服弓矢, 再賜以秬鬯, 三賜以虎賁百人, 號曰命諸侯. 命諸侯得專征者, 鄰國有臣弑其君, 孽伐其宗者, 雖弗請於天子征之可也. 征而歸其地於天子. 有不貢士謂之不率正者, 天子絀之. 一不適謂之過, 再不適謂之敖, 三不適謂之誣. 誣者天子絀之, 一絀, 少絀以爵, 再絀, 少絀以地, 三絀而爵地畢.

2.《潛夫論》考績篇

古者, 諸侯貢士, 一適謂之好德, 載適謂之尙賢, 三適謂之有功, 則加之賞. 其不貢士也, 一則黜爵, 載則黜地, 三黜則爵士俱畢. 附下罔上者死, 附上罔下者刑, 與聞國政而無益於民者斥, 在上位而不能進賢者逐. 其受事而重選擧, 審名實而取賞罰也如此, 故能別賢愚而獲多士, 成敎化而安民氓. 三代於世, 皆致太平. 聖漢踐祚, 載祀四八, 而猶未者, 敎不假而功不考, 賞罰稽而赦贖數也. 諺曰:「曲木惡直繩, 重罰惡明證.」此羣臣所以樂總猥而惡考功也.

792(19-16) 古者必有命民
백성을 지도하는 규칙

옛날에는 반드시 백성을 지도하는 규칙이 있었다. 즉 백성에게 능히 어른을 공경하고 불쌍한 이를 도우며, 취하고 버리는 일에 양보를 중시하도록 한 것이다.

이렇게 해서 평소 자기 일에 힘쓰게 한 후 임금에게 알린다. 알린 후에는 그에 따라 수식을 한 수레와 두 필이 함께 끄는 병마駢馬를 얻게 된다. 임금의 명령을 얻지 못한 자는 이런 수레를 타지 못하며, 제 마음대로 타는 자는 모두 벌을 받는다. 따라서 백성으로서 비록 재물에 여유가 있고, 많다 할지라도 인의仁義나 공덕功德이 없으면 그 재물을 사용할 수가 없다.

이 때문에 백성들은 누구나 재리財利보다는 인의仁義를 중시하게 된다.

재리를 천히 여기면 다툼이 사라지고, 다툼이 사라지면 강한 자가 약한 자를 능욕하는 일이 없어지고, 무리가 적은 수에게 포악을 휘두를 수가 없게 된다.

당唐·우虞 때에는 상형象刑이라는 제도만 있었어도 백성들이 감히 법을 범하지 않았고, 난亂은 이로써 그치게 할 수 있었다.

《시詩》에 "그대 백성들에게 고하노니, 임금의 법도를 삼가 지키어 뜻밖의 환난을 막을 것이니라!"라 하였으니 이를 두고 한 말이다.

古者, 必有命民, 命民能敬長憐孤, 取舍好讓, 居事力者, 命於
其君. 命然後得乘飭輿騈馬, 未得命者, 不得乘, 乘者, 皆有罰.
故其民雖有餘財侈物, 而無仁義功德, 則無所用其餘財侈物;
故其民皆興仁義而賤財利, 賤財利則不爭, 不爭則强不凌弱,
衆不暴寡. 是唐虞所以興象刑, 而民莫敢犯法, 而亂斯止矣.
　詩云:『告爾民人, 謹爾侯度, 用戒不虞.』
　此之謂也.

【唐】 堯임금 시절, 唐堯時代.
【虞】 舜임금 시절, 虞舜時代.
【象刑】 肉刑에 상대되는 상징적인 형벌. 백성이 범죄를 저질렀을 때 빛깔이
다른 옷을 입혀 스스로 치욕을 느끼게 하는 형벌.
【詩云】《詩經》大雅 抑의 구절.《詩經》의 原文은 "質爾人民"이다.〈四部叢刊本〉
에는 '先爾民人'으로 되어 있다. '不虞'는 생각지 못하였던 뜻밖의 환난을 말한다.

참고 및 관련 자료

1.《尙書大傳》당전

古之帝王必有命, 民能敬長矜孤, 取舍好讓者, 命於其君, 然後得乘飾車騈馬, 衣文錦.
未有命者不得衣, 不得乘. 乘衣者有罰.

2.《韓詩外傳》卷6

古者有命: 民之有能敬長憐孤, 取捨好讓, 居事力者, 告於其君, 然後命得乘飾車騈馬.
未得命者, 不得乘飾車騈馬. 皆有罰. 故民雖有餘財侈物, 而無禮義功德, 則無所用.
故皆興仁義而賤財利. 賤財利則不爭, 不爭則强不陵弱, 衆不暴寡, 是君之所以象典
刑而民莫犯法, 民莫犯法, 而亂斯止矣. 詩曰:『質爾人民, 謹爾侯度, 用戒不虞.』

3. 기타 참고자료

《群書治要》·《太平御覽》(637)

순수와 술직

천자天子의 순시를 순수巡狩라 하고, 제후가 하는 일을 술직述職이라
한다. 순수란 자기의 지키는 바를 두루 돌아보는 것이요, 술직이란
자기 맡은 바 직무를 펴 보이는 것이다. 봄에는 밭을 가는 것을 살펴
부족한 것을 도와 주고, 가을에는 수확하는 것을 살펴 가난한 자를
도와 준다.

천자는 5년에 한 번씩 순수에 나선다. 해당하는 해의 2월에 동쪽으로
순수하여 동악東嶽에 이른 다음, 섶나무를 태우며 산천에 망제望祭를
올린다.

그러고 나서 제후를 불러 1백세의 나이 많은 이들을 위문하고, 태사
太師에게 명하여 진시陳詩토록 하여 민풍民風을 살피며, 시장의 납세를
조사토록 하여 백성의 호오好惡와 그들이 음일淫逸이나 편벽된 행동에
빠졌는지를 살핀다. 또 전례典禮를 시켜 시월時月과 날짜를 정하고,
율律 · 예악禮樂 · 제도制度를 통일케 하며 의복의 격식을 정한다.

산천신지山川神祇에 제사를 올리지 않는 것을 불경不敬으로 여겨, 그에
해당하는 제후는 축출하며 그 작위를 박탈한다. 또 종묘宗廟에 경순敬順
하게 하지 않는 것을 불효不孝라 여겨, 그런 제후에게는 토지를 삭감한다.
그리고 백성에게 은택을 베풀어 공이 있는 자에게는 이를 살펴 토지를
더해 준다.

그 나라 경계에 들어섰을 때 토지가 잘 개간되고, 경로존현敬老尊賢하는
것이 보이면 토지를 더욱 많이 준다. 그러나 그 국경에 들어서서 토지가

황폐하고 노인과 어진 이를 잘 대접하지 않으며, 지위를 가진 자가
자기 자랑만 일삼는 것이 보이면 징벌을 내려 그 토지를 삭감한다.

또 한 번 조회에 참석하지 않으면 작위를 박탈하고, 두 번 참석하지
않으면 그 토지를 박탈하는 축출령을 내리고, 세 번 참석하지 않으면
육사六師를 시켜 이들을 토벌한다.

또 5월의 순수는 남쪽으로 하되 남악南嶽에 이르러 동쪽 순수 때와
같은 예禮로써 하고, 8월의 순수는 서쪽으로 하되 서악西嶽에 이르러
남쪽 순수 때의 예로써 하며, 11월의 순수는 북쪽으로 하되 북악北嶽에
이르러 서쪽 순수 때의 예로써 한다.

서울로 돌아와서는 조상신에게 제사하여 보고를 드리되 이때에는
한 마리의 특생特牲을 쓴다.

天子曰巡狩, 諸侯曰述職. 巡狩者, 巡其所守也, 述職者, 述其所
職也. 春省耕, 助不給也; 秋省斂, 助不足也. 天子五年一巡狩,
歲二月東巡狩, 至于東嶽, 柴而望祀山川, 見諸侯, 問百年者,
命太師陳詩以觀民風, 命市納賈以觀民之所好惡, 志浮好僻者,
命典禮, 考時月定日, 同律禮樂制度衣服正之. 山川神祇有不
擧者爲不敬, 不敬者, 君黜以爵; 宗廟有不順者爲不孝, 不孝者,
君削其地; 有功澤於民者, 然後加地. 入其境, 土地辟除, 敬老
尊賢, 則有慶, 益其地; 入其境, 土地荒穢, 遺老失賢, 掊克在位,
則有讓, 削其地. 一不朝者, 黜其爵, 再不朝者, 黜其地, 三不朝者,
以六師移之. 歲五月南巡狩, 至于南嶽, 如東巡狩之禮; 歲八月
西巡狩, 至于西嶽, 如南巡狩之禮; 歲十一月北巡狩, 至于北嶽,
如西巡狩之禮. 歸格于祖禰, 用特.

【柴而望山川】 柴는 섶나무를 태우는 제사이며, 望은 山川을 바라보며 지내는 제사이다.

【太師】 임금의 스승. 여기서는 민정을 살펴 임금에게 알리는 임무를 띤 관리. 《禮記》에는 음악을 관장하는 임무를 띠었다고 하였다.

【陳詩】 흔히 《詩經》의 정리과정에 刪詩說·採詩說·獻詩說·陳詩說이 있으며 그 중에 陳詩說은 詩를 조사하고 진술함을 말한다. 《禮記》 王制篇 鄭玄의 注에 "陳詩謂采其詩而視之"라 하였고, 孔穎達의 疏에는 "此謂王巡狩見諸侯畢, 乃命 其方諸侯, 太師是掌樂之官, 各陳其國風之詩, 以觀其政令之善惡"이라 하였다.

【典禮】 典象官, 律曆을 담당함.

【讓】 '責罰하다, 꾸짖다'의 뜻.

【六師】 天子의 군대. 六軍.

【特】 特牲, 즉 제사에 가축 한 마리만을 희생으로 쓰는 것.

참고 및 관련 자료

1. 《孟子》 梁惠王(下)

晏子對曰:「善哉問也! 天子適諸侯曰巡狩. 巡狩者, 巡所守也. 諸侯朝於天子曰述職. 述職者, 述所職也. 無非事者, 春省耕而補不足, 秋省斂而助不給.」

2. 《孟子》 告子(下)

天子適諸侯曰巡狩, 諸侯朝於天子曰述職. 春省耕而補不足, 秋省斂而助不給. 入其疆, 土地辟, 田野治, 養老尊賢, 俊傑在位, 則有慶, 慶以地. 入其疆, 土地荒蕪, 遺老失賢, 掊克在位, 則有讓. 一不朝, 則貶其爵, 再不朝, 則削其地, 三不朝, 則六師移之.

3. 《禮記》 王制篇

天子五年一巡狩. 歲二月, 東巡守, 至於岱宗, 柴而望祀山川, 覲諸侯, 問百年者, 就見之. 命太師陳詩以觀民風. 命市納賈以觀民之所好惡, 志淫好辟. 命典禮考時月 定日·同律·禮·樂·制度·衣服正之. 山川神祇有不擧者爲不敬, 不敬者君削以地. 宗廟有不順者爲不孝, 不孝者君絀以爵. 變禮易樂者爲不從, 不從者君流. 革制度衣 服者爲畔, 畔者君討. 有功德於民者, 加地進律. 五月, 南巡守, 至於南嶽, 如東巡守 之禮. 八月, 西巡守, 至於西嶽, 如南巡守之禮. 十有一月, 北巡守, 至於北嶽, 如西巡守 之禮. 歸假於祖禰, 用特.

사냥에도 제한과 법칙

《춘추春秋》에 "정월, 공이 낭郞 땅에서 사냥을 하다"라 하였고, 《전傳》에는 "봄의 사냥을 수蒐, 여름 사냥은 묘苗, 가을 사냥을 선獮, 겨울 사냥은 수狩라 한다"라 하였다.

그러면 묘苗란 무슨 뜻인가? 묘苗는 모毛이다. 이때에는 못을 포위하여 잡지 않으며, 무리를 몽땅 잡지 않고 새를 잡되 부화하고 있는 것은 잡지 않으며 새끼를 잉태하고 있는 짐승은 잡지 않는다는 뜻이다.

또 춘수春蒐란 작은 짐승 및 새끼 밴 짐승을 잡지 않는다는 뜻이며 동수冬狩란 무엇이든지 다 잡을 수 있음을 말한다.

백성들도 모두 나와 사냥을 한다. 그러나 도망치는 동물을 마구 뒤쫓지 않으며, 짐승과 맞서지 않고, 옆에서 쏘지 않으며, 짐승을 뒤쫓되 정해진 구역을 넘어서지 않아야 한다. 이것이 묘苗·선獮·수蒐·수狩의 옳은 뜻이다.

그러므로 묘·선·수·수의 예禮는 간단한 전쟁과 같다. 따라서 묘苗란 작은 사냥이며, 수蒐란 수색한다는 뜻이고, 수狩란 지켜 머무른다는 뜻이다.

그러면 여름에 사냥을 하지 않는 이유는 무엇인가?

이때는 천지음양天地陰陽이 왕성한 때이다. 맹수는 잡을 수 없고, 새매도 잡히지 않으며, 독사와 전갈들도 그 독을 줄여 주지 않는다. 조수충사鳥獸虫蛇가 모두 하늘의 뜻에 순응하는 때이다. 그런데 하물며 인간임에랴? 이 까닭으로 옛날에는 반드시 짐승을 우리에 가두어 길렀던 것이다.

그런데 사냥을 전畋이라 하는 까닭은 무엇인가?

이는 성인이 일을 함에는 반드시 그 근본으로 되돌아가기 때문에 그런 글자를 쓴 것이다. 즉 오곡이란 종묘를 받들고 만민을 기르는 것이다. 금수가 농사를 망치는 일을 제거해야 한다. 그래서 전田자를 써서 말한 것이다.

성인이 사물에 이름을 붙임에는 그 일의 뜻과 연관시켰음을 알 수 있다.

春秋曰:『正月, 公守于郎.』

傳曰:「春曰蒐, 夏曰苗, 秋曰獮, 冬曰狩.」

苗者奈何? 曰苗者毛也, 取之不圍澤, 不揜羣, 取禽不麛卵, 不殺孕重者. 春蒐者, 不殺小麛及孕重者; 冬狩皆取之, 百姓皆出, 不失其馳, 不抵禽, 不詭遇, 逐不出防, 此苗獮蒐狩之義也. 故苗獮蒐狩之禮, 簡其戎事也; 故苗者, 毛取之, 蒐者, 搜索之, 狩者, 守留之.

夏不田, 何也? 曰: 天地陰陽盛長之時, 猛獸不攫, 鷙鳥不搏, 蝮蠆不螫, 鳥獸虫蛇, 且知應天, 而況人乎哉? 是以古者必有蓁牢. 其謂之畋何.

聖人擧事必反本, 五穀者, 以奉宗廟, 養萬民也, 去禽獸害稼穡者, 故以田言之, 聖人作名號而事義可知也.

【春秋曰】《春秋》桓公 4年의 문장.
【守】'田狩'와 같음. 겨울에 하는 사냥.

【郞】땅 이름. 지금의 山東省 魚臺縣의 郞城.

【傳曰】《公羊傳》桓公 4年의 기록. 한편 본문 "春曰蒐, 夏曰苗"는 "春曰苗"로 바뀌어야 한다고 본다.《說苑疏證》에 "春曰下原衍蒐夏曰三字, 從拾補刪"이라 하였다.

【毛】'微細하다, 微小하다'의 뜻.

【春秋】秋蒐의 오기이다.《說苑疏證》에 "秋, 原誤作春, 從拾補改"라 하였다.

【不失其馳】'뒤쫓아가는 방법을 잃지 않음'. 즉 마구 뒤쫓지 않음을 뜻한다.

【不詭遇】옆에서 橫面으로 쏘지 않음을 말한다.

【田】'畋'과 같음.

> [참고 및 관련 자료]

1.《春秋》桓公 4年

四年, 春, 正月, 公狩於郞.

2.《穀梁傳》桓公 4年

四時之田, 皆爲宗廟之事也, 春曰田, 夏曰苗, 秋曰蒐, 冬曰狩. 四時之田用三焉.

3.《公羊傳》桓公 4年

狩者何? 田狩也. 春曰苗, 秋曰蒐, 冬曰狩.

한 해에 세 번 사냥

 천자와 제후는 아무 일이 없을 때면 한 해에 세 번 사냥을 한다.
이는 제사에 쓸 말린 고기를 준비하기 위해서, 그리고 손님의 잔치를
위해서, 또 임금의 식용에 충당하기 위해서이다. 아무 일 없으면서
사냥 의식을 거르는 것은 불경不敬스러운 일이라 여기며, 사냥을 규정에
맞지 않게 하는 것을 포천물暴天物이라 한다.

 천자의 사냥은 포위해서 잡는 방법은 하지 않으며, 제후의 사냥은
무리지은 짐승을 한꺼번에 잡는 방법을 택하지 않는다. 천자가 사냥할
때는 큰 깃발을 아래로 내리며, 제후가 사냥할 때는 작은 깃발을 내린다.
또 대부가 사냥할 때는 그를 돕는 수레를 멈추게 하며, 그 수레가
멈춘 다음이면 백성이 사냥을 한다.

 물고기로 달제獺祭를 지내고 나서야 어부들이 못에 들어가 고기를
잡을 수 있으며, 비둘기가 매를 부화시킨 이후에야 그물과 덫을 써서
짐승을 잡을 수 있고, 초목이 잎이 시들어 떨어진 연후에야 숲 속으로
들어가 사냥을 할 수 있다. 곤충이 겨울잠에 들기 전에는 불을 놓아
사냥해서는 안 되며 어린 짐승을 잡거나 알을 채집해서도 안 되고
어린것을 죽이거나 그 둥지를 엎어서도 안 된다.

 이는 모두 성인이 윗자리에 있을 때, 군자가 자기 자리에 있을 때,
현능한 자가 그 임무를 담당할 때, 큰 덕으로써 드러내어 밝힌 규칙이다.

周나라의 시조 后稷《三才圖會》

그러므로 고요皐陶가 대리大理가 되자 천하가 평온하여 백성들이 각자 그 결실을 얻었고, 백이伯夷가 예禮를 주장하자 상하가 모두 양보하였으며, 수倕가 공사工師가 되자 모든 장인匠人들이 공력을 다하였고, 익益이 산택山澤을 주관하자 산택이 개척되었으며, 기棄가 농사의 책임을 맡자 백곡百穀이 때에 맞게 잘 자랐고, 설契이 사도司徒가 되자 백성이 친화親和하게 되었으며, 용龍이 외교 업무를 맡게 되자 먼 곳 사람이 찾아왔다.

이렇게 십이목十二牧이 자기 임무를 다하자 구주九州가 감히 위배하지 못하였고, 우禹임금이 구택九澤의 제방을 쌓고 구도九道를 소통시키며 구주九州를 안정시키자 각각 그 직무에 따라 조공을 바쳐 그 마땅함을 놓치지 않게 되었다.

그때는 사방 5천 리가 통하여 먼 황지荒地 사람까지 복종하게 되었으니, 남쪽으로는 교지交趾·대발大發을 위무威撫시키고, 서쪽으로는 석지析支·거수渠搜·저氐·강羌까지, 그리고 북쪽으로는 산융山戎·숙신肅愼, 동쪽으로는 장이長夷·도이島夷까지 이르렀다.

이리하여 사해지내四海之內가 모두 제순帝舜의 공을 추대하였다. 이에 우禹는 구소지악九韶之樂을 지어 이물異物까지 이르게 하니, 봉황이 날아와 천하의 덕을 밝히게 되었다.

天子諸侯無事則歲三田: 一爲乾豆, 二爲賓客, 三爲充君之庖.
無事而不田, 曰不敬, 田不以禮, 曰暴天物. 天子不合圍, 諸侯不
掩羣; 天子殺則下大綏, 諸侯殺則下小綏, 大夫殺則止佐車, 佐車
止則百姓畋獵. 獺祭魚, 然後漁人入澤梁; 鳩化爲鷹, 然後設罾羅;
草木零落, 然後入山林. 昆蟲不蟄, 不以火田, 不麛不卵, 不殀夭,
不覆巢; 此皆聖人在上, 君子在位, 能者在職, 大德之發者也.
是故皐陶爲大理, 平民各服得其實; 伯夷主禮, 上下皆讓; 倕爲
工師, 百工致功; 益主虞, 山澤辟成; 棄主稷, 百穀時茂; 契主司徒,
百姓親和; 龍主賓客, 遠人至. 十二牧行, 而九州莫敢僻違; 禹陂
九澤, 通九道, 定九州, 各以其職來貢, 不失厥宜, 方五十里至于
荒服, 南撫交趾大發, 西析支渠搜氐羌, 北至山戎, 肅愼, 東至長夷,
島夷, 四海之內, 皆戴帝舜之功. 於是禹乃興九韶之樂, 致異物,
鳳凰來翔, 天下明德也.

【乾豆】豆는 祭器. 乾은 말린 고기를 말한다. ‘간두’로도 읽는다.
【暴天物】천물, 즉 ‘만물에게 포악하게 굴다’의 뜻.
【綏】旌旗·깃발. 사냥을 알리는 깃발.
【佐車】짐승을 몰아 주는 수레.《禮記》를 볼 것.
【獺祭】孟春(정월)에 잉어를 잡아 水獺에게 먹여 풍어를 비는 의식.
【鳩化爲鷹】매는 스스로 부화를 하지 못하여 비둘기 둥지에 알을 낳아 이것이
8월에 부화된다. 여기서는 8월부터 사냥이 시작됨을 말한다.
【不殀夭】《說苑疏證》에 “殀夭二字原倒, 從拾補之正”이라 하였다.
【皐陶】舜임금의 신하로 법률을 제정하였다.
【大理】법률을 맡은 관리.
【伯夷】舜임금의 신하로 三禮의 질서를 관장하였다.
【倕】黃帝 때의 工人·匠人.

【工師】 물건을 제작하는 일을 맡음.

【益】 舜임금의 신하로 虞(山澤)를 관장하였다.

【棄】 周의 조상인 后稷. 《史記》 周本紀 참조.

【契】 高辛氏의 아들로 禹의 신하. 五倫을 정하였다. 《孟子》 참조.

【司徒】 교육·문교를 담당하는 관직.

【龍】 御龍氏의 후예로 외교를 맡았다. 舜의 신하.

【十二牧】 열두 곳의 方伯.

【荒地】 中國 밖의 미개지. 이민족이 사는 곳.

【交趾】 남방. 지금의 貴州·廣西·越南이 있는 곳.

【大發】 남쪽의 어느 지역. 《說苑疏證》에는 北發로 고쳐져 있고 "北字原誤作大, 從拾補改"라 하였다.

【析支·渠搜】 두 곳 모두 地名. 자세히 알 수 없다.

【氐】 서북쪽의 이민족.

【羌】 서북쪽의 이민족.

【山戎】 북쪽의 이민족.

【肅愼】 동북쪽의 이민족.

【長夷】 동쪽의 이민족.

【島夷】 동쪽의 이민족.

【帝舜】 舜임금을 말한다.

【九韶之樂】 虞舜時代의 음악.

【異物】 인간이 아닌 다른 물체.

참고 및 관련 자료

1. 《禮記》 王制篇

天子諸侯無事, 則歲三田, 一爲乾豆, 二爲賓客, 三爲充君之庖. 無事而不田, 曰不敬; 田不以禮曰暴天物. 天子不合圍, 諸侯不掩群. 天子殺則下大綏, 諸侯殺則下小綏, 大夫殺則止佐車, 佐車止則百姓田獵. 獺祭魚, 然後虞人入澤梁; 豺祭獸, 然後田獵; 鳩化爲鷹, 然後設罻羅; 草木零落, 然後入山林. 昆蟲未蟄, 不以火田, 不麛不卵, 不殺胎, 不殀夭, 不覆巢.

2.《**史記**》五帝本紀

皋陶爲大理, 平, 民各伏得其實; 伯夷主禮, 上下咸讓; 垂主工師, 百工致功; 益主虞, 山澤辟; 棄主稷, 百穀時茂; 契主司徒, 百姓親和; 龍主賓客, 遠人至; 十二牧行而九州莫敢辟違; 惟禹之功爲大, 披九山, 通九澤, 決九河, 定九州, 各以其職來貢, 不失厥宜. 方五千里, 至於荒服. 南撫交趾・北發, 西戎・析枝・渠搜・氐・羌, 北山戎・發・息愼, 東長・島夷, 四海之內, 咸載帝舜之功. 於是禹乃興九招之樂, 致異物, 鳳凰來翔. 天下明德皆自虞帝始.

796(19-20) 射者必心平體正
활쏘기의 원리

활쏘기를 할 때는 반드시 마음을 평온히 하고 몸을 바르게 하여, 활을 잡고 살을 얹어 다시 한 번 자세를 고정시킨 연후에 쏘아야 능히 과녁을 맞힐 수 있다.

《시詩》에는 "군왕이 활을 갖고 나타나 궁시弓矢를 얹어 펴도다! 다른 사람들도 함께 참여하여 각각 자신의 솜씨를 펴 보이네!"라 하였으니 이를 두고 한 말이다.

또 호弧란 미리 준비한다의 예豫이다. 예란 자신의 뜻을 미리 예측한다는 의미이다.

옛날에는 아이가 태어난 지 사흘이면 뽕나무로 호弧를 만들고, 쑥대로 살을 만들어 여섯 개의 화살을 천지사방으로 쏘게 하였다. 천지사방이란, 바로 사내가 뜻을 두고 개척해야 할 세상이다. 반드시 그런 뜻을 펴게 한 연후에야 감히 곡식을 먹였다.

그 때문에 《시詩》에 "공 없는 식록食祿은 먹지 않도다!"라 하였으니 이를 두고 한 말이다.

射者, 必心平體正, 持弓矢審固, 然後射者能以中.
詩云:『大侯旣抗, 弓矢斯張. 射夫旣同, 獻爾發功.』
此之謂也.

弧之爲言豫也, 豫者, 豫吾意也. 故古者兒生三日, 桑弧蓬矢
六射天地四方, 天地四方者, 男子之所有事也, 必有意其所有事,
然後敢食穀.

故曰:『不素殖兮.』

此之謂也.

【詩云】《詩經》 小雅 賓之初筵의 구절.
【不素殖兮】《詩經》 魏風 伐檀의 구절. 素殖은 素餐과 같다. 功勞 없는 食祿을
  말한다.

참고 및 관련 자료

1.《禮記》射義篇

射之爲言者, 繹也, 或曰舍也. 繹者各繹己之志也. 故心平體正, 持弓矢審固, 持弓矢
審固, 則射中矣.

2.《禮記》射義篇

故男子生, 桑弧蓬矢六, 以射天地四方. 天地四方者, 男子之所有事也, 故必先有志
於其所有事, 然後敢用穀也, 飯食之謂也.

상례에서의 예

사람은 태어나면서부터 서로 사귀고 통하게 된다. 그래서 유빈留賓이라 한다. 천자로부터 사士에 이르기까지 각각 그 차등이 있으며, 죽은 자에게 물건을 보내 주는 일에 있어서 관에 시신을 넣기 전까지 보낸 물건이 다다르지 못하거나, 그 유족을 조문할 때 충분한 애도에 미치지 못하는 것은 모두가 예禮에 어긋나는 일이다. 그 때문에 옛날에는 길吉한 일에는 50리 이내일 때라면 가야 하지만, 상사喪事에는 1백 리 안에서 들으면 반드시 참석하여야 했다.

증贈과 봉賵은 때에 맞추어 행하여야 한다. 이 때時라 하는 것이 바로 예의 가장 중요한 요소이다.

《춘추春秋》에 이렇게 말하였다.

"천왕이 재宰 훤喧을 보내어 혜공惠公과 중자仲子에게 봉賵을 하도록 하였다."

그러면 봉賵이란 무엇인가?

상사喪事에는 봉이라는 것이 있으니, 대개 승마乘馬·속백束帛·여마輿馬를 보내는 것을 말하며, 그밖에 돈이나 재물을 보내 주는 것을 부賻, 옷을 보내 주는 것을 수襚, 옥패玉貝 등 입에 물릴 물건을 보내 주는 것을 함唅이라 하고, 완호玩好를 보내 주는 것을 증贈이라 한다. 그 유족과도 잘 아는 사이이면 부賻·봉賵을 하고 그 죽은 자와만 알 경우에는 증贈·수襚를 한다. 증·수는 죽은 자를 잘 보낸다는 뜻이요, 부·봉은 유족을 도와 준다는 뜻이다.

여마輿馬·속백束帛·화재貨財·의피衣被·완호玩好의 숫자는 어떠한가? 그것은 다음과 같다.

천자는 승마乘馬 여섯 필, 제후는 네 필, 대부는 세 필, 원사元士는 두 필, 하사下士는 한 필이다.

또 천자는 속백束帛 다섯 필에 현玄 셋, 훈繡 둘 각 50척尺, 제후는 현 셋, 훈 둘 각 30척, 대부는 현 하나, 훈 둘 각 30척, 원사는 현 하나 훈 하나, 각 20장丈, 하사는 채만綵縵 각 한 필匹, 서인庶人은 포布· 백帛 각 한 필을 보낸다.

천자의 봉은 승마 여섯 필에 승거乘車, 제후는 네 필에 승여乘輿, 대부는 참여參輿로 하고 원사·하사는 여輿를 사용하지 않는다.

또 천자는 문수의文繡衣를 한 벌 하되 그 길이가 땅에 닿을 정도이며, 제후는 발을 덮을 정도의 길이, 대부는 종아리에 닿게, 사는 무릎 아래에 닿을 정도로 한다.

그리고 천자의 입에 물리는 것은 진주로 하며, 제후는 옥으로, 대부는 기璣로, 사士는 패貝로, 서인은 곡식 낟알로 한다.

이처럼 그 지위의 높낮이, 덕의 후박厚薄 및 친소관계에 따라 부賻· 봉賵·함唅·수襚가 각각 다르고, 빈부에도 역시 차이가 있다. 게다가 이二·삼三·사四·오五의 숫자도 천지天地에서 취하여 기수奇數·우수偶數 를 제정한 것이며, 사람의 정리에 따라 절문節文이 생겨났으니 이러한 원리에 따르는 것이 예의 대종이다.

生而相與交通, 故曰留賓. 自天子至士, 各有次, 贈死不及柩尸, 弔生不及悲哀, 非禮也. 故古者吉行五十里, 奔喪百里, 贈賵及 事之謂時; 時, 禮之大者也.

春秋曰: 『天王使宰咺來歸惠公仲子之賵.』

賵者何? 喪事有賵者, 蓋以乘馬束帛輿馬曰賵, 貨財曰賻, 衣被

曰襚, 口實曰唅, 玩好曰贈. 知生者賵賻, 知死者贈襚; 贈襚所
以送死也, 賵賻所以佐生也. 輿馬, 束帛, 貨財, 衣被, 玩好, 其數
奈何? 曰, 天子乘馬六匹, 諸侯四匹, 大夫三匹, 元士二匹, 下士
一匹; 天子束帛五匹, 玄三纁二, 各五十尺, 諸侯玄三纁二, 各
三十尺, 大夫玄一纁一, 各三十尺, 元士玄一纁一, 各二丈, 下士
綵縵各一匹, 庶人布帛各一匹; 天子之贈, 乘馬六匹乘車, 諸侯
四匹乘輿, 大夫曰參輿, 元士下士不用輿; 天子文繡衣各一襲
到地, 諸侯覆跗, 大夫到踝, 士到髀; 天子唅實以珠, 諸侯以玉,
大夫以璣, 士以貝, 庶人以穀實. 位尊德厚及親者賵賻唅襚, 貧富
亦有差; 二三四五之數, 取之天地而制奇偶, 度人情而出節文,
謂之有因, 禮之大宗也.

【留賓】 관계를 남겨 놓은 채 죽음. 즉 죽은 자와 산 자도 관계가 있음을 말한다.
【贈】 죽은 자를 잊도록 하기 위하여 보내는 玩好物.
【賵】 죽은 사람을 장사지내는 데 필요한 車馬 등을 보내는 일.
【春秋曰】《春秋》隱公 元年 秋七月의 經文. 天王은 周 平王. 당시 49년. 宰는
    天子의 太宰. 咺은 그 太宰의 이름.《左傳》에는 '喧'으로 되어 있다. 惠公은
    隱公의 아버지. 재위 46년(B.C.768~723). 仲子는 魯桓公의 어머니이다.
【乘馬】 一車四馬의 뜻.
【束帛】 布帛의 양끝을 말되 一丈八尺으로 하여 十端을 묶어 五匹로 한 것을
    말한다.
【輿馬】 輿는 작은 수레를 말하다.
【襚】 죽은 이에게 보내 주는 옷.
【唅】《說文》에는 '琀'. 고대에 죽은 이의 입에 주옥, 혹은 쌀, 貝 등을 물리는 것.
【元士】 天子의 上士.
【下士】 元士의 아래.
【玄】 검은 바탕에 赤色의 무늬를 놓은 絲帛.

【纁】열은 붉은 색의 絲帛.
【綵緫】무늬나 빛깔이 없는 옷감.
【參輿】세 마리 말이 끄는 수레.
【文繡衣】무늬와 수를 놓은 옷.
【璣】동그랗지 않은 구슬.

> 참고 및 관련 자료

1.《左傳》隱公 元年

秋, 七月, 天王使宰喧來歸惠公仲子之賵, 緩, 且子氏未薨, 故名. 天子七月而葬,
同軌畢至, 諸侯五月, 同盟至, 大夫三月, 同位至, 士踰月・外姻至. 贈死不及尸,
弔生不及哀, 豫凶事非禮也.

2.《公羊傳》隱公 元年

賵者何? 喪事有賵. 賵者蓋以馬, 以乘馬束帛. 車馬曰賵, 貨財曰賻, 水被曰襚.

3.《荀子》大略篇

貨財曰賻, 輿馬曰賵, 衣服曰襚, 玩好曰贈, 玉貝曰唅. 賻賵所以佐生也, 贈襚所以送
死也. 送死不及柩尸, 弔生不及悲哀, 非禮也. 故吉行五十, 奔喪百里, 賵贈及事,
禮之大也.

798(19-22)　春秋曰庚戌天王崩
장례 날짜가 각기 다른 이유

《춘추春秋》에 "경술庚戌날에 천왕이 붕崩하다"라 하였고, 《전傳》에는 "천왕의 장례에 대해서는 어찌하여 기록하지 않았는가? 이는 그 날짜가 반드시 지정되어 있기 때문이다. 제후가 죽었을 때는 그 장례를 기록한다. 이는 천자가 살아 있으므로 그 날짜를 고정시킬 필요가 없기 때문이다"라 하였다. 그러면 그 날짜가 지정되어 있다는 말은 무슨 뜻인가?

천자는 이레 동안 빈소殯所를 차린 다음 일곱 달 만에 장례를 치르고, 제후는 닷새 동안 빈소를 차리고 다섯 달 만에 장례를 치르며, 대부는 사흘 간 빈소를 차리고 석 달 만에 장례를 치르며, 서인은 이틀 간 빈소를 차리고 두 달 만에 장례를 치른다.

어찌하여 그렇게 하는가?

이는 예측하지 못한 흉사에 대한 예禮로서 죽은 다음에야 시작되는 흉복凶服이다. 그래서 의최衣衰와 관곽棺椁의 마련 및 묘지 마련 등을 한 연후에야 상문喪文이 이루어진다. 밖에 있는 친척·친구가 다 오고, 장례와 분묘의 일이 모두 집중되어야 효자·충신이 그 은혜를 다 갖추게 된다.

그 때문에 천자는 일곱 달 만에 장례를 지내야 제후들이 다 모일 수 있고, 제후는 다섯 달 만에 장례를 지내야 함께 회맹하였던 다른

제후들이 모이며, 대부는 석 달 만에 장례를 지내야 함께 조정에서
일하였던 동료들이 모이고, 서인은 두 달이 지나야 밖에 있는 인친척
姻親戚들이 모두 다다를 수 있는 것이다.

春秋曰:『庚戌, 天王崩.』

傳曰:「天王何以不書葬. 天子記崩, 不記葬, 必其時也; 諸侯
記卒, 記葬, 有天子在, 不必其時也.」

必其時奈何. 天子七日而殯, 七月而葬; 諸侯五日而殯, 五月
而葬; 大夫三日而殯, 三月而葬; 士庶人二日而殯, 二月而葬.
皆何以然. 曰, 禮不豫凶事, 死而後治凶服, 衣衰飾, 修棺槨,
作穿窆宅兆, 然後喪文成, 外親畢至, 葬墳集, 孝子忠臣之恩厚,
備盡矣. 故天子七月而葬, 同軌畢至; 諸侯五月而葬, 同會畢至;
大夫三月而葬, 同朝畢至; 士庶人二月而葬, 外姻畢至也.

【春秋曰】《春秋》魯隱公 3年 經文에 "三月庚戌, 天王崩"이라 하였다. 여기서의
　天王은 東周의 平王. 그의 죽은 해는 재위 51년(B.C.720).
【傳曰】《公羊傳》隱公 3年 傳의 기록.
【凶服】喪服을 말한다.
【衣衰】상복(衰)을 말한다.
【棺槨】즉 棺槨. 고대에는 內棺外槨이라 하여 二重으로 썼다.
【喪文】喪을 치르는 각종 절차.
【同軌】天子를 보필하기 위해 같은 궤도를 가는 諸侯라는 뜻. 혹은 그들의 수레
　규격이 같기 때문에 이른 말.

1.《公羊傳》隱公 3年

何以不書葬, 天子記崩不記葬, 必其時也; 諸侯記卒記葬, 有天子存, 不得必其時也.

2.《禮記》王制篇

天子七日而殯, 七月而葬; 諸侯五日而殯, 五月而葬; 大夫士庶人三日而殯, 三月而葬.

3.《左傳》隱公 元年

天子七月而葬, 同軌畢至; 諸侯五月, 同盟至; 大夫三月, 同位至; 士踰月, 外姻至.

799(19-23) 延陵季子適齊
연릉계자의 예에 맞는 장례

연릉계자延陵季子가 제齊나라에 갔다가 돌아오는 길에 같이 갔던 장자長子가 영嬴·박博 땅 중간에서 죽어 장례를 치르게 되었다.

공자孔子가 이 소식을 듣고 말하였다.

"연릉계자는 예에 밝은 오吳나라 사람이다."

그리고는 자공子貢으로 하여금 가서 보고 오도록 하였다.

연릉계자는 그 묘의 깊이를 샘물이 나지 않을 정도로 팠고, 염斂도 그 당시 입고 있던 옷 그대로 하였다. 그 봉분도 수레바퀴 크기의 구덩이를 덮을 정도에 지나지 않았고, 그 높이 또한 사람이 서면 가려질 정도밖에 되지 않았다. 이를 다 마치자 연릉계자는 왼쪽 어깨를 드러낸 채 오른쪽으로 돌며 세 번 호곡號哭하고 이렇게 말하였다.

"골육骨肉이 다시 흙으로 되돌아가는 것은 명命이다. 만약 혼기魂氣가 있다면 멀리 흩어져 갈 수 없는 곳이 없겠지. 어디든지 가겠지!"

그리고는 드디어 그 자리를 떠났다. 공자가 이렇게 말하였다.

"연릉계자는 예에 합당하게 하였도다!"

延陵季子《三才圖會》

延陵季子適齊, 於其反也, 其長子死於嬴博之間, 因葬焉.

孔子聞之, 曰:「延陵季子, 吳之習於禮者也.」

使子貢往而觀之, 其穿, 深不至泉; 其斂, 以時服; 旣葬, 封壙墳掩坎, 其高可隱也; 旣封, 左袒右旋, 其封且號者三.

言曰:「骨肉歸復于土, 命也. 若魂氣, 則無不之也! 無不之也!」

而遂行.

孔子曰:「延陵季子於禮其合矣!」

【延陵季子】季札. 吳나라 壽夢의 아들로 賢人으로 알려졌다. 延陵 땅에 봉해졌다.
【長子】 큰아들. 맏이.
【嬴】 지금의 山東省 萊蕪縣.
【博】 지금의 山東省 泰安縣.
【子貢】 공자의 제자. 端木賜.
【時服】 당시 입고 있던 옷. 즉 따로 옷을 만들어 입히지 않음을 뜻한다.
【壙墳】《禮記》에 '廣輪'이라 하였다. 즉 '수레바퀴 정도의 크기'라는 뜻.
【左袒】 죽은 자를 추모하는 뜻으로 왼쪽 어깨를 벗어 노출시키는 것을 말한다.

1. 《禮記》檀弓篇(下)

延陵季子適齊, 於其反也, 其長子死, 葬於嬴·博之間. 孔子曰:「延陵季子, 吳之習
於禮者也, 往而觀其葬焉.」其坎深不至於泉, 其斂以時服, 旣葬而封, 廣輪揜坎,
其高可隱也. 旣封, 左袒, 右還其封, 且號者三, 曰:「骨肉歸復於土, 命也; 若魂氣則
無不之也, 無不之也!」而遂行. 孔子曰:「延陵季子之於禮也, 其合矣乎!」

2. 《孔子家語》曲禮子貢問篇

吳延陵季子聘於上國, 適齊, 於其返也, 其長子死於嬴·博之間. 孔子聞之曰:「延陵
季子, 吳之習於禮者, 往而觀其葬焉.」其斂以時服而已, 其壙掩坎, 深不至於泉,
其葬無盟器之贈. 旣葬, 其封廣輪揜坎, 其高可時隱也. 旣封, 則季子乃左袒, 右還其封,
且號者三, 曰:「骨肉歸於土, 命也; 若魂氣則無所不之.」而遂行. 孔子曰:「延陵季子
之禮, 其合矣!」

800(19-24) 子生三年
삼년상의 원리

"자식은 3년이 지난 연후에야 부모 품을 면할 수 있다."

그 때문에 3년상喪 제도가 생긴 것이니 이는 부모 은혜에 보답하기 위한 까닭이다. 제후諸侯가 상을 당하였을 때는 1년 만이면 되고, 천자天子의 상에는 3년이면 된다. 이것이 예禮의 경經이다.

「子生三年, 然後免於父母之懷.」

故制喪三年, 所以報父母之恩也. 期年之喪通乎諸侯, 三年之喪通乎天子, 禮之經也.

【子生三年, 然後免於父母之懷】《論語》陽貨篇에 "子曰: '予之不仁也! 子生三年, 然後免於父母之懷. 夫三年之喪, 天下之通喪也, 予也有三年之愛於其父母乎?'" 라 하였다.

【期年】만 1년, 일주기를 말한다.

참고 및 관련 자료

1.《論語》陽貨篇

宰我問:「三年之喪, 期已久矣. 君子三年不爲禮, 禮必壞; 三年不爲樂, 樂必崩. 舊穀旣沒, 新穀旣升, 鑽燧改火, 期可已矣.」子曰:「食夫稻, 衣夫錦, 於女安乎?」

曰:「安.」「女安, 則爲之! 夫君子之居喪, 食旨不甘, 聞樂不樂, 居處不安, 故不爲也. 今女安, 則爲之!」宰我出. 子曰:「予之不仁也! 子生三年, 然後免於父母之懷. 夫三年之喪, 天下之通喪也, 予也有三年之愛於其父母乎?」

2.《禮記》三年問

孔子曰: 子生三年, 然後免於父母之懷. 夫三年之喪, 天下之達喪也.

3.《中庸》18장

期之喪達乎大夫, 三年之喪達乎天子, 父母之喪無貴賤一也.

4.〈四部本〉에는 본 장이 다음의 "子夏三年之喪畢"(801)과 연결되어 있다.

801(19-25) 子夏三年之喪畢
둘 다 예에 맞다

자하子夏가 3년상喪을 다 마치고 공자孔子를 뵈었다. 공자가 그에게 거문고를 주며 연주케 하였더니, 자하가 이를 받아 즐겁고 익숙한 솜씨로 즐기고 나서 이렇게 말하였다.

"선왕이 지은 예禮를 감히 따르지 않을 수 없었습니다."

공자가 칭찬하였다.

"군자로다!"

이번에는 민자건閔子騫이 3년상을 마치고 공자를 뵙자, 역시 그에게도 거문고와 술대를 주며 연주케 하였다. 이에 민자건이 절절히 슬픈 기색으로 이렇게 말하였다.

"선왕이 지은 예 때문에 더 오랫동안 할 수가 없었습니다."

공자는 이번에도 역시 칭찬하였다.

"군자로다!"

이 상반된 칭찬을 본 자공子貢이 공자에게 여쭈었다.

"민자건은 그 슬픔이 아직 다하지 못하였다고 하였을 때도 선생님께서는 군자라 하셨고, 자하가 그 슬픔이

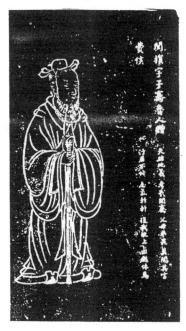

閔損(子騫) 王立忠《精選中華文物石索》

이미 다하였다고 하였을 때도 선생님께서는 군자라 하셨습니다. 저는 의혹이 풀리지 않습니다. 무슨 뜻인지 감히 여쭙습니다.”

공자는 이렇게 설명해 주었다.

“민자건은 슬픔이 다 끝나지 않았으나 능히 이를 예에 맞추어 끊었고, 자하는 슬픔이 다하였으나 능히 이를 예에 맞추어 실행하였다. 그래서 군자라 한 것이다. 무릇 3년상은 진실로 뛰어난 자는 이로써 굽힐 줄 알게 되고, 모자란 자는 이로써 부지런하게 하는 것이다.”

子夏三年之喪畢, 見於孔子, 孔子與之琴, 使之絃, 援琴而絃, 衎衎而樂作, 而曰:「先王制禮, 不敢不及也.」

子曰:「君子也.」

閔子騫三年之喪畢, 見於孔子, 孔子與之琴, 使之絃, 援琴而絃, 切切而悲作, 而曰:「先王制禮, 不敢過也.」

孔子曰:「君子也.」

子貢問曰:「閔子哀不盡, 子曰君子也; 子夏哀已盡, 子曰君子也. 賜也惑, 敢問何謂?」

孔子曰:「閔子哀未盡, 能斷之以禮, 故曰君子也. 子夏哀已盡, 能引而致之, 故曰君子也. 夫三年之喪, 固優者之所屈, 劣者之所勉.」

【子夏】 孔子 제자. 卜商.
【三年之喪】 부모의 상.
【不敢不及】 힘들지만 3년의 예법이 있으므로 실천해 냈다는 말.
【閔子騫】 孔子의 제자. 閔損.
【三年喪】 그 이상을 하고 싶었지만 예법대로 3년 만에 마침을 뜻한다.

【子貢】孔子의 제자. 端木賜.
【能引而致之】《說苑疏證》에 "於禮二字, 從劉氏斠補補"라 하여 "能引而致之
於禮"로 보았다.

1. 본 장은 〈四部本〉에 앞장(子生三年, 800)과 연결되어 있다.

2. 《詩》素冠毛傳

子夏三年之喪畢, 見於夫子, 援琴而絃, 衎衎而樂, 作而曰:「先王制禮, 不敢不及.」
夫子曰:「君子也!」閔子騫三年之喪畢, 見於夫子, 援琴而絃, 切切而哀, 作而曰:
「先王制禮, 不敢過也.」夫子曰:「君子也!」子路曰:「敢問何謂也!」夫子曰:「子夏哀
已盡, 能引而致之於禮, 故曰, 君子也; 閔子哀未盡, 能自割以禮, 故曰君子也. 夫三年
之喪, 賢者之所輕, 不肖者之所勉.」

3. 《禮記》檀弓篇(上)

子夏旣除喪而見, 予之琴, 和之而不和, 彈之而不成聲, 作而曰:「哀未忘也, 先王制禮,
而弗敢過也.」子張旣除喪而見, 予之琴, 和之而和, 彈之而成聲, 作而曰:「先王制禮,
不敢不至焉.」

4. 《孔子家語》六本篇

子夏三年之喪畢, 見於孔子. 孔子與之琴, 使之絃, 侃侃而樂, 作而曰:「先王制禮,
不敢不及.」子曰:「君子也!」閔子三年之喪畢, 見於孔子. 孔子與之琴, 使之絃,
切切而悲, 作而曰:「先王制禮, 弗敢過也.」子曰:「君子也!」子貢曰:「閔子哀未盡,
夫子曰君子也; 子夏哀已盡, 又曰君子也. 二者殊情, 而俱曰君子, 賜也惑, 敢問之.」
孔子曰:「閔子哀未忘, 能斷之以禮; 子夏哀已忘, 能引之及禮, 雖均之君子, 不亦可乎?」

상례에서 임금과 아버지의 차이

제齊 **선왕**宣王이 전과田過에게 물었다.

"내 듣기로 유가儒家들은 어버이의 상에도 3년상을 하고, 임금의 상에도 3년상을 한다고 하는데 임금과 아버지 어느 쪽이 더 중합니까?"

전과가 대답하였다.

"아마 아버지만큼 중하겠습니까?"

이 대답에 임금은 분연히 화를 내며 다시 물었다.

"그렇다면 어찌 어버이를 떠나 임금을 섬기는 거요?"

전과는 이렇게 설명하였다.

"임금의 땅이 아니면 어버이를 살게 할 곳이 없고, 임금의 녹이 아니면 어버이를 봉양할 수 없으며, 임금의 작위가 아니면 어버이를 존현尊顯시킬 수 없기 때문이지요. 받기는 임금에게 받아서 드리기는 어버이께 드리는 것입니다. 무릇 임금을 섬기는 것은 결국 어버이를 위하는 것입니다."

선왕은 이에 읍읍悒悒하기만 할 뿐 응답하지 못하였다.

齊宣王謂田過曰:「吾聞儒者喪親三年, 喪君三年; 君與父孰重?」

田過對曰:「殆不如父重.」

王忿然怒曰:「然則何爲去親而事君?」

田過對曰:「非君之土地, 無以處吾親, 非君之祿, 無以養吾親,
非君之爵位, 無以尊顯吾親; 受之君, 致之親, 凡事君, 所以爲
親也.」

宣王邑邑無以應.

【齊宣王】 전국시대 齊나라 군주. 재위 19년(B.C.319~301).

【田過】 宣王의 신하.

【邑邑】 불쾌히 여겨 말문이 막힌 상태.

참고 및 관련 자료

1.《韓詩外傳》卷7

齊宣王謂田過曰:「吾聞儒者喪親三年, 喪君三年, 君與父孰重?」田過對曰:「殆不
如父重.」宣王忿然, 曰:「曷爲士去親而事君?」田過對曰:「非君之土地, 無以處吾親;
非君之祿, 無以養吾親; 非君之爵, 無以尊顯吾親. 受之於君, 致之於親. 凡事君,
以爲親也.」宣王悒然無以應之. 詩曰:『王事靡鹽, 不遑將父.』

2.《文選》〈陶徵士誄〉注

齊宣王謂田過曰:「吾聞: 儒者喪親三年, 君與父孰重?」田過對曰:「殆不如父重.」
王忿曰:「則曷爲去親而事君?」田過對曰:「非君之土地無以處吾親, 非君之祿無以
養吾親, 非君之爵位無以尊顯吾親; 受之於君, 致之於親, 凡事君者, 亦爲親也.」
宣王悒然無以應之.

803(19-27) 古者有菑者謂之厲
친상이 있는 자

옛날에 재역災疫**이 있으면** 이를 여厲라 하였다. 이때는 임금은 흰옷을 입고, 그 직책을 맡은 사람에게 죽은 자와 병든 자를 조문하여, 근심 속에 무의巫醫로 하여금 성심을 다해 구제하도록 하며, 국과 죽을 써서 처방토록 조치하여야 한다.

훌륭한 임금은 반드시 먼저 환과고독鰥寡孤獨을 살피고, 병들어 누구에게도 봉양받지 못하는 자를 거두며, 죽어서 장례를 치르지 못한 경우에는 이를 장사지내 준다.

친상親喪이 있는 자는 그 집에 가서 시끄럽게 부르지 않으며, 자최齊衰·대공지상大功之喪이 있는 자는 다섯 달 동안 역역지정力役之征을 복역시키지 않으며, 소공지상小功之喪이 있는 자 역시 장례가 끝나지 않았으면 역역지정을 부과하지 않는다.

또 가족 중에 죽은 이가 많은 집에 대해서는 급한 경우 여러 아이들을 모아 북을 치면서, 횃불을 들고 그 집으로 들어가게 한다. 집 안에서는 이를 사용하여 모두가 북소리와 횃불로 악귀를 쫓아낸다. 집 안의 주인은 관을 쓰고 계단에 서 있다가 일이 끝나면, 그 동네의 문을 통과하여 다시 그 읍邑의 읍문邑門을 거쳐 야외로 나간다.

이것이 포복구려匍匐救厲의 방법이다. 군대가 전쟁에 나가 크게 패하였을 때도 역시 이와 같이 한다.

古者有菑者謂之厲, 君一時素服, 使有司弔死問疾, 憂以巫醫,
匍匐以救之, 湯粥以方之. 善者, 必先乎鰥寡孤獨, 及病不能相養,
死無以葬埋, 則葬埋之. 有親喪者, 不呼其門, 有齊衰大功, 五月
不服力役之征, 有小功之喪者未葬, 不服力役之征. 其有重尸
多死者, 急則有聚衆, 童子擊鼓苣火, 入苣宮里用之, 各擊鼓苣火,
逐官宮里. 家之主人, 冠立于阼, 事畢出乎里門, 出乎邑門, 至野外;
此匍匐救厲之道也. 師大敗亦然.

【菑】災疫·疫疾. 전염병이 번졌을 때, 이를 '厲'라 한다.
【巫醫】고대 巫術을 이용하여 疫疾을 치료하는 방법. 그 일을 하는 사람.
【鰥寡孤獨】홀아비·과부·고아·늙어 의지할 데 없는 자. 모두 나라에서 부양해
 야 할 대상이라는 뜻.
【齊衰】'재최'로도 읽는다. 五服의 하나. 조금 굵은 생베로 지은 喪服.
【大功】五服의 하나. 守喪 기간은 9개월. 굵은 베로 지은 喪服.
【力役之征】나라에서 정한 요역·부역.
【小功】五服의 하나. 喪期는 5개월. 약간 가는 베로 지은 喪服.
【匍匐救厲】匍匐은 기는 것. 여기서는 성심을 다하는 것, 있는 힘을 다하는
 것.《詩經》'匍匐救之'에 '之'자 대신 '厲'자를 넣은 것.

효자로서의 재계

재齋라 하는 것은 돌아가신 분의 평소 모습을 생각하고, 그의
웃음과 말소리를 생각하고, 평소 그가 하던 행동을 생각하는 것이다.
  재를 한 지 사흘째 되는 날에는 이에 그 생각하던 대상의 하는 일이
나타나 보인다.
  그 다음 제사지내는 날이 되면, 그가 문으로 들어설 때 아련히 곧
그 죽은 사람의 용모가 보여야 하고, 방 안을 돌아 문을 나서면 위연히
마치 그 사람의 탄식 소리를 듣는 듯이 하며, 죽은 이의 얼굴색이
눈에서 끊어지지 않아야 하고, 목소리·기침·가래 소리가 귀에서 떠나지
않아야 하며, 그의 기욕嗜欲과 호오好惡가 마음에서 잊혀져서는 안 된다.
  이렇게 하는 것이 효자로서의 재齋이다.

  齋者, 思其居處也, 思其笑語也, 思其所爲也; 齋三日, 乃見其所
爲齋者. 祭之日, 將入戶, 僾然若有見乎其容; 盤旋出戶, 喟然
若有聞乎歎息之聲. 先人之色, 不絶於目; 聲音咳唾, 不絶於耳;
嗜欲好惡, 不忘於心; 是則孝子之齋也.

【齋】 후손이 그 조상과 부모의 제사를 위해 미리 재계하고 사념하는 것.
【嗜欲好惡】 돌아가시기 전의 기호와 좋아하고 싫어하던 것들.

1. 《禮記》祭義篇

齋之日, 思其居處, 思其笑語, 思其志意, 思其所樂, 思其所嗜, 齋三日乃見其所爲齋者.
祭之日, 入室, 僾然必有見乎其位, 周還出戶, 肅然必有聞乎其容聲, 出戶而聽, 愾然必
有聞乎其嘆息之聲. 是故先王之孝也, 色不忘乎目, 聲不絶乎耳, 心志嗜欲, 不忘乎心.
致愛則存, 致慤則著, 著存不忘乎心, 夫安得不敬乎?

805(19-29) 春祭曰祠
네 계절의 제사

봄에 지내는 제사를 사祠, 여름 제사를 약禴, 가을 제사를 상嘗, 겨울 제사를 증烝이라 한다.

봄에는 부추와 새알을 올리고, 여름에는 보리와 물고기를 올리며, 가을에는 기장과 돼지를 올리고, 겨울에는 벼와 기러기를 올린다.

또 3년에 한 번 지내는 제사를 협祫, 5년에 한 번 지내는 제사를 체禘라 한다. 협祫이란 합合을 뜻하며, 체禘는 체諦를 뜻한다. 협祫은 조상의 사당에서 모두 합하여 제사지내는 것이요, 체禘는 조상의 덕을 기려 그 우열優劣에 차이를 두는 것을 말한다.

성왕聖王이 제사를 지낼 때에는 반드시 목욕재계하여 그 생각을 모아 조상이 친히 계신 것처럼 한다. 그리하여 막 제사를 시작하여 아직 단에 오르지 않았을 때 황홀한 마음으로 오로지 친히 그분들의 용모를 뵙듯이 해야 한다. 이것이 효자로서 해야 할 성誠이다.

사방에서 와서 제사를 돕는 경우에는 올 때에는 빈손으로 왔더라도 갈 때에는 제사에 썼던 음식을 가득 담아 보내고, 아무것도 없이 온 자라도 무언가를 주어서 보내야 한다. 그리하여 누구나 이를 따라 본받게 된다.

春祭曰祠, 夏祭曰禴, 秋祭曰嘗, 冬祭曰烝; 春薦韭卵, 夏薦麥魚, 秋薦黍豚, 冬薦稻鴈. 三歲一祫, 五年一禘; 祫者, 合也; 禘者,諦也. 祫者, 大合祭於祖廟也, 禘者, 諦其德而差優劣也. 聖主將祭, 必潔齋精思, 若親之在; 方輿未登, 惆惆憧憧, 專一想親之容貌彷彿, 此孝子之誠也. 四方之助祭, 空而來者, 滿而反, 虛而至者, 實而還, 皆取法則焉.

【春薦韭卵, 夏薦麥魚, 秋薦黍豚, 冬薦稻鴈】 계절마다 나는 새로운 산물로 제사를 올림을 말한다.
【差優劣】 開祖祖上 및 中興祖에게 제사를 지냄을 말한다.

> ### 참고 및 관련 자료

1. 《禮記》 王制篇

天子諸侯宗廟之祭, 春曰礿, 夏曰禘, 秋曰嘗, 冬曰烝.

2. 《禮記》 王制篇

庶人春薦韭, 夏薦麥, 秋薦黍, 冬薦稻. 韭以卵, 麥以魚, 黍以豚, 稻以鴈.

806(19-30) 韓褐子濟於河
각 신분에 따른 산천 제사

한갈자韓褐子가 하수河水를 건널 때였다.

뱃사공이 먼저 이렇게 물었다.

"무릇 사람들은 이곳을 지날 때면 누구나 탈 없이 잘 건너게 해달라고 기원을 하던데 그대는 어찌하여 기원을 하지 않습니까?"

그러자 한갈자는 이렇게 대답하였다.

"천자는 해내海內의 신에게 제사지내고, 제후는 봉역封域 내의 모든 산천에 제사지내며, 대부는 그 친족에게 제사지내고, 선비는 그 아버지와 조상에게 제사지냅니다. 따라서 저는 하백河伯에게 제사지낼 자격이 없기 때문입니다."

이에 뱃사공이 노저어 배를 물 가운데로 끌고 가면서 이렇게 말하였다.

"방금 제가 말씀드렸지요. 그런데도 선생께서는 제 말을 듣지 않아 지금 배가 물 가운데로 밀려들어감이 자못 심합니다. 옷을 단단히 매고 물에 들어가 헤엄쳐 건너야 할 것 같습니다."

그러자 한갈자는 이렇게 대답하였다.

"나는 다른 사람이 나를 싫어한다고 해서 내 뜻을 바꿀 수 없으며, 내가 장차 죽을 것이라 해도 내 의義를 고칠 수는 없소!"

이 말이 미처 끝나기도 전에 배는 편안하게 제 길을 찾아갔다. 이에 한갈자가 이렇게 말하였다.

"《시詩》에 '무성하도다. 드렁칡, 줄기도 가지도 감겨 오르네. 즐겁고 편안한 우리 군자여! 덕을 구하되 뜻 굽힘이 없네'라 하였으니 귀신도 군자의 옳은 뜻을 돌리게 할 수 없거늘 하물며 인간임에랴!"

韓褐子濟於河, 津人告曰:「夫人過於此者, 未有不快用者也; 而子不用乎?」

韓褐子曰:「天子祭海內之神, 諸侯祭封域之內, 大夫祭其親, 士祭其祖禰. 褐也, 未得事河伯也.」

津人申楫舟中水而運, 津人曰:「向也, 役人固已告矣, 夫子不聽役人之言也; 今舟中水而運, 甚殆, 治裝衣而下遊乎!」

韓子曰:「吾不爲人之惡我, 而改吾志, 不爲我將死, 而改吾義.」

言未已, 舟泆然行.

韓褐子曰:「詩云:『莫莫葛藟, 施于條枚; 愷悌君子, 求福不回.』鬼神且不回, 況於人乎?」

【韓褐子】 人名. 자세한 사적은 알 수 없음.
【津人】 나루의 뱃사공.
【快用】 물을 잘 건너게 해 달라고 신에게 기원하는 것을 말한다.
【河伯】 黃河의 神. 河神.
【詩云】《詩經》大雅 旱麓의 구절. 愷悌의《詩經》원문은 '豈弟'로 되어 있다.

> 참고 및 관련 자료

1.《禮記》曲禮篇(下)

天子祭天地, 祭四方, 祭五祀, 歲徧. 諸侯方祀, 祭山川. 祭五祀, 歲徧. 大夫祭五祀, 歲徧. 士祭其先.

정성은 금석에게도 통한다

공자孔子가 말하였다.

"자기 몸을 잊을 정도로 하는 예가 경敬이며, 너무 슬퍼 상복을 입은 줄 모를 정도의 애통이 우憂이다. 그리고 소리가 들리지 않을 정도의 음악이 즐거움이며, 말을 하지 않아도 믿어 주고, 움직이지 않아도 위엄이 서며, 베풀지 않아도 인仁한 것이 곧 지志이다.

종고鐘鼓의 소리에 노하여 이를 치는 것이 무武이며, 슬퍼서 이를 치는 것이 비悲이고, 즐거워서 이를 치는 것은 낙樂이다.

그 뜻이 변하면 그 소리도 변한다. 그 뜻이라는 것은 진실로 이처럼 금석金石에게조차 통하니 하물며 사람에게 있어서랴?"

孔子曰:「無體之禮, 敬也; 無服之喪, 憂也; 無聲之樂, 懽也; 不言而信, 不動而威, 不施而仁, 志也. 鐘鼓之聲, 怒而擊之則武, 憂而擊之則悲, 喜而擊之則樂; 其志變, 其聲亦變. 其志誠, 通乎金石, 而況人乎?」

참고 및 관련 자료

1.《禮記》孔子閑居篇

子夏曰:「五至旣得而聞之矣, 敢問何謂三無?」孔子曰:「無聲之樂, 無體之禮, 無服之喪, 此之謂三無.」子夏曰:「三無旣得略而聞之矣, 敢問何詩近之?」孔子曰:「『夙夜其命宥密』, 無聲之樂也.『威儀逮逮, 不可選也』, 無體之禮也.『凡民有喪, 匍匐救之』, 無服之喪也.」

2.《孔子家語》六本篇

孔子曰: 無體之禮, 敬也; 無服之喪, 哀也; 無聲之樂, 歡也. 不言而信, 不動而威, 不施而仁, 志. 夫鐘之音, 怒而擊之則武, 憂而擊之則悲. 其志變者, 聲亦隨之, 通於金石, 而況人乎.

3.《北堂書鈔》108에 인용된《尹文子》佚文

鐘鼓之聲, 怒而擊之則武, 憂而擊之則悲, 喜而擊之則樂, 其意變, 其音亦變. 意誠感之, 達於金石, 而況於人乎?

808(19-32) 公孟子高見顓孫子莫
군자의 예

공맹자고公孟子高라는 사람이 전손자막顓孫子莫을 만나자 물었다.
"감히 묻건대 군자의 예란 어떤 것입니까?"
전손자막이 이렇게 말하였다.
"그대의 밖으로 날카로운 것, 그리고 안으로 스스로를 용납하는 것, 또 얼굴색이 뛰어나다고 하여 마음속으로 자부하는 것, 이 세 가지를 제거하기만 하면 될 것입니다."
공맹은 이 뜻을 잘 알지 못하여 증자曾子에게 고하자, 증자가 놀란 표정을 지으며 머뭇거리다가 이렇게 말하였다.
"훌륭합니다, 그의 말이여! 무릇 밖으로 날카로운 자는 반드시 안으로 꺾이게 마련이며, 잘났다고 마음속으로 자부하는 자는 반드시 남에게 부림을 당할 것입니다. 이러한 까닭으로 군자는 덕행이 이루어져도 모르는 듯한 표정을 지으며, 아는 것이 많다는 말을 들어도 남과 다투지 않고, 앎이 미치지 못하는 것이 있어도 어리석게 행동하지 않는 것입니다."

公孟子高見顓孫子莫曰:「敢問君子之禮, 何如?」
顓孫子莫曰:「去爾外厲, 與爾內, 色勝而心自取之, 去三者而可矣.」

公孟不知以告曾子, 曾子愀然逡巡曰:「大哉言乎! 夫外屬者, 必內折, 色勝而心自取之者, 必爲人役. 是故, 君子德行成, 而容不知, 聞識博, 而辭不爭, 知慮微達, 而能不愚.」

【公孟子高】公孟子高. 구체적인 사적은 알 수 없다.
【顓孫子莫】혹 공자 제자 子張이 아닌가 한다. 그의 이름은 孫師.
【曾子】曾參. 孔子의 제자.

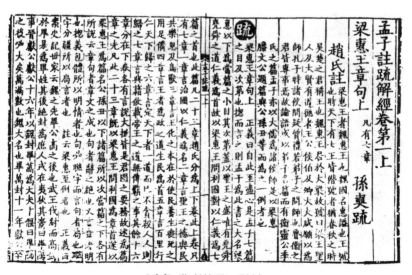

《맹자》漢 趙岐(주) 明刻本

새는 죽을 때에는 그 소리가 슬프고

증자曾子가 병이 나자 맹의孟儀가 위문을 갔다. 이에 증자가 물었다.
"새는 죽을 때에는 그 소리가 슬프고, 군자가 큰일이 풀리지 않을
때에는 그 말이 순하다 하였습니다. 예의에는 세 가지가 있는데 그대는
이를 알고 있습니까?"
맹의가 대답하였다.
"알지 못합니다."
그러자 증자가 다시 말을 이었다.
"앉으시오! 내 그대에게 일러 주리라. 군자로서 예를 닦아 뜻을 세우면
탐욕의 마음이 찾아오지 않고, 군자로서 예를 사모하면서 그 몸을
수양하면 태만하여 쉽게 절의를 바꾸는 일이 찾아오지 않으며, 군자
로서 예를 잘 닦아 인의仁義로워지면 분쟁과 폭란의 말투가 멀어지게
됩니다. 만약 무릇 제사에 쓰는 그릇, 그리고 그 그릇들을 진열하는
것, 이런 일이라면 이는 모두 유사有司가 하는 일입니다. 군자는 그런
일은 몰라도 되지요."

曾子有疾, 孟儀往問之.
曾子曰:「鳥之將死, 必有悲聲; 君子集大辟, 必有順辭. 禮有
三儀, 知之乎?」

對曰:「不識也.」

曾子曰:「坐, 吾語汝. 君子脩禮以立之, 則貪慾之心不來; 君子思禮以修身, 則怠惰慢易之節不至; 君子修禮以仁義, 則忿爭暴亂之辭遠. 若夫置罇俎列籩豆, 此有司之事也; 君子雖勿能可也.」

【曾子】 曾參. 孔子의 제자.

【孟儀】 人名. 曾子보다 낮은 나이로 제기·그릇 등에 관심이 있었던 듯하다. 《論語》에는 孟敬子라 되어 있고 注에 "孟敬子, 魯大夫, 仲孫氏, 名捷"이라 하였다.

【有司】 그 일을 맡은 책임자·관리자. 직책을 맡은 전문인.

> ### 참고 및 관련 자료

1. 《論語》泰伯篇

曾子有疾, 孟敬子問之. 曾子言曰:「鳥之將死, 其鳴也哀; 人之將死, 其言也善. 君子所貴乎道者三: 動容貌, 斯遠暴慢矣; 正顔色, 斯近信矣; 出辭氣, 斯遠鄙倍矣. 籩豆之事, 則有司存.」

810(19-34) 孔子曰可也簡
공자는 왕도에 밝아

공자孔子가 말하였다.

"가하다. 그러나 간簡하다."

여기서 간簡이란 이야易野를 말하며, 이야易野란 다시 예문禮文이 없다는 뜻이다.

공자가 자상백자子桑伯子를 만났을 때 자상백자는 의관衣冠도 갖추지 않고 있었다. 제자들이 불평하였다.

"선생님께서는 어찌하여 이런 사람을 만나십니까?"

그러자 공자는 이렇게 말하였다.

"그는 바탕은 아름다우나 겉을 꾸미지 않는 사람이다. 나는 그에게 겉을 좀 꾸미라 말하고자 한다."

그리고는 그를 만나려 나섰다. 한편 자상백자의 문인門人들이 역시 불쾌히 여겨 물었다.

"어째서 공자 같은 사람을 만나십니까?"

그러자 자상백자는 이렇게 말하였다.

"그는 바탕이 아름다우면서 겉을 꾸미기를 좋아한다. 나는 그에게 그 꾸밈을 버리라 말하고자 한다."

이리하여 겉과 바탕이 모두 닦인 자를 군자라 하며, 바탕만 있고 겉을 다스리지 못하는 것을 이야易野라 한다. 자상백자는 이야한 사람으로 도리를 우마牛馬와 같이 하려고 하였다.

그 때문에 중궁仲弓이 "너무 간하다"라 한 것이다.

위로는 훌륭한 천자天子가 없고, 아래로는 어진 방백方伯이 없으면 천하가 무도無道해진다. 그렇게 되면 신하가 임금을 죽이고, 자식이 그 어버이를 죽이는 일이 생긴다. 그러면 힘있는 자가 능히 이를 토벌해야 하고 그렇게 하는 것이 가능하다.

공자가 살아 있을 때 위로는 훌륭한 천자가 없었다. 그 때문에 공자가 "옹雍이 남면南面할 수 있다"라 한 것이다. 남면이란 천자가 됨을 말한다. 옹雍이 남면할 수 있다는 칭함을 얻게 된 까닭은, 그가 공자에게 자상백자에 대해서 물었기 때문이다.

공자가 그때에 "가하다. 그러나 간하다"라 하였고, 중궁은 이에 "경敬에 거하면서 행동은 간소하게 하여 그 백성에게 임한다면, 이 또한 가능한 것이 아닙니까? 간簡에 거하면서 행동은 간소하게 한다면, 이는 너무 간簡한 게 아닙니까?"라 여쭈었다. 그러자 공자는 할 수 없이 "옹의 말이 맞다"라 한 것이다. 이는 중궁이 화술化術에 능통하고, 공자는 왕도王道에 밝아 중궁의 말에 더 보탤 것이 없었다는 뜻이다.

孔子曰,「可也, 簡.」

簡者, 易野也, 易野者, 無禮文也.

孔子見子桑伯子, 子桑伯子不衣冠而處.

弟子曰:「夫子何爲見此人乎?」

曰:「其質美而無文, 吾欲說而文之.」

孔子去, 子桑伯子門人不說, 曰:「何爲見孔子乎?」

曰:「其質美而文繁, 吾欲說而去其文.」

故曰, 文質修者, 謂之君子, 有質而無文, 謂之易野, 子桑伯子易野, 欲同人道於牛馬, 故仲弓曰:「太簡」. 上無明天子, 下無賢方伯, 天下爲無道, 臣弑其君, 子弑其父, 力能討之, 討之可也. 當孔子之時, 上無明天子也, 故言「雍也可使南面.」南面者, 天子也,雍之所以得稱南面者, 問子桑伯子於孔子, 孔子曰「可也, 簡.」
仲弓曰「居敬而行簡以道民, 不亦可乎? 居簡而行簡, 無乃太簡乎?」
　子曰: 「雍之言然!」
　仲弓通於化術, 孔子明於王道, 而無以加仲弓之言.

【孔子曰】본문에 인용된 공자의 말은 모두가 《論語》雍也篇에 실려 있음.
【易野】쉽게 野俗함과 비루함에 빠짐.
【禮文】예를 갖추었고, 겉에 드러난 모습도 훌륭함.
【子桑伯子】魯나라 사람. 《莊子》에서 말한 '子桑戶'가 아닌가 한다.
【仲弓】孔子의 제자. 冉雍.
【得稱南面】그 때문에 南面이라 칭하였다는 뜻. 《論語》雍也篇 注에 "南面者,
　人君聽治之位, 言仲弓, 寬洪簡重, 有人君之度也"라 하였다.

참고 및 관련 자료

1. 《論語》雍也篇

子曰: 「雍也, 可使南面.」 仲弓問子桑伯子, 子曰: 「可也, 簡.」 仲弓曰: 「居敬而行簡,
以臨其民, 不亦可乎? 居簡而行簡, 無乃大簡乎!」 子曰: 「雍之言然.」

음악에 석 달, 고기맛을 잊고

공자孔子가 제齊나라 곽문郭門 밖에 이르러 어린 한 아이를 만나 함께 가게 되었다. 그 아이는 눈동자는 초롱초롱하였고, 그 마음씀씀이도 정직하였으며, 그 행동 또한 단정하였다. 공자가 마부에게 일렀다.

"빨리 갑시다. 빨리 갑시다. 지금 소악韶樂이 연주되고 있소."

공자는 그곳에 가서 소악을 들은 지 석 달 동안이나 고기맛을 모를 정도로 심취하였다.

그러므로 음악이란 홀로 자신만을 즐겁게 하는 것이 아니라 남도 즐겁게 하며, 자기만 바르게 고쳐 주는 것이 아니라 남도 바르게 고쳐 주는 것이다. 이러한 음악에 있어서 그 즐거움이 이와 같이 깊은 줄은 몰랐다.

孔子至濟郭門之外, 遇一嬰兒挈一壺, 相與俱行, 其視精, 其心正, 其行端, 孔子謂御曰:「趣驅之, 趣驅之.」

韶樂方作, 孔子至彼, 聞韶三月不知肉味. 故樂非獨以自樂也, 又以樂人; 非獨以自正也, 又以正人矣哉! 於此樂者, 不圖爲樂至於此.

【郭門】 성곽 밖의 문.

【韶樂】 舜임금이 지었다는 음악.

【聞韶三月不知肉味】《論語》述而篇에 孔子가 한 말.

참고 및 관련 자료

1. 한편 〈四部本〉에는 본 장과 다음 장(812)이 하나로 묶여져 있다.

2. 《論語》述而篇

子在齊, 聞韶, 三月不知肉味, 曰:「不圖爲樂之至於斯也.」

812(19-36) 黃帝詔伶倫作爲音律
육률과 육려

황제黃帝가 영륜伶倫에게 음률音律을 만들게 하였다.

영륜은 대하大夏의 서쪽으로부터 곤륜崑崙의 북쪽까지 다니면서 해곡嶰谷의 대나무를 구하여, 그 죽심竹心이 고른 것을 골라 구멍을 만들고 마디 사이를 잘랐다. 그리고 그 길이가 9촌이 되는 것을 불어 보아 그 음을 황종黃鍾의 궁조宮調로 삼았다. 이렇게 하여 만든 것을 함소含少라 하며 12관管이 그제야 차례에 맞게 제정되었다.

곤륜산 아래에서 봉황새의 울음을 듣고 다시 십이율十二律을 만드니, 그 수컷 울음을 여섯, 암컷 울음을 여섯으로 하여 황종의 궁조에 비교해 보고 그에 맞는 음을 모두 살려 확정하였다. 이것이 율律의 기본이다. 그래서 황종의 음은 미세하나 고르고 맑으며, 완전하나 비상悲傷함이 없어 음률 중에 궁조가 홀로 존귀함을 받는다.

이는 대성大聖의 덕을 상징한 것으로서 그 지극히 어진 공적을 밝힌 것이다. 그 때문에 이

黃帝(軒轅氏)

음악을 종묘宗廟에 바쳐, 그 공덕을 노래로 영접하며 세세토록 잊지 않고 있는 것이다.

그리하여 황종이 임종林鍾을 낳고, 임종으로 인해 대려大呂가 생겨났으며, 그에 따라 다시 이칙夷則이 생겨났고, 그 이칙이 태주太簇를, 태주는 남려南呂를, 남려는 협종夾鍾을, 협종은 무역無射을, 무역은 고선姑洗을, 고선은 응종應鍾을, 응종은 유빈蕤賓을 생겨나게 하였다.

이렇게 삼등분의 방법으로 음률의 고저를 결정하되 일분一分을 더한 것을 상생上生으로 하며, 그 삼분에서 일분을 뺀 것을 하생下生으로 삼는다. 즉 황종黃鍾·대려大呂·태주太簇·협종夾鍾·고선姑洗·중려仲呂·유빈蕤賓은 상上이 되고, 임종林鍾·이칙夷則·남려南呂·무역無射·응종應鍾은 하下가 되는 것이다.

대성大聖의 지치지세至治之世에는 천지의 기氣가 합하여 바람을 일으키고 해가 나면 그 해가 그 바람을 운행시켜 십이율이 생겨나게 하는 것이다.

그래서 중동仲冬은 해가 지극히 짧아 황종黃鍾이 생겨나고, 계동季冬에는 대려大呂가 생겨나며, 맹춘孟春에는 태주太簇가 생겨나고, 중춘仲春에는 협종夾鍾, 계춘季春에는 고선姑洗, 맹하에는 중려仲呂, 중하仲夏에는 낮의 길이가 가장 길어 유빈蕤賓이 생겨나며, 계하季夏에는 임종林鍾, 맹추孟秋에는 이칙夷則, 중추仲秋에는 남려南呂, 계추季秋에는 무역無射, 맹동孟冬에는 응종應鍾이 생겨난다.

이처럼 천지지풍天地之風의 기氣가 바르게 되면 십이율이 나타나게 되는 것이다.

黃帝詔伶倫作爲音律, 伶倫自大夏之西, 乃之崑崙之陰, 取竹於嶰谷, 以生竅厚薄均者, 斷兩節間, 其長九寸, 而吹之, 以爲黃鍾之宮, 日舍少, 次制十二管, 以崑崙之下, 聽鳳之鳴, 以別十二律, 其雄鳴爲六, 雌鳴亦六, 以比黃鍾之宮, 適合黃鍾之宮, 皆可生之, 而律之本也. 故曰黃鍾微而均, 鮮全而不傷, 其爲宮獨尊, 象大

聖之德, 可以明至賢之功, 故奉而薦之于宗廟, 以歌迎功德, 世世
不忘. 是故黃鍾生林鍾, 林鍾生大呂, 大呂生夷則, 夷則生太簇,
太簇生南呂, 南呂生夾鍾, 夾鍾生無射, 無射生姑洗, 姑洗生應鍾,
應鍾生蕤賓. 三分所生, 益之以一分以上生; 三分所生, 去其一分
以下生. 黃鍾·大呂·太簇·夾鍾·姑洗·仲呂·蕤賓爲上, 林鍾·
夷則·南呂·無射·應鍾爲下. 大聖至治之世, 天地之氣, 合以
生風, 日至則日行其風, 以生十二律, 故仲冬短至則生黃鍾, 季冬
生大呂, 孟春生太簇, 仲春生夾鍾, 季春生姑洗, 孟夏生仲呂,
仲夏生蕤賓, 季夏生林鍾, 孟秋生夷則, 仲秋生南呂, 季秋生無射,
孟冬生應鍾. 天地之風氣正, 十二律至也.

【黃帝】軒轅氏. 中國 民族의 시조로 봄.

【伶倫】皇帝 때에 十二律을 제정하였다는 樂師.

【大夏】中國 고대의 서쪽 地名.

【崑崙】산 이름. 혹 고대 西戎의 나라 이름.

【嶰谷】崑崙山 북쪽의 골짜기.

【含少】원문은 '日含少'. '日'은 '曰'의 오기로 봄.(盧文弨)

【十二律】열두 가지 음을 말한다. 陽六의 六律과 陰六의 六呂가 있으며, 이를
줄여 律呂라 한다. 한편 이들과 열두 달과의 관계는 다음과 같음.

1월(孟春)=太簇,	2월(仲春)=夾鍾,	3월(季春)=沽洗(姑洗),
4월(孟夏)=仲呂,	5월(仲夏)=蕤賓,	6월(季夏)=林鍾,
7월(孟秋)=夷則,	8월(仲秋)=南呂,	9월(季秋)=無射,
10월(孟冬)=應鍾,	11월(仲冬)=黃鍾,	12월(季冬)=大呂.

이상의 내용은 다른 여러 기록과 차이를 보인다. 그 때문에 《說苑疏證》에
"拾補云, 是故黃鍾生林鍾以下, 與呂氏春秋音律篇多互異, 考之晉書, 宋書律志,
與呂氏合然則此文又爲人所淆亂也"라 하였다. 즉 三分所生은 고대 中國의 音律上
에 있어서의 '三等分', '損益法'이라 한다.

【仲冬短至】《說苑疏證》에 "日字原脫, 從拾補補"라 하여 "仲冬日短至"로 보았다.
【仲夏生蕤賓】《說苑疏證》에 "日長至則四字原脫, 從拾補補"라 하여 "仲夏日長至
  則生蕤賓"으로 보았다.

참고 및 관련 자료

1.《呂氏春秋》古樂篇

昔黃帝令伶倫作爲律. 伶倫自大夏之西, 乃之阮隃之陰, 取竹於嶰谿之谷, 以生空竅
厚鈞者, 斷兩節間, 其長三寸九分, 而吹之以爲黃鍾之宮. 吹曰舍少, 次制十二筒.
以之阮隃之下, 聽鳳皇之鳴, 以別十二律, 其雄鳴爲六, 雌鳴亦六, 以比黃鍾之宮適合.
黃鍾之宮皆可以生之. 故曰: 黃鍾之宮律呂之本.

2.《呂氏春秋》音律篇

黃鍾生林鍾, 林鍾生太簇, 太簇生南呂, 南呂生姑洗, 姑洗生應鍾, 應鍾生蕤賓, 蕤賓
生大呂, 大呂生夷則, 夷則生夾鍾, 夾鍾生無射, 無射生仲呂. 三分所生, 益之一分以
上生; 三分所生, 去其一分以下生. 黃鍾・大呂・太簇・夾鍾・姑洗・仲呂・蕤賓爲上;
林鍾・夷則・南呂・無射・應鍾爲下. 大聖至理之世, 天地之氣合而生風. 日至則月鍾
其風, 以生十二律. 仲冬日短至, 則生黃鍾, 季冬生大呂, 孟春生太簇, 仲春生夾鍾,
季春生姑洗, 孟夏生仲呂; 仲夏日長至, 則生蕤賓, 季夏生林鍾, 孟秋生夷則, 仲秋生
南呂, 季秋生無射, 孟冬生應鍾. 天地之風氣正, 則十二律定矣.

성인이 만든 음악

성인聖人이 도鞉·고鼓·강控·갈揭·훈塤·지篪를 만들었다. 이는 여섯 가지 덕음德音의 음이다. 그런 다음에 다시 종鍾·경磬·우竽·슬瑟로써 이를 화음和音하게 되며, 그 다음에 다시 간干·척戚·모旄·적狄으로 이에 맞추어 춤을 춘다. 이것이 선왕의 사당에 제사지낼 때 쓰는 것이며, 헌작윤수獻酢酳酬할 때 쓰는 음악이다.

관서官序와 귀천貴賤 때문에 각각 그에 맞게 써야 이로써 후세에 존비장유尊卑長幼의 차례가 있음을 보여 줄 수 있게 된다.

聖人作爲鞉鼓控揭塤篪, 比六者德音之音, 然後鍾磬竽瑟以和之, 然後干戚旄狄以舞之; 此所以祭先王之廟也, 此所以獻酢酳之酬也, 所以官序貴賤, 各得其宜也, 此可以示後世有尊卑長幼之序也.

【鞉】 小鼓의 양 귀퉁이에 방울을 달아 이를 돌리면 소리가 나게 되어 있는 것.
【控】 나무통에 옻칠을 하여 쓰는 악기. 祝보다 큰 악기이다. 〈四部叢刊本〉에는 '椌'으로 되어 있다.
【揭】 나무로 만든 악기의 일종. 〈四部叢刊本〉에는 '楬'로 되어 있다.
【塤】 토기로 만든 악기. '壎'으로도 쓰며, 6개의 구멍이 있다.

【籈】 피리의 일종.

【磬】 편경. 금석이나 玉·石 등으로 만듦.

【竽】 아쟁의 일종. 笙으로도 쓴다.

【干】 방패로 추는 춤.

【戚】 역시 병기. 干戚은 둘 모두 武舞에 사용한다.

【旄】 깃발의 일종.

【狄】 가죽으로 만든 깃발. 旄狄은 文舞에 사용한다.

【獻酢酳酬】 '酢'은 주인이 손님에게 주는 술. '酳'은 입가심하는 술. '酬'는 되돌려 받는 술. 모두 제사에서의 獻酌 방법.

참고 및 관련 자료

1.《禮記》樂記篇

然後聖人作爲鞉·鼓·椌·楬·壎·籈. 此六者, 德音之音也. 然後鐘·磬·竽·瑟以和之, 干·戚·旄·狄以舞之. 此所以祭先王之廟也, 此所以獻酬酳酢也, 所以官序貴賤, 各得其宜也, 所以示後世有尊卑長幼之序也.

2.《史記》樂書

然后聖人作爲鞉鼓椌楬壎籈, 此六者, 德音之音也. 然后鐘磬竽瑟以和之, 干戚旄狄以舞之. 此所以祭先王之廟也, 所以獻酬酳酢也, 所以官序貴賤各得其宜也, 此所以示後世有尊卑長幼序也.

여러 가지 악기

종소리는 땡땡 한다. 이 땡땡 하는 소리는 호령號令을 발하는 음이다. 호령이 발하면 용기가 충만해진다. 그 충만한 용기는 무武를 세운다. 군자는 종소리를 들으면 무신武臣을 생각한다.

또 돌로 만든 악기 소리는 경磬하다. 이 소리는 변론辯論을 세우며, 변론은 죽음을 각오한다. 군자는 이 소리를 들으면 자신의 봉토를 사수死守하고 신하를 생각한다.

현악기는 소리가 슬프다. 이 슬픔은 염직廉直을 세워 준다. 그 염직은 뜻을 세워 준다. 군자는 금슬琴瑟의 소리를 들으면 지의지신志義之臣을 생각한다.

대나무 악기의 소리는 남濫하다. 이 남의 소리는 모임을 세운다. 그 모임은 무리를 모아들이게 된다. 군자는 우생소관竽笙簫管의 소리를 들으면 많은 무리를 모아 이를 지휘하는 신하를 생각한다.

북 등 가죽으로 만든 악기는 소리가 환懽하다. 이 소리는 움직임을 충동한다. 그 충동은 무리를 전진하게 한다. 군자는 북소리를 들으면 장수 같은 신하를 생각한다.

군자의 소리 들음은 그 쟁쟁 하는 소리를 듣는 것이 아니라 역시 그 소리가 가진 합당한 뜻을 듣는 것이다.

鐘聲鏗, 鏗以立號, 號以立橫, 橫以立武, 君子聽鐘聲, 則思武臣.
石聲磬, 磬以立辯, 辯以致死, 君子聽磬聲, 則思死封疆之臣.
絲聲哀, 哀以立廉, 廉以立志, 君子聽琴瑟之聲, 則思志義之臣.
竹聲濫, 濫以立會, 會以聚衆, 君子聽竽笙簫管之聲, 則思畜聚
之臣. 鼓鼙之聲懽, 懽以立動, 動以進衆, 君子聽鼓鼙之聲, 則思
將帥之臣. 君子之聽音, 非聽其鏗鏘而已, 彼亦有所合之也.

【思武臣】 생각한다는 것은 자신도 그렇게 무신처럼 해야 한다는 감회와 충동을
받는다는 뜻.
【琴瑟】 현악기. 거문고 등 줄이 있는 악기.
【竽笙簫管】 모두 관악기를 뜻함.
【鼓鼙】 가죽으로 만든 북. 전쟁에서 신호와 호령·전진에 쓰인다.

> ## 참고 및 관련 자료

1.《禮記》樂記篇

鐘聲鏗, 鏗以立號, 號以立橫, 橫以立武. 君子聽鐘聲則思武臣. 石聲磬, 磬以立辨,
辨以致死. 君子聽磬聲則思死封疆之臣. 絲聲哀, 哀以立廉, 廉以立志. 君子聽琴·
瑟之聲, 則思志義之臣. 竹聲濫, 濫以立會, 會以聚衆. 君子聽竽·笙·簫管之聲則思
畜聚之臣. 鼓聲讙, 讙以立動, 動以進衆. 君子聽鼓聲之聲則思將帥之臣. 君子
之聽音, 非聽其鏗鏘而已也, 彼亦有所合之也.

2.《史記》樂書

鐘聲鏗, 鏗以立號, 號以立橫, 橫以立武. 君子聽鐘聲則思武臣. 石聲硜, 硜以立別,
別以致死. 君子聽磬聲則思死封疆之臣. 絲聲哀, 哀以立廉, 廉以立志. 君子聽琴瑟
之聲則思志義之臣. 竹聲濫, 濫以立會, 會以聚衆. 君子聽竽笙簫管之聲則思畜聚
之臣. 鼓聲讙, 讙以立動, 動以進衆. 君子聽鼓聲之聲則思將帥之臣. 君子之聽音,
非聽其鏗鏘而已也, 彼亦有所合之也.

815(19-39) 樂者聖人之所樂也
음악은 성인이 즐기던 것

악樂이라 하는 것은 성인聖人이 즐기던 것으로서 가히 민심民心을 선하게 하고, 사람을 깊이 감동케 하여 유행을 옮겨가게 하고 습속習俗을 바뀌게 한다. 그래서 선왕先王들은 그 교화를 높이 인정하였던 것이다.

무릇 백성이란, 혈기심지血氣心知의 천성이 있어서 희로애락喜怒哀樂이 정상이 아닐 때에는 물건에 감응을 받아 행동을 일으키게 된다. 그런 다음에야 심술心術이 형태를 갖추게 되는 것이다.

그 까닭으로 감격·초췌憔悴의 음악이 생겨나게 되면 백성들은 마음에 근심을 생각하고, 탄해嘽諧·만이慢易·번문繁文·간절簡節한 음악이 생겨나게 되면 백성들은 편안하고 즐겁게 여긴다.

또 조려粗厲·맹분猛奮·광분廣賁한 음악이 생겨나게 되면 백성은 강의剛毅해지며, 염직廉直·경정勁正·장성莊誠한 음악이 생겨나게 되면 백성은 숙경肅敬해지고, 관유寬裕·육호肉好·순성順成·화동和動한 음악을 생겨나게 되면 백성은 자애慈愛로움을 갖게 된다. 그런가 하면 유벽流僻·사산邪散·적성狄成·척람滌濫한 음악이 생겨나게 되면 백성은 음란淫亂에 빠져든다.

이러한 까닭에 선왕들은 사람의 정성情性에 근본을 두고, 그 도수度數를 헤아려 예의禮儀로써 이를 규제한 것이다.

즉 생기지화生氣之和를 포함하고 오상지행五常之行을 인도하여 양陽은 흩어지지 않게, 음陰은 너무 빽빽이 몰리지 않게 하며, 강기剛氣는 노하지 않게, 유기柔氣는 겁을 먹지 않게 하였던 것이다.

그리하여 네 가지가 화창하게 그 중심에서 서로 교통하여 이것이 겉으로 발산된 다음, 모두가 자기 자리를 편안히 지켜 서로를 빼앗지 않게 하였다.

그런 다음에 학등學等을 세워 그 절주節奏는 넓히고 그 꾸밈은 줄였으며, 덕후德厚의 기준을 세우고 율律의 대소가 그에 맞도록 세우며, 종시終始의 차례를 비정比定하고 각 실천의 상징을 만들었다. 이로써 친소귀천親疏貴賤과 장유남녀長幼男女의 이치가 모두 음악에 구체적으로 발현되도록 하였다. 그 때문에 음악을 깊이 판단한다고 말한 것이다.

흙이 피폐해지면 초목이 자라지 못하고, 물이 더러워지면 어별魚鼈이 자라지 못하며, 기氣가 쇠하면 생물이 자라지 못하고, 세상이 혼란스러우면 예禮가 사특해지고 음악이 음란해진다.

그래서 그 소리가 애처로워 장엄하지 못하며, 즐거우나 불안하면 만이慢易해서 절도를 범하고, 유만流慢해서 근본을 잊게 된다.

또 너무 넓으면 간사한 것까지 용납하는 꼴이 되며, 너무 좁으면 욕망을 생각하게 된다. 그렇게 되면 척탕滌蕩의 기氣가 화평和平의 덕을 멸하게 된다. 이 때문에 군자는 그러한 경우를 천하게 여기는 것이다.

무릇 간성姦聲은 사람을 감동시키기는 하지만 역기逆氣가 이에 응해 오게 한다. 그 역기가 형상을 이루어 음란한 음악이 여기서 생겨나게 되는 것이다. 그러나 정성正聲은 사람을 감동시키되 순기順氣가 응해 오게 한다. 그 순기가 형상을 이루어 화락한 음악이 여기서 흥하게 된다.

부름과 화답함이 유응有應하고, 사악하고 굽은 것을 돌려 바르게 하여 각기 자기 분수에 귀속시키게 되면, 만물의 이치가 각각 자신의 유類에 따라 서로 움직이게 된다. 이 까닭으로 군자는 감정을 되돌려 그 뜻을 화和하게 하며, 그 유類에 따라 자신의 행동을 이룰 수 있는 것이다.

간성姦聲은 난색亂色하므로 이를 총명한 이에게 들려 주어서는 안 된다. 음일에 빠지게 하며, 예를 사특하게 하기 때문이다.

그리고 마음에 이를 받아들이지도 말아야 한다. 태만하고 사벽한 기가 생기기 때문이다.

또 이를 몸에 익히지도 말아야 한다. 오직 이耳·목目·비鼻·구口·심心·지智의 백체百體로 하여금 순정順正에 따라 그 의義를 실천해야 한다.

그런 연후에 이를 음악으로 나타내되 금슬琴瑟로 무늬를 삼고, 간척干戚으로 움직임을 삼으며, 우모羽旄로 수식하고, 소관簫管으로 따라야 한다.

지극한 덕德의 광채를 불러일으키고, 사기四氣의 부드러움을 움직여 만물의 이치를 나타나게 해야 한다.

그래서 청명淸明은 하늘을 상징하고 광대廣大는 땅을 상징하며, 종시終始는 사시四時를 상징하고, 주선周旋은 풍우風雨를 상징하는 것이다.

오색五色은 문채를 이루되 혼란스럽지 않고, 팔풍八風은 음률音律에 따르되 간악하지 않으며, 백도百度는 수數에 맞되 상常이 있는 법이다.

대소小大는 서로 이루어 주고, 종시終始는 서로 생겨나게 한다. 청탁淸濁에 창화唱和하는 것은 대대로 서로 돕는 것을 경經으로 한다.

그래서 음악이 행해지면 윤상倫常이 맑아지고, 이목耳目이 총명해지며, 혈기가 화평해지고, 풍속이 바뀌어 천하가 모두 편안함을 얻게 된다. 따라서 악樂이란 낙樂이다.

군자는 즐거움으로 그 도를 얻고, 소인은 즐거움으로 그 욕심을 채운다.

도로써 욕심을 제압하면 즐거우면서 난에 빠지지 않고, 욕심 때문에 도를 잊으면 미혹하기만 할 뿐 즐거움은 없다.

이 까닭으로 군자는 자신의 감정을 돌이켜 그 뜻을 화和하게 하며, 악을 넓혀 그 교화를 성취시킨다. 따라서 음악이 행해지면 백성이 갈 방향을 잡아 그 덕이 무엇인가를 볼 수 있다.

덕德이라 하는 것은 성性의 실마리이다.

음악이란 덕의 화華이다. 그리고 금석사죽金石絲竹은 악樂의 기器이다. 《시詩》란 자기의 뜻을 말한 것이며, 가歌란 그 소리를 노래한 것이고, 무舞란 그 모습을 동태動態로 표현한 것이다.

이상 세 가지는 마음에 그 근본을 두고 있다. 그런 연후에 즐거운 기분이 이를 따른다.

따라서 감정이 깊으면 문文이 밝아지게 되고, 기氣가 성盛하면 신神이 화하게 된다. 화和와 순順이 가운데에 쌓이면 자연히 영화榮華가 밖으로 표출되게 마련이다. 이 때문에 오직 음악만은 위선이 있을 수 없는 것이다.

악樂이란 마음의 동動이다. 성聲이란 악樂의 상象이다. 그리고 문채文采와 절주節奏란 성聲의 식飾이다.

군자가 그 근본을 움직이는 것은 그 상象을 즐기는 것이며, 그 다음에 식飾을 다스리는 것이다.

그래서 먼저 북을 쳐서 경계하고, 세 걸음을 걸어서 그 방향을 보여 준다. 이는 다시 처음으로 되돌아오는 것과 난을 극복하고 귀착점을 정돈하는 것이다.

급하되 빠뜨리지 않으며, 지극히 유한幽閑하되 숨기지 않는 것은 홀로 그 뜻을 즐기되 그 도를 싫어하지 않으며, 그 도를 다 갖추되 욕심에 사사로움이 없다는 뜻이다. 이러한 까닭으로 그 감정이 겉으로 드러나고, 그 의義가 세워지며, 음악이 그쳐져도 그 덕은 높임을 받는 것이다.

군자는 선善을 좋아하고, 소인은 과실 듣기를 좋아한다.

그 때문에 '백성의 도道를 생겨나게 하는 악樂은 위대하다'라 하는 것이다.

樂者, 聖人之所樂也, 而可以善民心, 其感人深, 其移風易俗, 故先王著其敎焉. 夫民有血氣心知之性, 而無哀樂喜怒之常, 應感起物而動, 然後心術形焉. 是故感激憔悴之音作, 而民思憂; 嘽奔慢易繁文簡節之音作, 而民康樂; 粗厲猛奮廣賁之音作,

而民剛毅; 廉直勁正莊誠之音作, 而民肅敬; 寬裕肉好順成和動
之音作, 而民慈愛. 流僻邪散狄成滌濫之音作, 而民淫亂. 是故
先王本之情性, 稽之度數, 制之禮儀; 含生氣之和, 道五常之行,
使陽而不散, 陰而不密, 剛氣不怒, 柔氣不懾; 四暢交於中, 而發
作於外, 皆安其位, 不相奪也. 然後立之學等, 廣其節奏, 省其文彩;
以繩德厚, 律小大之稱, 比終始之序, 以象事行, 使親疎貴賤,
長幼男女之理, 皆形見於樂, 故曰樂觀其深矣. 土弊則草木不長,
水煩則魚鼈不大, 氣衰則生物不遂, 世亂則禮慝而樂淫; 是故
其聲哀而不莊, 樂而不安, 慢易以犯節, 流湎以忘本, 廣則容姦,
狹則思慾; 感滌蕩之氣而滅平和之德, 是以君子賤之也. 凡姦
聲感人而逆氣應之, 逆氣成象而淫樂興和平焉; 正聲感人而順
氣應之, 順氣成象而和樂興焉. 唱和有應, 回邪曲直, 各歸其分,
而萬物之理, 以類相動也. 是故君子反情以和其志, 比類以成
其行, 姦聲亂色, 不留聰明, 淫樂慝禮, 不接心術, 惰慢邪辟之氣,
不設於身體; 使耳目鼻口心智百體, 皆由順正以行其義, 然後
發以聲音, 文以琴瑟, 動以干戚, 飾以羽旄, 從以簫管; 奮至德
之光, 動四氣之和, 以著萬物之理. 是故清明象天, 廣大象地,
終始象四時, 周旋象風雨; 五色成文而不亂, 八風從律而不姦,
百度得數而有常. 小大相成, 終始相生, 唱和清濁, 代相爲經,
故樂行而倫清, 耳目聰明, 血氣和平, 移風易俗, 天下皆寧, 故曰
樂者, 樂也. 君子樂得其道, 小人樂得其欲, 以道制欲, 則樂而不亂;
以欲忘道, 則惑而不樂, 是故君子反情以和其意, 廣樂以成其教,
故樂行而民向方, 可以觀德矣. 德者, 性之端也, 樂者, 德之華也,
金石絲竹, 樂之器也. 詩, 言其志, 歌, 詠其聲, 舞, 動其容, 三者

本於心, 然後樂氣從之; 是故情深而文明, 氣盛而化神, 和順積中而榮華發外, 惟樂不可以爲僞. 樂者, 心之動也, 聲者, 樂之象也, 文采節奏, 聲之飾也. 君子之動本, 樂其象, 後治其飾, 是故先鼓以警戒, 三步以見方, 再始以著往, 復亂以飭歸; 奮疾而不拔, 極幽而不隱, 獨樂其志, 不厭其道, 備擧其道, 不私其欲. 是故情見而義立, 樂終而德尊, 君子以好善, 小人以聽過, 故曰:『生民之道, 樂爲大焉.』

【陽·陰】 剛氣와 柔氣.
【學等】 학문의 차례.
【琴瑟】 현악기를 말한다.
【干戚】 813의 注를 참고할 것.
【羽旄】 역시 813의 注를 참고할 것.
【簫管】 관악기를 말한다. 813의 注 참고.
【八風】 八方向의 바람. 812의 注 참고.
【金石絲竹】 금속악기·석제악기·현악기·관악기를 말한다.
【生民之道, 樂爲大焉】《毛詩》 大序의 기록.

참고 및 관련 자료

1.《禮記》樂記篇

樂也者, 聖人之所樂也, 而可以善民心. 其感人深, 其移風易俗, 故先王著其敎焉. 夫民有血氣心知之性, 而無哀樂喜怒之常, 應感起物而動, 然後心術形焉. 是故志微噍殺之音作, 而民思憂; 嘽諧慢易繁文簡節之音作, 而民康樂; 粗厲猛起奮末廣賁之音作, 而民剛毅; 廉直勁正莊誠之音作, 而民肅敬; 寬裕肉好順成和動之音作, 而民慈愛. 流僻邪散狄成滌濫之音作, 而民淫亂. 是故先王本之情性, 稽之度數, 制之禮儀, 合生氣之和, 道五常之行, 使之陽而不散, 陰而不密, 剛氣不怒, 柔氣不懾, 四暢交於中,

而發作於外, 皆安其位而不相奪也. 然後立之學等, 廣其節奏, 省其文采, 以繩德厚
律小大之稱, 比終始之序, 以象事行, 使親疏貴賤長幼男女之理皆形見於樂. 故曰:
樂觀其深矣. 土敝則草木不長, 水煩則魚鼈不大, 氣衰則生物不遂, 世亂則禮慝而
樂淫. 是故其聲哀而不莊, 樂而不安, 慢易以犯節, 流湎以忘本. 廣則容姦, 狹則思慾,
感條暢之氣而滅平和之德, 是以君子賤之也. 凡姦聲感人而逆氣應之, 逆氣成象而
淫樂興焉. 正聲感人而順氣應之, 順氣成象而和樂興焉. 倡和有應, 回邪曲直各歸其分,
而萬物之理各以類相動也. 是故君子反情以和其志, 比類以成其行. 姦聲亂色不留
聰明, 淫樂慝禮不接心術, 惰慢邪辟之氣不設於身體, 使耳目鼻口心知百體皆由順正,
以行其義. 然後發以聲音, 而文以琴瑟, 動以干戚, 飾以羽旄, 從以簫管, 奮至德之光,
動四氣之和, 以著萬物之理. 是故清明象天, 廣大象地, 終始象四時, 周還象風雨,
五色成文而不亂, 八風從律而不姦, 百度得數而有常; 大小相成, 終始相生, 倡和清濁,
迭相爲經. 故樂行而倫清, 耳目聰明, 血氣和平, 移風易俗, 天下皆寧. 故曰, 樂者樂也.
君子樂得其道, 小人樂得其欲. 以道制欲, 則樂而不亂; 以欲忘道, 則惑而不樂. 是故
君子反情以和其志, 廣樂以成其教, 樂行而民鄉方, 可以觀德矣. 德者, 性之端也;
樂者, 德之華也; 金石絲竹, 樂之器也. 詩, 言其志也; 歌, 詠其聲也; 舞, 動其容也.
三者本於心, 然後樂器從之. 是故情深而文明, 氣盛而化神, 和順積中而英華發外,
唯樂不可以爲僞. 樂者, 心之動也; 聲者, 樂之象也; 文采節奏, 聲之飾也. 君子動其本,
樂其象, 然後治其飾. 是故先鼓以警戒, 三步以見方, 再始以著往, 復亂以飭歸, 奮疾
而不拔, 極幽而不隱. 獨樂其志, 不厭其道; 備擧其道, 不私其欲. 是故情見而義立,
樂終而德尊; 君子以好善, 小人以聽過. 故曰:「生民之道, 樂爲大焉」.

2.《史記》樂書

樂者, 聖人之所樂也, 而可以善民心. 其感人深, 其風移俗易, 故先王著其教焉. 夫人
有血氣心知之性, 而無哀樂喜怒之常, 應感起物而動, 然后心術形焉. 是故志微焦衰
之音作, 而民思憂; 嘽緩慢易繁文簡節之音作, 而民康樂; 粗厲猛起奮末廣賁之音作,
而民剛毅; 廉直經正莊誠之音作, 而民肅敬; 寬裕肉好順成和動之音作, 而民慈愛;
流辟邪散狄成滌濫之音作, 而民淫亂. 是故先王本之情性, 稽之度數, 制之禮義, 合生
氣之和, 道五常之行, 使之陽而不散, 陰而不密, 剛氣不怒, 柔氣不懾, 四暢交於中而
發作於外, 皆安其位而不相奪也. 然后立之學等, 廣其節奏, 省其文采, 以繩德厚也.
類小大之稱, 比終始之序, 以象事行, 使親疏貴賤長幼男女之理皆形見於樂; 故曰
「樂觀其深矣」. 土敝則草木不長, 水煩則魚鱉不大, 氣衰則生物不育, 世亂則禮廢而

樂淫. 是故其聲哀而不莊, 樂而不安, 慢易以犯節, 流湎以忘本. 廣則容姦. 狹則思欲, 感滌蕩之氣而滅平和之德, 是以君子賤之也. 凡姦聲感人而逆氣應之, 逆氣成象而淫樂興焉. 正聲感人而順氣應之, 順氣成象而和樂興焉. 倡和有應, 回邪曲直各歸其分, 而萬物之理以類相動也. 是故君子反情以和其志, 比類以成其行. 姦聲亂色不留聰明, 淫樂廢禮不接於心術, 惰慢邪辟之氣不設於身體, 使耳目鼻口心知百體皆由順正, 以行其義. 然后發以聲音, 文以琴瑟, 動以干戚, 飾以羽旄, 從以簫管, 奮至德之光, 動四氣之和, 以著萬物之理. 是故清明象天, 廣大象地, 終始象四時, 周旋象風雨; 五色成文而不亂, 八風從律而不姦, 百度得數而有常; 小大相成, 終始相生, 倡和清濁, 代相爲經. 故樂行而倫清, 耳目聰明, 血氣和平, 移風易俗, 天下皆寧. 故曰「樂者樂也」. 君子樂得其道, 小人樂得其欲. 以道制欲, 則樂而不亂; 以欲忘道, 則惑而不樂. 是故君子反情以和其志, 廣樂以成其教, 樂行而民鄉方, 可以觀德矣. 德者, 性之端也; 樂者, 德之華也; 金石絲竹, 樂之器也. 詩, 言其志也; 歌, 詠其聲也; 舞, 動其容也; 三者本乎心, 然后樂氣從之. 是故情深而文明, 氣盛而化神, 和順積中而英華發外, 唯樂不可以爲僞. 樂者, 心之動也; 聲者, 樂之象也; 文采節奏, 聲之飾也. 君子動其本, 樂其象, 然治其飾. 是故先鼓以警戒, 三步以見方, 再始以著往, 復亂以飭歸, 奮疾而不拔, 極幽而不隱. 獨樂其志, 不厭其道; 備舉其道, 不私其欲. 是以情見而義立, 樂終而德尊; 君子以好善, 小人以息過: 故曰: 「生民之道, 樂爲大焉」.

3. 《荀子》樂論篇

夫樂者, 樂也, 人情之所必不免也, 故人不能無樂. 樂, 則必發於聲音, 形於動靜, 而人之道, 聲音・動靜・性術之變, 盡是矣. 故人不能不樂, 樂則不能無形, 形而不爲道, 則不能無亂. 先王惡其亂也, 故制雅・頌之聲以道之, 使其聲足以樂而不流, 使其文足以辨而不諰, 使其曲直繁省廉肉節奏足以感動人之善心, 使夫邪污之氣無由得接焉, 是先王立樂之方也, 而墨子非之, 奈何? 故樂在宗廟之中, 君臣上下同聽之, 則莫不和敬; 閨門之內, 父子兄弟同聽之, 則莫不和親; 鄉里族長之中, 長少同聽之, 則莫不和順. 故樂者, 審一以定和者也, 比物以飾節者也, 合奏以成文者也, 足以率一道, 足以治萬變, 是先王立樂之術也. 而墨子非之, 奈何? 故聽其雅頌之聲, 而志意得廣焉; 執其干戚, 習其俯仰屈伸, 而容貌得莊焉; 行其綴兆, 要其節奏, 而行列得正焉, 進退得齊焉. 故樂者, 出所以征誅也, 入所以揖讓也, 征誅揖讓, 其義一也. 出所以征誅, 則莫不聽從; 入所以揖讓, 則莫不從服. 故樂者, 天下之大齊也, 中和之紀也, 人情之所必不免也, 是先王立惡之術也. 而墨子非之, 奈何? 且樂者, 先王之所以飾喜也, 軍旅鈇鉞者, 先王之所以飾怒也. 先王喜怒, 皆得其齊焉. 是故, 喜而天下和之, 怒而暴亂畏之. 先王之道, 禮樂正其盛者也. 而墨子非之. 故曰: 墨子之於道也, 猶瞽之於白黑也, 猶聾之於淸濁也, 猶欲之楚而北求之也.

夫聲樂之入人也深, 其化人也速, 故先王謹爲之文. 樂中平則民和而不流, 樂肅莊則民齊而不亂. 民和齊則兵勁城固, 敵國不敢嬰也. 如是, 則百姓莫不安其處, 樂其鄉, 以至足其上矣. 然後名聲於是白, 光輝於是大, 四海之民莫不願得以爲師, 是王者之始也. 樂姚冶以險, 則民流僈鄙賤矣, 流僈則亂, 鄙賤則爭, 亂爭則兵弱城犯, 敵國危之. 如是, 則百姓不安其處, 不樂其鄉, 不足其上矣. 故禮樂廢而邪音起者, 危削侮辱之本也. 故先王貴禮樂而賤邪者. 其在序官也, 曰: 『修憲命, 審誅賞, 禁淫聲, 以時順脩, 使夷俗邪音不敢亂雅, 太師之事也.』墨子曰: 『樂者, 聖王之所非也, 而儒者爲之, 過也.』君子以爲不然. 樂者, 聖人之所樂也, 而可以善民心. 其感人深, 其移風易俗, 故先王導之以禮樂, 而民和睦. 夫民有好惡之情而無喜怒之應, 則亂. 先王惡其亂也, 故脩其行, 正其樂, 而天下順焉. 故齊衰之服, 哭泣之聲, 使人之心悲; 帶甲嬰軸, 歌於行伍, 使人之心傷; 姚冶之容, 鄭衛之音, 使人之心淫; 紳端章甫, 舞韶歌武, 使人之心莊. 故君子耳不聽淫聲, 目不視女色, 口不出惡言, 此三者, 君子愼之. 凡奸聲感人而逆氣應之, 逆氣成象而亂生焉; 正聲感人而順氣應之, 順氣成象而治生焉. 唱和有應, 善惡相象, 故君子愼其所去就也. 君子以鐘鼓道志, 以琴瑟樂心, 動以干戚, 飾以羽旄, 從以磬管, 故其淸明象天, 其廣大象地, 其俯仰周旋有似於四時. 故樂行而志淸, 禮脩而行成; 耳目聰明, 血氣和平; 移風易俗, 天下皆寧, 莫善相樂. 故曰: 樂者, 樂也. 君子樂得其道, 小人樂得其欲. 以道制欲, 則樂而不亂, 以欲忘道, 則惑而不樂. 故樂者, 所以道樂也; 金石絲竹, 所以道德也. 樂行而民鄉方矣. 故樂者, 治人之盛者也, 而墨子非之. 且樂也者, 和之不可變也; 禮也者, 理之不可易者也. 樂合同, 禮別異, 禮樂之統, 管乎人心矣. 窮本極變, 樂之情也, 著誠去僞, 禮之經也. 墨子非之, 几遇刑也. 明王已沒, 莫之正也, 愚者學之, 危其身也. 君子明樂, 乃其德也. 亂世惡善, 不此聽也. 於乎哀哉! 不得成也! 弟子勉學, 無所營也. 聲樂之象: 鼓大麗, 鐘統實, 磬廉制, 竽笙蕭和, 筦籥發猛, 塤篪翁博, 瑟易良, 琴婦好, 歌淸盡, 舞意天道兼. 鼓, 其樂之君邪? 故, 鼓似天, 鐘似地, 磬如水, 竽笙筦籥似星辰日月, 鞉柷拊鞷椌楬似萬物. 曷以知舞之意? 曰: 目不自見, 耳不自聞也. 然而治俯仰詘信進退遲速, 莫不廉制, 盡筋骨之力, 以要鐘鼓俯會之節, 而靡有悖逆者, 衆積意言犀言犀乎? 吾觀於鄉而知王道之易易也. 主人親速賓及介, 而衆賓皆從之, 至於門外, 主人拜賓及介, 而衆賓皆入, 貴賤之義別矣. 三揖至於階, 三讓以賓升, 拜至, 獻酬, 辭讓之節繁, 及介省矣. 至於衆賓升受, 坐祭, 立飮, 不酳乍, 而降隆殺之義辨矣. 工入, 升歌, 三終, 主人獻之; 笙入, 三終, 主人獻之; 間歌, 三終, 合樂, 三終, 工告樂備, 遂出. 二人揚觶, 乃立司正, 焉知其能和樂而不流也. 賓酬主人, 主人酬介, 介酬衆賓, 少長 以齒, 終於沃洗者, 焉知其能弟長而無遺也. 降, 說屨升坐, 脩爵無數. 飮酒之節, 朝不廢朝, 莫不廢夕. 賓出, 主人拜送, 節文遂終, 焉知其能安燕而不亂也. 貴賤明, 隆殺辨, 和樂而不流, 弟長而無遺, 安燕而不亂. 此五行者, 是足以正身安國矣. 彼國安 而天下安, 故曰: 吾觀於鄉而知王道之易易也. 亂世之征: 其服組, 其容婦, 其俗淫, 其志利, 其行雜, 其聲樂險, 其文章匿而采, 其養生無度, 其送死瘠墨, 賤禮義而貴勇力, 貧則爲盜, 富則爲賊. 治世反是也.

4.《呂氏春秋》制樂篇

欲觀至樂, 必於至治. 其治厚者其樂治厚, 其治薄者其樂治薄, 亂世則慢以樂矣. 今室 閉戶牖, 動天地, 一室也.

세밀한 음을 내는 악기

악기樂器 **중에** 세밀한 음을 낼 수 있는 것으로는 금琴이 가장 알맞다. 그래서 군자는 그 세밀한 덕을 닦는 데 이것이 가장 좋다 하여 이를 가까이 두고 연주하는 것이다.

무릇 음의 발생은 사람의 마음에서 비롯된다. 사람의 마음이 움직이는 것은 만물이 그렇게 하도록 하는 것이다.

만물에 감응을 받아 그 뒤에 움직이기 때문에 소리로 형태를 이루며, 소리가 서로 응하여 그 때문에 변화가 생기고, 그 변화는 다시 방법을 이루니 이를 음音이라 한다.

다시 이 음에 빗대어 이를 즐기되, 이것이 간척干戚·우모羽旄에까지 미치는 것을 악樂이라 한다.

악樂이란 음音으로 말미암아 생기는 것으로서, 그 근본은 사람의 마음이 만물에 의해 감응을 받는 데에 있다.

이 까닭으로 슬픈 마음에 감응된 것은 그 소리가 애절하여 숙살肅殺하고, 즐거운 마음에 감응된 것은 그 소리가 신이 나면서 느리며, 기쁜 마음에 감응된 것은 그 소리가 겉으로 드러나 흩어지게 된다.

또 노한 마음에 감응된 것은 그 소리가 장엄하여 날카롭고, 공경하는 마음에 감응된 것은 그 소리가 곧고 염직廉直하며, 사랑의 마음에 감응된 것은 그 소리가 평화롭고 조화가 있다. 사람의 선악善惡은 본성이 아니다. 만물에 감응한 다음에야 움직이는 것이다. 이 까닭으로 선왕先王은 그 감응이라는 것에 신중하였다.

따라서 예禮로써 그 뜻을 안정시키고, 악樂으로써 그 본성을 화하게 하였다. 그리고 이어서 정교政敎로써 그 행동을 한 길로 가게 하였으며, 형벌로써 간악한 일을 방비하였다.

이렇게 보면 예禮·악樂·형刑·정政은 그 종점이 하나이니, 바로 민심民心을 하나로 하고 치도治道를 세우기 위한 것이다.

樂之可密者, 琴最宜焉, 君子以其可修德, 故近之. 凡音之起, 由人心生也; 人心之動, 物使之然也; 感於物而後動, 故形於聲; 聲相應, 故生變, 變成方, 謂之音. 比音而樂之, 及干戚羽旄, 謂之樂; 樂者, 音之所由生也, 其本在人心之感於物也. 是故其哀心感者, 其聲噍以殺; 其樂心感者, 其聲嘽以緩; 其喜心感者, 其聲發以散; 其怒心感者, 其聲壯以厲; 其敬心感者, 其聲直以廉; 其愛心感者, 其聲和以調. 人之善惡非性也, 感於物而後動, 是故先王愼所以感之, 故禮以定其意, 樂以和其性, 政以一其行, 刑以防其姦; 禮樂刑政, 其極一也, 所以同民心而立治道也.

【樂之可密者~故近之】樂記에 실려 있지 않는 부분이다.《說苑疏證》에 "樂之可密四句, 拾補云此四句樂記所無, 間雜其中頗不倫"이라 하였다.

【干戚】무기로 추는 武舞. 813의 注를 참고할 것.

【羽旄】깃발로 추는 文舞. 역시 813의 注를 참고할 것.

┌─────────────────────┐
│ 참고 및 관련 자료 │
└─────────────────────┘

1.《禮記》樂記

凡音之起, 由人心生也. 人心之動, 物使之然也. 感於物而動, 故形於聲; 聲相應, 故生變, 變成方, 謂之音; 比音而樂之及干戚羽旄, 謂之樂. 樂者, 音之所由生也,其本在人心之感於物也. 是故其哀心感者, 其聲噍以殺; 其樂心感者, 其聲嘽以緩; 其喜心感者, 其聲發以散; 其怒心感者, 其聲壯以厲; 其敬心感者, 其聲直以廉; 其愛心感者, 其聲和以柔. 六者非性也, 感於物而後動, 是故先王慎所以感之者. 故禮以道其志, 樂以和其聲, 政以一其行, 刑以防其姦, 禮樂刑政, 其極一也, 所以同民心而出治道也.

2.《史記》樂書

凡音之起, 由人心生也. 人心之動, 物使之然也. 感於物而動, 故形於聲; 聲相應, 故生變; 變成方, 謂之音; 比音而樂之, 及干戚羽旄, 謂之樂也. 樂者, 音之所由生也, 其本在人心感於物也. 是故其哀心感者, 其聲噍以殺; 其樂心感者, 其聲嘽以緩; 其喜心感者, 其聲發以散; 其怒心感者, 其聲麤以厲; 其敬心感者, 其聲直以廉; 其愛心感者, 其聲和以柔. 六者非性也, 感於物而動, 是故先王慎所以感之. 故禮以導其志, 樂以和其聲, 政以壹其行, 刑以防其姦. 禮樂刑政, 其極一也, 所以同民心而出治道也.

817(19-41) 凡音, 生人心者也
백성의 마음을 움직이는 음악

무릇 음音은 백성의 마음을 움직이는 것이다.

마음속에서 성정性情이 움직여 소리라는 형태로 표현되며, 이 소리가 체계를 이룬 것을 음音이라 한다. 이 까닭으로 치세治世의 음은 편안하면서도 즐겁다. 그 정치가 평화롭기 때문이다. 그러나 난세亂世의 음은 원망하면서 노기怒氣가 차 있다. 그 정치가 어그러져 있기 때문이다. 그런가 하면, 망국亡國의 음은 슬프면서 사념思念하는 느낌이 있다. 그 백성이 곤액에 처해 있기 때문이다. 이처럼 성음聲音의 도는 정치와 상통해 있다.

궁宮은 군君, 상商은 신臣, 각角은 민民, 치徵는 사事, 우羽는 물物이 된다. 이 오음五音이 어지러우면 법이 사라진다.

무법지음無法之音은 이러하다.

궁宮이 혼란하면 황荒해지고, 그 임금이 교만해진다.

상商이 혼란하면 가파라져서陂 그 관官이 허물어진다.

각角이 혼란하면 근심憂이 생겨 그 백성이 원망을 갖게 된다.

치徵가 혼란하면 슬퍼져서哀 그 맡은 일을 고역스럽게 생각한다.

우羽가 혼란하면 위태로워지고, 그 재물이 바닥난다.

이 다섯 가지가 모두 혼란해져서 서로 차례로 능멸하는 것을 만慢이라 한다. 이런 지경에 이르면 나라가 망할 날이 곧 다가온다. 정鄭·위衛의 음은 난세亂世의 음으로 만慢에 가깝다. 또 상간복상桑間濮上의 음은 망국지음亡國之音으로 그 정치는 산만하고, 그 백성이 유랑하며, 윗사람을 속이면서 자신의 사사로움에 빠져 있으나 어떻게 중지시킬 수 없는 상태에 이른 것이다.

凡音, 生人心者也, 情動於中, 而形於聲, 聲成文, 謂之音. 是故治世之音, 安以樂, 其政和; 亂世之音, 怨以怒, 其政乖; 亡國之音哀以思, 其民困. 聲音之道, 與政通矣. 宮爲君, 商爲臣, 角爲民, 徵爲事, 羽爲物; 五音亂則無法, 無法之音; 宮亂則荒, 其君驕; 商亂則陂, 其官壞; 角亂則憂, 其民怨; 徵亂則哀, 其事勤; 羽亂則危, 其財匱; 五者皆亂, 代相凌謂之慢, 如此則國之滅亡, 無日矣. 鄭衛之音, 亂世之音也, 比於慢矣; 桑間濮上之音, 亡國之音也, 其政散, 其民流, 誣上行私, 而不可止也.

【宮爲君】《禮記》月令의 鄭玄 注에 宮은 土에 속하며, 그 위치는 중앙이라 하였다. 그래서 임금에게 상징·비유한 것이다.

【商爲臣】《禮記》鄭玄 注에 商은 金에 속하며, 土 다음의 차례라 하였다. 그래서 臣에 비유한 것이다.

【角爲民】《禮記》鄭玄 注에 角은 木에 속하며, 청탁기상이 있다고 하였다. 그래서 民에 相配시킨다고 하였다.

【徵爲事】《禮記》鄭玄 注에 치(徵)는 火에 속하며, 火는 여러 일을 밝히므로 事에 相配시킨다고 하였다.

【羽爲物】《禮記》鄭玄 注에 羽는 水에 속하며, 水는 만물을 정결히 하고 생명을 부여하므로 物에 相配시킨다고 하였다.

【其事勤】'勤'은 '苦役'으로 풀이하였다.

【鄭衛之音】춘추시대 두 나라의 음악이 너무 음일하고(鄭) 촉급하였다(衛)한다.

【桑間濮上】濮은 濮水. 그 근처에 있는 桑林之間. 옛 紂임금이 樂師 延으로 하여금 靡靡之音을 짓게 하고, 이를 즐기다가 망하였다 한다.

1.《禮記》樂記

凡音者, 生人心者也. 情動於中, 故形於聲, 聲成文謂之音. 是故治世之音安以樂, 其政和; 亂世之音怨以怒, 其政乖; 亡國之音哀以思, 其民困. 聲音之道, 與政通矣. 宮爲君, 商爲臣, 角爲民, 徵爲事, 羽爲物. 五者不亂, 則無怗懘之音矣. 宮亂則荒, 其君驕; 商亂則陂, 其官壞; 角亂則憂, 其民怨; 徵亂則哀, 其事勤; 羽亂則危, 其財匱. 五者皆亂, 迭相陵, 謂之慢. 如此則國之滅亡無日矣. 鄭衛之音, 亂世之音也, 比於慢矣. 桑間濮上之音, 亡國之音也, 其政散, 其民流, 誣上行私而不可止也.

2.《史記》樂書

凡音者, 生人心者也. 情動於中, 故形於聲, 聲成文謂之音. 是故治世之音安以樂, 其正和; 亂世之音怨以怒, 其正乖; 亡國之音哀以思, 其民困. 聲音之道, 與正通矣. 宮爲君, 商爲臣, 角爲民, 徵爲事, 羽爲物. 五者不亂, 則無滯之音矣. 宮亂則荒, 其君驕; 商亂則搥, 其臣壞; 角亂則憂, 其民怨; 徵亂則哀, 其事勤; 羽亂則危, 其財匱. 五者皆亂, 迭相陵, 謂之慢. 如此則國之滅亡無日矣. 鄭衛之音, 亂世之音也, 比於慢矣. 桑間濮上之音, 亡國之音也, 其政散, 其民流, 誣上行私而不可止.

3.《呂氏春秋》適音篇

故治世之音安以樂, 其政平也; 亂世之音怨以怒, 其政乖也; 亡國之音悲以哀, 其政險也. 凡音樂通乎政, 而移風平俗者也.

환난과 재앙이라는 것

무릇 인간에게 환난患難과 재앙이라는 것은 음일淫洪과 포만暴慢에서 생겨난다. 그리고 이 음일과 포만의 근본은 다시 음주飮酒에서 생긴다.

그러한 까닭에 옛날에 향음주례鄕飮酒禮를 삼가 귀로는 아름다운 음악을 듣게 하고, 눈으로는 바른 의표儀表를 보게 하며, 발로는 바른 품행을 본받게 하였다.

따라서 종일 술을 마셔도 과실이 없어야 하며, 가까이는 며칠 멀리는 몇 달이 되어도 덕을 그 속에 갖추어 더욱 선善한 길로 나아가야 한다.

《시詩》에 "이미 취하기는 술로 취하였으나 배부르기는 덕으로 하였네!"라 하였으니 바로 이를 두고 한 말이다.

凡人之有患禍者, 生於淫洪暴慢, 淫洪暴慢之本, 生於飮酒;
故古者, 愼其飮酒之禮, 使耳聽雅音, 目視正儀, 足行正容, 心論
正道. 故終日飮酒, 而無過失, 近者數日, 遠者數月, 皆人有德焉
以益善.

詩云:『旣醉以酒, 旣飽以德.』

此之謂也.

【詩云】《詩經》大雅 旣醉의 구절.

음악은 교화의 근본

무릇 밖에서 유입되는 것 가운데 성음聲音보다 더 심각한 것은 없으며, 이는 사람을 변화시키는 정도가 자못 극심하다. 그래서 성인聖人이 이를 근거로 덕德을 이루게 한 것을 악樂이라 한다.

악樂이라는 것은 덕德의 풍교風敎이다.

《시詩》에 "위의威儀는 멋지고, 덕음德音은 질서가 있네!"라 하였으니 이는 예악禮樂을 두고 한 말이다.

이 때문에 군자는 예禮로써 자신의 외모를 단정히 하고, 악樂으로써 내면을 바르게 한다.

사람의 속이 잠시라도 음악에서 떠나면 사악한 기氣가 생겨나며, 그 몸이 잠시라도 예에서 떠나면 교만한 행동이 나타나게 된다.

그래서 옛날에는 천자天子・제후諸侯가 종소리를 듣되 이것이 조정에서 사라지게 한 적이 없었으며, 경卿・대부大夫는 금슬琴瑟의 음악을 듣되 이것이 앞에서 사라지게 한 적이 없었다. 이는 모두가 정심正心을 기르고, 음기淫氣를 없애기 위함이었다.

악樂이 마음속에서 움직이면 사람에게 도에 쉽게 접근하여 어진 것을 좋아하게 하고, 악樂이 밖으로 나타나면 사람으로 하여금 온공溫恭・문아文雅하게 한다.

아송지성雅頌之聲은 사람을 감동시켜 정기正氣가 응해 오게 하며, 화성和成・용호容好의 음악은 사람을 감동시켜 화기和氣가 응해 오게 한다.

또 조려粗厲 · 맹분猛賁한 음악은 사람을 감동시키되 노기怒氣가 응해
오게 하며, 정鄭 · 위衛의 음악은 사람을 감동시키되 음기淫氣가 응해
오게 한다.

　이 까닭으로 군자는 사람을 감동시키는 바에 대해서 신중히 하는
것이다.

　凡從外入者, 莫深於聲音, 變人最極, 故聖人因而成之以德
曰樂, 樂者, 德之風, 詩曰:『威儀抑抑, 德音秩秩.』謂禮樂也.
故君子以禮正外, 以樂正內; 內須臾離樂, 則邪氣生矣, 外須臾
離禮, 則慢行起矣; 故古者天子諸侯聽鐘聲, 未嘗離於庭, 卿大
夫聽琴瑟, 未嘗離於前; 所以養正心而滅淫氣也. 樂之動於內,
使人易道而好良; 樂之動於外, 使人溫恭而文雅; 雅頌之聲動人,
而正氣應之; 和成容好之聲動人, 而和氣應之; 粗厲猛賁之聲
動人, 而怒氣應之; 鄭衛之聲動人, 而淫氣應之. 是以君子愼其
所以動人也.

【詩曰】《詩經》小雅 賓之初筵의 구절. 단 '德音秩秩'은 첫 구절에 '秩秩左右'로
　되어 있다.
【雅頌之聲】《詩經》風 · 雅 · 頌의 雅頌之音. 여기서는 中正和平한 음악을 가리
　킨다.
【鄭衛之音】음일하고 촉급한 음악. 817장 참조.

820(19-44) 子路鼓瑟有北鄙之聲
나라를 망칠 음악

자로子路가 북비지성北鄙之聲을 거문고로 연주하는 것을 공자孔子가 듣고 이렇게 말하였다.

"사실이로구나. 자로의 재주 없음이!"

이 때 염유冉有가 곁에서 공자를 모시고 있었는데, 공자가 염유를 보고서 이렇게 말하였다.

"염유求야! 이리 오너라. 너는 왜 선왕先王이 만든 음악을 유由, 子路에게 일러 주지 않느냐? 선왕의 음악은 바르게 연주해야 절도에 맞는다. 이것이 남방으로 흘러들어와서 북방의 본래 모습으로 돌아가지 못하고 있다.

남방은 생육지향生育之鄕이고, 북방은 살벌지역殺伐之域이다. 그래서 군자는 그 가운데 지역을 고집하여 근본으로 삼되 삶에 힘쓰는 것을 기초로 한다. 이 때문에 그 음악은 온화하면서 거중居中하여 생육지기生育之氣를 상징한다. 이는 우애憂哀·비통悲痛의 감정을 마음에 담지 않도록 하며, 폭려暴戾·음황淫荒의 격동을 몸에 싣지 못하도록 한 것이다. 무릇 그렇게 될 수 있는 것은 치존지풍治存之風으로 편안함과 즐거움이 그렇게 되도록 하는 것이다.

그런데 저 소인小人은 그렇지 못하다. 끝을 잡고 근본을 논하고, 강강剛에 힘쓰면서 이를 기본으로 삼고 있다. 그래서 그 음이 추려湫戾하고 미말微末하여 살벌지기殺伐之氣를 상징하고 있다. 화절和節·중정中正의 감격을 마음에 심지 못하고, 온엄溫儼·공장恭莊한 감동도 몸에 담지 못하고 있다. 무릇 살殺이라는 것은 난망지풍亂亡之風으로서, 북방으로 내달으면 그렇게 되는 것이다.

옛날 순舜임금은 남풍지성南風之聲을 지었다. 이는 흥하고 발勃하게 하여 지금까지도 왕공王公이 이를 계속 풀어 보면서 손에서 놓지 않고 있다. 그러나 주紂는 북비지성北鄙之聲을 지었다. 이는 폐廢하고 홀忽하여 지금까지도 왕공의 웃음거리로 남아 있을 뿐이다.

저 순舜은 필부匹夫에 불과하였지만 적정합인積正合仁하고 이중행선履中行善하여 마침내 흥하였고, 주紂는 천자天子의 신분이면서도 호만음황好慢淫荒하고 강려포적剛厲暴賊하여 끝내 멸망하고 말았다.

지금 자로는 필부의 무리에 포의布衣의 추한 신분이다. 그런 처지에 이미 선왕지제先王之制에 뜻도 없고 도리어 망국지성亡國之聲을 즐기고 있으니, 그래서야 어찌 칠척七尺의 제 몸인들 보존할 수 있겠느냐?"

염유가 이를 자로에게 알려 주자 자로는 이렇게 부끄러워하며 말하였다. "나의 죄입니다. 소인이라 그렇게 하지 못한 것입니다. 이런 지경에 빠져들었으니 선생님의 말씀이 어찌 그리 맞는지요!"

그러고 나서 후회하면서 밥도 먹지 않았다. 그리고 이레가 흐르자 뼈만 남아서 서 있는 것이었다. 이를 보고 공자가 이렇게 말하였다. "자로는 허물을 고쳤다."

子路鼓瑟有北鄙之聲, 孔子聞之曰:「信矣, 由之不才也!」

冉有侍, 孔子曰:「求來, 爾奚不謂由夫先王之制音也? 奏中聲, 爲中節; 流入於南, 不歸於北. 南者, 生育之鄕, 北者, 殺伐之域; 故君子執中以爲本, 務生以爲基, 故其音溫和而居中, 以象生育之氣. 憂哀悲痛之感, 不加乎心, 暴厲淫荒之動, 不在乎體, 夫然者, 乃治存之風, 安樂之爲也. 彼小人則不然, 執末以論本,務剛以爲基, 故其音湫厲而微末, 以象殺伐之氣. 和節中正之感, 不加乎心, 溫儼恭莊之動, 不存乎體, 夫殺者, 乃亂亡之風, 奔北之爲也. 昔舜造南風之聲, 其興也勃焉, 至今王公述無不釋; 紂爲北鄙之聲, 其廢也忽焉, 至今王公以爲笑. 彼舜以匹夫, 積正合仁, 履中行善, 而卒以興, 紂以天子, 好慢淫荒, 剛厲暴賊, 而卒以滅. 今由也匹夫之徒, 布衣之醜也, 旣無意乎先王之制, 而又有亡國之聲, 豈能保七尺之身哉?」

冉有以告子路, 子路曰:「由之罪也! 小人不能耳陷, 而入於斯, 宜矣, 夫子之言也!」

遂自悔, 不食七日而骨立焉.

孔子曰:「由之改過矣.」

【子路】孔子의 제자. 仲由.
【北鄙之聲】紂가 지었다는 북방의 비루하고 천한 음악.
【冉有】孔子의 제자. 求.
【南風之聲】舜이 지었다는 음악.
【由之改過矣】〈拾補〉에는 "過"字 다음에 글자가 빠진 것으로 의심을 제기하였다. 《說苑疏證》에 "拾補云, 過下以脫一字"라 하였다.

> 참고 및 관련 자료

1. 《孔子家語》 辯樂解篇

子路鼓琴, 孔子聞之, 謂冉有曰:「甚矣, 由之不才也! 夫先王之制音也, 奏中聲以爲節, 流入於南, 不歸於北. 夫南者生育之鄉, 北者殺伐之域. 故君子之音, 溫柔居中, 以養生育之氣. 憂愁之感, 不加於心也; 暴厲之動, 不在於體也. 夫然者, 乃所謂治安之風也. 小人之音則不然, 亢麗微末, 以象殺伐之氣. 中和之感, 不載於心; 溫和之動, 不存於體.

夫然者, 乃所以爲亂亡之風. 昔者舜彈五絃之琴, 造南風之詩. 其詩曰:『南風之薰兮, 可以解吾民之慍兮; 南風之時兮, 可以阜吾民之財兮.』唯修此化, 故其興也勃焉, 德如泉流至於今, 王公大人述而弗忘. 殷紂好爲北鄙之聲, 其廢也忽焉, 至於今, 大人 擧以爲誡. 夫舜起布衣, 積德含和而終以帝, 紂爲天子, 荒淫暴亂而終以亡. 非各修 之致乎? 由, 今也匹夫之徒, 曾無意於先王之制, 而習亡國之聲, 豈能保其六七尺之 體哉?」冉有以告子路, 子路懼而自悔, 靜思不食, 以至骨立. 夫子曰:「過而能改, 其進矣乎!」

卷二十. 반질편反質篇

"반질反質"이란 질박質樸하고 검소儉素한 본바탕으로 되돌아감을 말한다. 본권은 이에 대한 일화와 고사 등을 모은 것이다.

모두 26장(821~846)이다.

821(20-1) 孔子卦得賁

본바탕 자체가 이미 여유가 있으니

공자孔子가 점을 치다가 비괘賁卦를 얻자, 위연喟然히 하늘을 우러러 탄식하면서 불만의 뜻을 표하였다.

이에 자장子張이 나서서 손을 들어 이렇게 질문하였다.

"제師가 듣기로 비괘는 길한 괘라 하였는데 어찌하여 탄식하십니까?"

공자가 이렇게 설명하였다.

"비괘는 본래의 색깔이 아니다. 이 때문에 탄식하는 것이다. 나는 그 본바탕을 바랐던 것이다. 백색白色은 마땅히 본래대로의 백색이어야 하고, 흑색은 마땅히 본래대로의 흑색이어야 한다. 무릇 질소質素함이란 무엇인가?

내가 들으니 단칠丹漆은 더 이상 문식文飾을 가하지 않으며, 백옥白玉은 더 이상 조각하지 않고, 보주寶珠는 더 이상 가공하지 않는다 하였다. 왜 그렇겠느냐? 그 본바탕 자체가 이미 여유가 있기 때문이며, 더 이상 문식을 받을 필요가 없기 때문이다."

孔子卦得賁, 喟然仰而歎息, 意不平.

子張進, 擧手而問曰:「師聞賁者吉卦, 而歎之乎?」

孔子曰:「賁非正色也, 是以歎之. 吾思夫質素, 白當正白, 黑當正黑. 夫質又何也? 吾亦聞之, 丹漆不文, 白玉不彫, 寶珠不飾, 何他? 質有餘者, 不受飾也.」

【賁卦】《周易》의 괘명 제22의 山火賁. 卦辭에 "賁, 亨, 小利有攸往. 象曰賁, 亨, 柔來而文剛"이라 하였다.

【子張】孔子 제자. 이름은 師.

【夫質又何也】 '質'은 '賁'로 보았다. 《說苑疏證》에 "賁原作質, 從孫詒讓札迻改"라 하였다.

참고 및 관련 자료

1. 《呂氏春秋》壹行篇

孔子卜得賁. 孔子曰:「不吉.」子貢曰:「夫賁亦好矣, 何謂不吉乎?」孔子曰:「夫白而白, 黑而黑, 夫賁又何好乎?」

2. 《孔子家語》好生篇

孔子常自筮, 其卦得賁焉, 愀然有不平之狀. 子張進曰:「師聞卜者得賁卦, 吉也, 而夫子之色有不平, 何也?」孔子對曰:「以其離邪, 在周易, 山下有火謂之賁, 非正色之卦也. 夫質也, 黑白宜正焉, 今得賁, 非吾兆也. 吾聞丹漆不文, 白玉不彫, 何也? 質有餘, 不受飾故也.」

귀신만 믿는 자

귀신鬼神만 믿는 자는 모책謀策을 그르치고 날짜만 점쳐 얽매이는 자는 때를 놓치게 된다. 어떻게 그러함을 아는가?

무릇 현성賢聖은 두루 알기 때문에 능히 날짜를 얽매어 잡지 아니하더라도 일이 순조롭게 된다. 또한 법령法令을 공경하고 공과 노고를 귀히 여기기 때문에 점을 치지 않아도 그 신변이 길吉하며, 인의仁義에 조심하고 도리道理에 순응함으로써 기도를 하지 않아도 복이 찾아오게 된다.

따라서 수數를 점치고, 날짜를 택하여 몸을 깨끗이 재계齋戒하며, 살진 희생犧牲을 잡고, 규벽珪璧으로 장식하여 사당에 정성을 들여 제사한다고 해서 패역지화悖逆之禍를 제거할 수 있는 것은 아니다.

신이 무엇이든지 안다고 여겨 이를 모시매 도에 어긋난 망행妄行을 지으면서 제사를 지내고 복을 구한다면, 신명은 오히려 그런 자를 멀리할 것이다.

천자는 천지天地・오악五嶽・사독四瀆에 제사지내고, 제후는 사직社稷에, 대부는 오사五祀를, 선비는 문호門戶를, 서인은 그 조상을 모시고 제사지낸다. 이는 성왕聖王이 하늘의 뜻을 이어받아 그 제사를 구분한 것이다.

무릇 고대의 복일卜日은 장차 도를 보조하고 의심나는 것을 살피기 위한 것이었다. 이로써 먼저 열심히 하되 감히 제멋대로 하지 않는다는 것을 보여 주기 위한 것이지, 결코 뒤엎어서 오직 안전해지려니 하는 요행을 바라서 하는 것이 아니다.

공자孔子는 이렇게 말하였다.

"자기가 제사지낼 대상이 아닌데도 제사지내는 것은 아첨이다."

이 까닭으로 태산泰山은 끝내 계씨季氏의 여제旅祭를 흠향하지 않았던 것이다.

또 《역易》에는 이렇게 말하였다.

"동쪽 이웃에서 소를 잡아 제사지내는 것이 서쪽 이웃의 간단한 약제禴祭만 못하다."

이는 바로 예禮가 중요한 것이지 제물의 많고 적음이 중요한 것이 아니며, 실질이 귀한 것이지 화려함이 귀한 것이 아니라는 뜻이다. 진실로 덕을 갖추고 밀고 나간다면 어찌 불가능한 것이 있겠는가?

이 까닭으로 성인은 사람의 겉모습을 보면 반드시 그 본질을 잘 살펴보는 것이다.

信鬼神者失謀, 信日者失時, 何以知其然? 夫賢聖周知, 能不時日而事利; 敬法令, 貴功勞, 不卜筮而身吉; 謹仁義, 順道理, 不禱祠而福. 故卜數擇日, 潔齋戒, 肥犧牲, 飾珪璧, 精祠祀, 而終不能除悖逆之禍, 以神明有知而事之, 乃欲背道妄行而以祠祀求福, 神明必違之矣. 天子祭天地, 五嶽, 四瀆, 諸侯祭社稷, 大夫祭五祀, 士祭門戶, 庶人祭其先祖. 聖王承天心, 制體分也. 凡古之卜日者, 將以輔道稽疑, 示有所先而不敢自專也; 非欲以顛倒之惡而幸安之全.

孔子曰:「非其鬼而祭之, 諂也.」

是以泰山終不享李氏之旅, 易稱:『東隣殺牛, 不如西隣之禴祭.』

蓋重禮不貴牲也, 敬實而不貴華. 誠有其德而推之, 則安往而不可. 是以聖人見人之文, 必考其質.

【信日者】吉日을 택하는 일에 얽매임을 뜻한다.

【五嶽】天子가 제사지내는 동·서·남·북·중앙의 다섯 산. 泰山·霍山·華山·常山·嵩高山. 본《說苑》卷18 辨物篇 750(18-6) 참조.

【四瀆】天子가 제사지내는 주요 강. 江·河·淮·濟. 751(18-7) 참조.

【幸安之全】《說苑疏證》에 "全之, 原作之全, 從朱駿聲校記乙正"이라 하여 "幸安全之"로 보았다.

【孔子曰】《論語》爲政篇에 "子曰 非其鬼而祭之, 諂也. 見義不爲, 無勇也."라 하였다.

【旅祭】山川에 지내는 제사 이름. 泰山은 魯나라 季氏의 제사를 받을 대상이 아니다.

【易稱】《周易》旣濟(水火旣濟)卦의 九五 爻辭에 "東隣殺牛, 不如西隣之禴祭, 實受其福, 象曰: ……吉大來也"라 하였다. 일설에 東隣은 殷나라, 西隣은 周나라라 한다. 禴祭는 夏祭를 말한다.

> 참고 및 관련 자료

1. 본 장은 〈四庫本〉 및 〈四部本〉에는 모두 다음의 823, 824와 연결되어 하나의 장으로 묶여져 있다.

823(20-3) 歷山之田者
본바탕을 교화한 순임금

역산歷山의 농사짓는 사람들은 남의 밭두둑을 침범하기를 잘하였다. 그러나 순舜임금이 그곳에 가서 농사를 짓자 그런 일이 없어졌다. 또 뇌택雷澤의 어부들은 좋은 자리를 다투기를 잘하였다. 그러나 순임금이 그곳에 가서 고기를 잡으며 이들을 교화시켰다. 그런가 하면 동이東夷의 도공陶工들은 그릇을 이지러지게 잘못 구웠다. 그래서 순임금이 그곳에 가서 그릇을 굽자 바르게 고쳐졌다.

본래 농사짓는 일, 고기 잡는 일, 그릇 굽는 일은 순임금이 할 일이 아니다. 그런데 순임금이 그렇게 한 것은 그들의 잘못됨을 구제하기 위한 것이다.

백성들의 본성이란 모두가 자신의 욕심을 이기지 못하며, 질박質樸함을 버리고 화려한 곳으로 가려는 버릇이 있다. 이 까닭으로 잘 깨지고 이지러진 화려한 그릇을 만들고, 서로 이익을 위해 다투는 환난이 발생하는 것이다. 이렇듯 다투는 환난이 발생하는 것은, 자신만의 이익을 위해서 나서기 때문이다.

그렇게 된 이유가 어디에 있겠는가?

이는 진실을 버리고 사기詐欺로 나가기 때문이요, 질박質樸을 버리고 거짓으로 내닫기 때문이며, 그 말末을 쫓으면서 그쳐야 할 바를 모르기 때문이다.

이에 성인이 그 겉모습의 화려함을 억제하고, 그 본바탕에 힘쓰도록 해 주어야 천하가 되돌아오는 것이다.

歷山之田者, 善侵畔, 而舜耕焉; 雷澤之漁者, 善爭陂, 而舜漁焉; 東夷之陶器窳, 而舜陶焉. 故耕漁與陶非舜之事, 而舜爲之, 以救敗也. 民之性, 皆不勝其欲, 去其實而歸之華, 是以苦窳之器, 爭鬪之患起, 爭鬪之患起, 則所以偸也. 所以然者何也? 由離誠就詐, 棄樸而取偽也, 追逐其末而無所休止. 聖人抑其文而抗其質, 則天下反矣.

【歷山】 지금의 山東省 歷城縣.
【雷澤】 지금의 山東省 濮縣.
【東夷】 동방 민족. 지금의 山東. 渤海 연안을 가리킨다.
【窳】 질그릇이나 도기 등이 겉모양만 좋고 질이 낮음을 뜻한다. 이지러짐.

참고 및 관련 자료

1. 한편 〈四庫本〉·〈四部本〉에는 모두 본 장이 앞의 822, 뒤의 824와 연결되어 있다.

2. 《韓非子》 難一篇

歷山之農者侵畔, 舜往耕焉, 期年, 甽畝正. 河濱之漁者爭坻, 舜往漁焉. 期年, 而讓長. 東夷之陶者器苦窳, 舜往陶焉, 期年而器牢. 仲尼嘆曰:「耕, 漁與陶, 非舜官也, 而舜往爲之者, 所以救敗也. 舜其信仁乎! 乃躬藉處苦而民從之, 故曰: 聖人之德化乎!」

3. 《史記》 五帝本紀

舜父瞽叟盲, 而舜母死, 瞽叟更娶妻而生象, 象傲. 瞽叟愛後妻子, 常欲殺舜, 舜避逃; 及有小過, 則受罪. 順事父及後母與弟, 日以篤謹, 匪有解. 舜, 冀州之人也. 舜耕歷山, 漁雷澤, 陶河濱, 作什器於壽丘, 就時於負夏. 舜父瞽叟頑, 母嚚, 弟象傲, 皆欲殺舜. 舜順適不失子道, 兄弟孝慈. 欲殺, 不可得; 卽求, 嘗在側.

4. 《史記》 五帝本紀

舜年二十以孝聞. 三十而帝堯問可用者, 四嶽咸薦虞舜:「曰可.」於是堯乃以二女妻舜以觀其內, 使九男與處以觀其外. 舜居嬀汭, 內行彌謹. 堯二女不敢以貴驕事舜親戚, 甚有婦道. 堯九男皆益篤. 舜耕歷山, 歷山之人皆讓畔; 漁雷澤, 雷澤上人皆讓居; 陶河濱, 河濱器皆不苦窳. 一年而所居成聚, 二年成邑, 三年成都. 堯乃賜舜絺衣, 與琴, 爲築倉廩, 予牛羊. 瞽叟尚復欲殺之, 使舜上塗廩, 瞽叟從下縱火焚廩. 舜乃以兩笠自扞而下, 去, 得不死. 後瞽叟又使舜穿井, 舜穿井爲匿空旁出. 舜既入深, 瞽叟與象共下土實井, 舜從匿空出, 去. 瞽叟・象喜, 以舜爲已死. 象曰:「本謀者象.」象與其父母分, 於是曰:「舜妻堯二女, 與琴, 象取之. 牛羊倉廩予父母」象乃止舜宮居, 鼓其琴. 舜往見之. 象鄂不懌, 曰:「我思舜正鬱陶!」舜曰:「然, 爾其庶矣!」舜復事瞽叟愛弟彌謹. 於是堯乃試舜五典百官, 皆治.

5.《新序》雜事(1)

昔者, 舜自耕稼陶漁而躬孝友. 父瞽瞍頑, 母嚚, 及弟象傲, 皆下愚不移. 舜盡孝道, 以供養瞽瞍. 瞽瞍與象, 爲浚井塗廩之謀, 欲以殺舜, 舜孝益篤. 出田則號泣, 年五十猶嬰兒慕, 可謂至孝矣. 故耕於歷山, 歷山之耕者讓畔; 陶於河濱, 河濱之陶者, 器不苦窳; 漁於雷澤, 雷澤之漁者分均. 及立爲天子, 天下化之, 蠻夷率服. 北發渠搜, 南撫交阯, 莫不慕義, 麟鳳在郊. 故孔子曰:『孝弟之至, 通於神明, 光於四座.』舜之謂也.

6.《十八史略》卷1

帝舜有虞氏: 帝舜有虞氏, 姚姓, 或曰名重華, 瞽瞍之子, 顓頊六世孫也. 父惑於後妻, 愛少子象, 常欲殺舜, 舜盡孝悌之道, 烝烝乂不格姦. 畊歷山, 民皆讓畔, 漁雷澤, 人皆讓居, 陶河濱, 器不苦窳, 所居成聚, 二年成邑, 三年成都. 堯聞之聰明, 擧於畎畝, 妻以二女, 曰娥黃・女英, 釐降于嬀汭, 遂相堯攝政, 放驩兜, 流共工, 殛鯀, 竄三苗.

7. 기타 참고자료

《類說》(38)・《墨子》尙賢(中)・《孟子》公孫丑(上)・《大戴禮記》五帝德・《楚辭》天問・《呂氏春秋》愼人・《淮南子》原道・《說苑》反質

정성과 질박함

《시詩》에 이렇게 노래하였다.

"뽕나무의 뻐꾸기, 어린 새끼가 일곱이라네. 훌륭하신 우리 임금, 그 의표儀表는 오직 하나일세!"

그리고 《전傳》에는 이렇게 풀이하였다.

"뻐꾸기가 새끼 일곱을 기를 수 있는 것은 오직 일념으로 하기 때문이요, 군자가 만물을 다스릴 수 있는 것은 그 의표가 하나이기 때문이다."

하나의 의표로 만물을 다스린다는 것은 천심天心이다. 다섯 가지가 떠나지 않으면서 합하여 하나를 이루는 것을 일컬어 천심이라 한다.

이것은 나에게 받아서 능히 스스로 하나에 마음을 맞추기 때문에 일심一心이면 1백 명의 임금도 섬길 수 있지만, 백심百心이면 단 한 명의 임금도 섬길 수가 없는 것이다. 이 까닭으로 정성이란 먼 곳에 있는 것이 아니다. 그 정성이란 곧 하나이며, 그 하나는 곧 질박質樸이다.

군자는 비록 밖의 모습이 멋지다 해도 그것은 내부의 질박함과 동떨어지게 해서는 안 되는 것이다.

詩云:『尸鳩在桑, 其子七兮; 淑人君子, 其儀一兮.』

傳曰:「尸鳩之所以養七子者, 一心也; 君子所以理萬物者, 一儀也. 以一儀理物, 天心也; 五者不離, 合而爲一, 謂之天心.

在我能因自深結其意於一, 故一心可以事百君, 百心不可以事
一君, 是故誠不遠也. 夫誠子一也, 一者質也; 君子雖有外文,
必不離內質矣.」

【詩云】《詩經》曹風 鳲鳩의 구절. '尸'는 '鳲'와 같다. 즉 뻐꾸기. 布穀, 撥穀.
【傳】시를 풀이한 책. 그러나 《毛傳》에는 이 구절이 없다.
【五者不離】五者는 구체적으로 알 수 없다.

참고 및 관련 자료

1. 〈四部本〉·〈四庫本〉에는 본 장이 822, 823과 연결되어 있다.

2. 《荀子》勸學篇

詩曰:『尸鳩在桑, 其子七兮, 淑人君子, 其儀一兮; 其儀一兮, 心如結兮.』故君子結
於一也.

3. 《列女傳》魏芒慈母

魏芒慈母者, 魏孟陽氏之女, 芒卯之後妻也, 有三子. 前妻之子, 有五人, 皆不愛;
慈母遇之甚異, 猶不愛. 慈母乃命其三子不得與前妻子齊衣服飮食, 起居進退甚相遠,
前妻之子猶不愛. 於是, 前妻中子犯魏王令當死. 慈母憂戚悲哀, 帶圍減尺, 朝夕勤勞,
以救其罪. 人有謂慈母曰:「人不愛母至甚也, 何爲勤勞憂懼若此?」慈母曰:「如妾親子,
雖不愛, 妾猶救其禍而除其害, 獨於假子而不爲, 何以異於凡母? 其父爲其孤也,
而使妾爲其繼母, 繼母如母, 爲人母而不能愛其子, 可謂慈乎? 親其親而偏其假,
可謂義乎? 不慈且無義, 何以入於世? 彼雖不愛, 妾安可以芒義乎?」遂訟之. 魏安
釐王聞之, 高其義, 曰:「慈母如此, 可不救其子乎?」乃赦其子, 復其家. 自此五子親
附慈母, 雍雍若一. 慈母以禮義之漸, 率導八子, 咸爲謂大夫卿士, 各成於禮義. 君子謂
慈母一心. 詩云:『尸鳩在桑, 其子七兮; 淑人君子, 其儀一兮; 其儀一兮, 心如結兮.』
言心之均一也. 尸鳩以一心養七子, 君子以一儀養萬物, 一心可以事百君, 百心不可
以事一君, 此之謂也. 訟曰:「芒卯之妻, 五子後母; 慈惠仁義, 扶養假子, 雖不吾愛,
拳拳若親; 繼母若斯, 亦誠可尊.」

825(20-5) 衛有五丈夫
기계를 사용하지 않는 이유

衛(위)**나라**의 다섯 장정이 모두 물항아리를 짊어지고 우물에서 물을 길어 부추밭에 물을 주고 있었는데, 종일 해야 한 구역을 다 하지 못하는 것이었다.

등석鄧析이 지나다가 이를 보고 수레에서 내려 그들을 가르쳤다.

"기계를 만들되 뒤쪽은 무겁게 하고, 앞쪽은 가볍게 합니다. 이런 기구를 교橋라 하지요. 이를 이용하여 하루 종일 부추 밭에 물을 주면 1백 구역을 해도 힘들지 않습니다."

그러자 다섯 장정이 이렇게 대답하는 것이었다.

"우리 선생님은 이렇게 말씀하시던데요. '하나의 교묘한 기계를 만들면 그 기계로 인해 지혜가 어그러진다'라고요. 우리가 몰라서 그러는 것이 아닙니다. 그렇게 하기를 싫어할 뿐입니다. 그대는 가십시오. 우리는 한결같은 마음으로 물을 주겠소. 고칠 생각은 아니하겠소!"

등석은 그 자리를 떠나 수십 리에 이르도록 여전히 불쾌한 생각뿐이었으며 끝내 화병까지 난 기색이었다. 그러자 제자들이 이렇게 말하였다.

"대체 어떤 자들이기에 우리 선생님을 이렇게 화나게 하였지? 우리 선생님을 위해 그들을 죽여 버립시다."

등석이 이렇게 만류하였다.

"두어라. 그런 사람들이 곧 진인眞人이다. 그런 자들이어야 나라를 지키게 할 수 있다."

衛有五丈夫, 俱負缶而入井, 灌韭, 終日一區.

鄧析過, 下車爲敎之曰:「爲機, 重其後, 輕其前, 命曰橋. 終日漑韭, 百區不倦.」

五丈夫曰:「吾師言曰: 有機知之巧, 必有機知之敗; 我非不知也, 不欲爲也. 子其往矣, 我一心漑之, 不知改已!」

鄧析去, 行數十里, 顏色不悅, 懌自病.

弟子曰:「是何人也? 而恨我君, 請爲君殺之.」

鄧析曰:「釋之, 是所謂眞人者也. 可令守國.」

【鄧析】전국시대 諸子 중 九流十家의 名家의 대표적인 인물. 鄭나라 大夫를 지냈다. 《鄧析子》가 전한다.
【橋】물을 자아올리는 水車의 일종.

참고 및 관련 자료

1. 《莊子》 天地篇

子貢南遊於楚, 反於晉, 過漢陰見一丈人方將爲圃畦, 鑿隧而入井, 抱甕而出灌, 滑滑然用力甚多而見功寡. 子貢曰:「有械於此, 一日浸百畦, 用力甚寡而見功多, 夫子不欲乎?」爲圃者仰而視之曰:「奈何?」曰:「鑿木爲機, 後重前輕, 挈水若抽; 數如洗湯, 其名爲槹.」爲圃者忿然作色而笑曰:「吾聞之吾師, 有機械者必有機事, 有機事者必有機心. 機心存於胸中, 則純白不備; 純白不備, 則神生不定; 神生不定者, 道之所不載也. 吾非不知, 羞而不爲也.」子貢瞞然慙, 俯而不對. 有間, 爲圃者曰:「子奚爲者邪?」曰:「孔丘之徒也.」爲圃者曰:「子非夫博學以擬聖, 於于以蓋衆, 獨弦哀歌以賣名聲於天下者乎? 汝方將忘汝神氣, 墮汝形骸, 而庶幾乎! 汝身之不能治, 而何暇治天下乎? 子往矣. 無乏吾事!」子貢卑陬失色, 頊頊然不自得, 行三十里而後愈. 其弟子曰:「向之人何爲者邪? 夫子何故見之變容失色, 終日不自反邪?」曰:「始吾以夫子爲天下一人耳, 不知復有夫人也. 吾聞之夫子, 事求可, 功求成. 用力少, 見功多者,聖人之道. 今徒不然. 執道者德全, 德全者形全, 形全者神全. 神全者, 聖人之道也.
託生與民並行而不知其所之, 汒乎淳備哉! 功利機巧必忘夫人之心. 若夫人者. 非其
志不之, 非其心不爲. 雖以天下譽之, 得其所謂, 警然不顧; 以天下非之, 失其所謂,
儻然不受. 天下之非譽, 无益損焉, 是謂全德之人哉! 我之謂風波之民.」反於魯,
以告孔子, 孔子曰:「彼假脩渾沌氏之術者也, 識其一, 不知其二; 治其內, 而不治其外.
夫明白太素, 无爲復朴, 體性拘神, 以遊世俗之間者, 汝將固驚邪? 且渾沌氏之術,
予與汝何足以識之哉!」

826(20-6) 禽滑釐問於墨子
묵자가 주장한 본바탕

금골리禽滑釐가 묵자墨子에게 물었다.

"금수치저錦繡絺紵 같은 좋은 옷감은 어디에 씁니까?"

묵자가 이렇게 설명하였다.

"아! 이는 내가 힘써 하라 한 것이 아닙니다. 옛날에는 무늬 없는 것, 즉 화려하지 않은 것을 썼으니 바로 하우夏禹가 그 예입니다. 그는 궁실도 작고 낮게 하였으며, 음식도 화려한 것을 피하였고, 흙으로 만든 층계도 3단뿐이었으며, 의복은 가늘게 짠 베로 지은 보잘것없는 것이었습니다. 그 당시에는 보불黼黻도 어디에 쓸 곳이 없었고, 모든 물건은 튼튼한 것이면 되었습니다.

그 뒤 은殷의 반경盤庚은 선왕의 식구가 늘어나자 은殷 땅으로 옮기고 나서도 역시 띠로 지붕을 이어 끝을 가지런히 자르지도 않았고, 서까래도 다듬지 않은 채로 써 천하 백성들의 풍속을 바꾸어 놓았지요. 그 당시에는 화려한 문채의 폐백인들

墨子(墨翟) 夢谷 姚谷良(그림)

어디에 쓸데가 있었겠습니까? 무릇 일반서민은 아무런 마음이 없었습니다. 오직 그 임금이 어떻게 하는가를 곧 그들의 마음으로 삼은 것입니다.

진실로 윗사람이 그렇게 하지 않는데, 아랫사람이 어찌 쓸 수가 있겠습니까? 앞의 두 임금은 그들 자신이 먼저 천하에 모범을 주었지요. 그래서 그 시대에 교화가 무성하였고, 그 명성이 지금까지 이어지게 된 것입니다.

또 무릇 금수치저 같은 화려한 옷감은 난군亂君이 만든 것입니다. 그 근본은 모두가 제齊 경공景公 때에 나오기 시작하였습니다. 그는 사치를 좋아하여 검소한 것을 망각한 사람으로, 다행히 안자晏子 같은 이가 있어 검소한 것으로 그를 말렸기에 그 정도였습니다. 그런데도 거의 그의 사치를 이겨내지 못할 뻔하기도 했습니다. 사치스러운 일을 저지른 예가 어찌 한두 가지뿐이겠습니까?

주紂는 녹대鹿臺에 술지게미를 산처럼 쌓아 두었고, 주지육림酒池肉林에 궁실과 장벽은 온갖 무늬와 그림으로 장식하였으며, 조각을 한 옥과 아름답게 꾸민 가구에 비단이 그 궁실을 다 덮을 정도였습니다.

게다가 금옥에 진귀한 구슬, 부녀자와 배우들, 각종 악기들에 휩쓸려 그칠 줄을 몰랐으니, 천하가 갈수록 고갈되어 갔습니다. 그래서 끝내 몸도 죽고 나라도 망쳐 천하 사람에게 도륙을 당하였으니, 이것이 어찌 금수치저 때문이 아니겠습니까?

지금 천하에 흉년이 들었다면, 어떤 이가 그대에게 수후지주隨侯之珠 같은 좋은 보물을 준다 해도 이를 팔아먹을 수가 없을 것입니다. 이는 진귀한 보물로 장식용일 뿐이기 때문이지요.

그런데 어떤 이가 그대에게 1종鍾의 곡식을 주는 자가 있다고 합시다. 그러면서 구슬을 가지면 곡식을 가질 수 없고, 곡식을 가지면 구슬을 가질 수 없다고 한다면 그대는 어느 것을 택하겠습니까?"

금골리는 이렇게 답하였다.

"저는 곡식을 취하겠습니다. 궁한 것을 구제할 수 있으니까요!"

묵자가 다시 이렇게 설명하였다.

"진실로 그러하다면 어찌하여 사치스러운 것을 중히 여깁니까? 길게 쓸 수도 없으면서 말음末淫이나 좋아하는 것, 이런 것은 성인이라면 급하게 여기지 않는 것입니다. 그래서 음식은 실컷 먹을 수 있는 단계가 넘었을 때라야 아름다움을 추구해야 하며, 의복은 따뜻한 것이 해결된 뒤라야 그 고움을 찾아야 하고, 거처는 안전함이 해결된 뒤라야 즐거움을 찾게 되어야 합니다. 그래야 상도常道를 얻을 수 있고, 그 행동도 오랠 수가 있는 것입니다. 먼저 바탕을 따지고 문채는 뒤로 하는 것, 이것이 성인이 힘쓰는 일입니다."

금골리는 이렇게 말하였다.

"훌륭하십니다."

禽滑釐問於墨子曰:「錦繡絺紵, 將安用之?」

墨子曰:「惡, 是非吾用務也. 古有無文者得之矣, 夏禹是也. 卑小宮室, 損薄飲食, 土階三等, 衣裳細布; 當此之時, 黻無所用, 而務在於完堅. 殷之盤庚, 大其先王之室, 而改遷於殷, 茅茨不剪, 采椽不斲, 以變天下之視; 當此之時, 文采之帛, 將安所施? 夫品庶非有心也, 以人主爲心, 苟上不爲, 下惡用之? 二王者, 以化身先於天下, 故化隆於其時, 成名於今世也. 且夫錦繡絺紵, 亂君之所造也, 其本皆興於齊, 景公喜奢而忘儉, 幸有晏子以儉鎬之, 然猶幾不能勝. 夫奢安可窮哉? 紂爲鹿臺糟丘, 酒池肉林, 宮牆文畫, 彫琢刻鏤, 錦繡被堂, 金玉珍瑋, 婦女優倡, 鐘鼓管絃, 流漫不禁, 而天下愈竭, 故卒身死國亡, 爲天下戮, 非惟錦繡絺紵之用耶? 今當凶年, 有欲予子隨侯之珠者, 不得賣也, 珍寶而以爲飾; 又欲予子一鍾粟者, 得珠者不得粟, 得粟者不得珠, 子將何擇?」

禽滑釐曰:「吾取粟耳, 可以救窮.」

墨子曰:「誠然, 則惡在事夫奢也? 長無用, 好末淫, 非聖人之所急也. 故食必常飽, 然後求美; 衣必常暖, 然後求麗; 居必常安, 然後求樂. 爲可長, 行可久, 先質而後文, 此聖人之務.」

禽滑釐曰:「善.」

【禽滑釐】諸子百家 가운데 墨家의 인물. 墨子의 제자. 혹은 子夏의 제자라고도 한다. 禽滑釐의 음은《國語辭典》(中華民國 敎育部)에 'Chin-Guli'라 하여 '금골리'로 읽는다.

【墨子】戰國시대 九流十家 중 墨家의 대표 인물. 그는 지극히 檢樸節約할 것을 주장하여, 兼愛·非攻·節用·節葬·短喪·非樂 등의 이론을 남겼다.《墨子》저술 참조.

【錦繡絺紵】비단과 고운 칡. 베·모시 등 훌륭한 옷감.

【夏禹】夏나라 禹임금.

【黼黻】원문에는 黻만 실려 있다.《說苑疏證》에 "黼字原脫, 從劉氏斠補補"라 하였다. 黼黻은 옷에 다는 장식용의 술.

【遷於殷】商나라 盤庚이 도읍을 殷(지금의 河南省 安陽縣 小屯村 殷墟)으로 옮김.《尙書》盤庚篇 참조.

【以變天下之視】"~로써 천하의 사치에 대한 시각을 바꾸어 놓다"의 뜻으로 봄.

【二王者, 以化身先於天下】'化'자는 연문으로 봄.《說苑疏證》에 "身上原衍化字. 從拾補刪"이라 하였다.

【齊景公】춘추시대 齊나라 군주. 晏子가 보필하였다. 재위 58년(B.C.547~490).

【晏子】晏嬰·平仲. 齊景公의 재상.

【鹿臺】紂가 재화와 보물을 보관하여 두었던 곳.

【隨侯之珠】훌륭한 구슬. 隨나라 侯가 뱀이 다친 것을 불쌍히 여겨 이를 치료해 주었더니 그날 밤 큰 구슬을 물어다 주었다는 전설이 있다. 隋侯之珠.

【鍾】용량의 단위로서 6斛4斗를 1鍾이라 한다.

827(20-7) 秦始皇旣兼天下
사치로 망한 진시황

진秦 시황始皇이 천하를 겸병하고 나서는 크게 사치를 부리기 시작하였다. 즉위한 지 35년이 되기까지도 이런 사치는 그칠 줄 몰라 치도馳道를 크게 닦고 구원九原으로부터 운양雲陽까지 산을 깎고 골짜기를 메워 직접 닿도록 하였다.

선왕先王의 궁실이 너무 비좁다고 여겨 풍豊·호鎬 사이 문왕文王·무왕武王이 살던 땅에 새로운 조궁朝宮을 짓고 위수渭水 남쪽의 산 속 임원林苑에는 전전前殿을 지었다.

그가 지은 아방궁阿房宮은 동서 길이가 5백 보步, 남북 길이가 50장丈으로, 그 위에는 무려 1만 명이나 앉을 수 있었고, 그 아래에는 무려 5장 길이의 깃발을 세울 수 있었다. 사방 둘레에 합도閣道를 만들어 궁전에서 남산南山의 정상까지 이어지도록 하는 대궐이었다. 또 복도複道는 아방궁에서 위수를 건너 함양咸陽에 이어지도록 하여 천극天極을 상징하였고, 합도閣道는 은하수를 가로질러 영營에 닿는 형상이었다.

그리고 여산驪山의 백성을 동원하여 삼천三泉의 바닥을 메우게 하였으며, 관중關中에 세운 이궁離宮이 3백 곳, 관외關外에는 4백 곳이나 되어 어디나 악기와 장막을 갖추어 준비하고 부녀와 창우倡優를 대기시켰다.

동해東海의 구산朐山 위에는 비석과 비궐碑闕을 세우고, 이로써 진秦나라의 동문東門을 삼았다.

이에 한韓나라 출신 후생侯生과 제齊 땅 출신 노생盧生 등의 방사方士들이 서로 이렇게 의논하였다.

"지금 같은 시대에는 살 수가 없다. 임금은 형벌과 살륙으로써 위엄을 삼기를 즐기니, 천하가 모두 죄를 뒤집어쓸까 두려워하여 그 녹祿에 매달려 감히 충성을 다하지 못하고 있다. 또 임금이 자신의 과실을 지적하는 말을 들으려 하지도 않고 날로 교만해져서, 아랫사람은 그저 엎드려 그를 속이면서 이를 통해 용납되기만을 바라고 있다. 간언을 하는 자는 등용되지 않아 도를 잃음이 갈수록 심해지고 있다. 우리가 이곳에 오래 머물러 살다가는 장차 해를 당할 것이 분명하다."

그리고는 서로 더불어 도망쳐 버렸다. 시황이 이 사실을 듣고 크게 노하여 이렇게 말하였다.

"내 지난 날 노생을 후히 대접하여 작위를 높여 받들었건만 지금에 와서 나를 비방하다니. 내가 들으니 여러 유생들이 많은 요언妖言을 지어 검수黔首를 동요시킨다고 하였다."

그리고는 어사御史로 하여금 유생들의 비방을 고하도록 하였다. 유생들이 서로 돌아가며 범법자로 고발한 자가 4백60여 명이나 되었는데 시황은 이들을 모두 구덩이에 묻어 죽여 버렸다. 그 중에 노생은 잡히지 않았으나, 후생은 뒤에 결국 잡히고 말았다. 시황이 이를 알고서 그를 불러 직접 만날 생각이었다.

이에 시황은 아동阿東의 누대에 올라 사방이 탁 트인 거리에서 그의 죄를 질책한 다음 거열형車裂刑에 처할 작정이었다. 시황이 후생을 바라보며 크게 노하여 꾸짖었다.

"늙은이가 불량하도다. 네 임금을 비방하고서 어찌 감히 나를 쳐다 볼 수 있느냐?"

그러자 후생이 가까이 다가와 대臺 위의 황제를 바라보며 이렇게 말하였다.

"제가 듣건대 죽음을 알고 나면 반드시 용감해진다 하였소. 폐하께서는 저의 말 한 마디를 들어 줄 수 있겠소?"

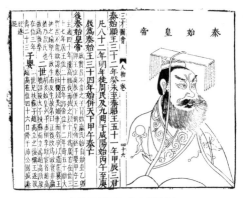

秦始皇(嬴政) 《三才圖會》

시황이 허락하였다.

"무슨 말인지 네 하고 싶거든 하라!"

후생이 이렇게 말하였다.

"제가 알기로 우禹임금은 비방지목誹謗之木을 세워 스스로의 과실을 알고자 하였습니다. 그런데 지금 폐하께서는 사치 때문에 그 근본을 잃고, 음일 때문에 끝으로 내닫고 있습니다. 궁실대각宮室臺閣은 연달아 이어져 있고, 주옥중보珠玉重寶는 쌓여서 산을 이루고 있으며, 금수문채錦繡文綵는 창고에서 넘쳐나고, 부녀창우婦女倡優는 그 수가 1만 단위를 헤아립니다. 그런가 하면 종고지악鐘鼓之樂이 끝없이 흐르고, 주식진미酒食珍味는 상다리가 휘어지게 널려 있고, 의복은 가볍고 따뜻하며, 수레와 말의 장식조차 화려함이 넘칩니다. 이렇게 스스로 사치하고 화려하기가 그 끝을 헤아릴 수 없을 정도입니다.

백성들은 모든 것이 고갈되었고, 백성의 힘은 지칠 대로 지쳐 있는데도 오히려 스스로 알지 못하고 있는 상태입니다. 그런데도 비방의 소리만 들으면 제일 급히 벌주려 하고, 위엄만 가지고 아래를 누르고 계시니 아랫사람은 벙어리요, 윗사람은 귀머거리가 되었지요. 그래서 저희들은 도망쳐 버리려고 하였습니다. 저희들은 저희 스스로가 불쌍한 것이 아니라, 바로 폐하께서 나라를 망치는 것이 안타까울 뿐입니다.

옛날 뛰어난 명왕明王의 일들을 들어 보니 음식은 배부르면 족한 것이요, 의복은 따뜻하면 족하였고, 궁실은 살 만하면 되는 것, 그리고 수레와 말은 그저 다닐 수 있으면 된다고 여겼다 합니다. 그 때문에 위로는 하늘로부터 버림받지 않았고, 아래로는 백성들로부터 버림받지 않았던 것입니다.

요堯임금은 띠로 지붕을 이어 고르지 못한 처마조차도 가지런히 자르지 않았고, 서까래도 다듬지 않았으며, 흙 계단 3층으로도 종신토록 즐거웠던 것을 바로 문채文采는 적게, 질소質素는 많게 하였기 때문입니다. 그러나 단주丹朱는 오만하고 포악하여 만음慢淫을 즐기고 이화理化는 닦지 않아 끝내 왕위에 오르지 못하였습니다. 지금 폐하의 사치와 음일은 단주의 1만 배에 해당하고, 곤오昆吾나 걸桀·주紂의 1천 배에 해당합니다.

제가 걱정하는 것은 망할 수밖에 없는 일은 열 가지나 하면서, 망하지 않을 일은 단 한 가지도 한 적이 없다는 것입니다."

시황은 묵묵히 한참 동안이나 있었다. 그리고는 입을 열었다.

"너는 어찌 진작 말하지 않았느냐?"

후생이 다시 말을 이었다.

"폐하의 뜻이 바야흐로 청운靑雲을 타고 문장文章의 즐거움에 빠져 있을 때는 스스로 잘났고 스스로 건전한 것 같아, 위로는 오제五帝를 모욕하고 아래로는 삼왕三王을 능멸하였습니다. 게다가 소박素樸을 버리고 말초의 기술로 나아갔습니다. 그러므로 폐하께 망할 징조가 나타난 것은 이미 오래입니다. 저희들은 말을 해 보았자 아마 헛수고일 뿐 스스로 죽음만 자초하는 짓입니다. 그래서 도망쳐 감히 말하지 못한 것입니다. 지금 저는 틀림없이 죽습니다. 이에 폐하께 진술합니다. 비록 폐하로 하여금 망하지 못하게 할 수는 없으나, 폐하 스스로도 알고는 있게 하려는 것입니다."

시황이 다시 물었다.

"나는 가히 변할 수 있겠는가?"

후생의 의견은 단호하였다.

"패망의 형세는 이미 굳어졌습니다. 폐하께서는 그저 앉아서 망하기만을 기다리면 됩니다. 설령 폐하께서 고친다고 해도 어찌 능히 요堯임금이나 우禹임금같이 되겠습니까? 그렇게 못하는 한 조금도 달라질 수는 없는 것입니다. 폐하의 보좌輔佐들도 또한 틀렸습니다. 폐하가 변한다 해도 능히 존속할 수 없음을 안타깝게 여기는 바입니다."

이에 시황은 위연히 탄식하고는 그를 풀어 주었다. 그로부터 3년, 시황이 죽고 이세二世가 즉위하였으나 다시 3년이 지나 진나라는 망하고 말았다.

秦始皇旣兼天下, 大侈靡, 卽位三十五年猶不息, 治大馳道, 從九原抵雲陽, 塹山堙谷直通之. 厭先王宮室之小, 乃於豊鎬之間, 文武之處, 營作朝宮, 渭南山林苑中作前殿, 阿房東西五百步, 南北五十丈, 上可坐萬人, 下可建五丈旗, 周爲閣道; 自殿直抵南山之巓以爲闕, 爲複道, 自阿房渡渭水屬咸陽, 以象天極, 閣道絶漢, 抵營室也. 又興驪山之役, 錮三泉之底, 關中離宮三百所, 關外四百所, 皆有鐘磬帷帳, 婦女倡優. 立石闕東海上朐山界中, 以爲秦東門.

於是有方士韓客侯生, 齊客盧生, 相與謀曰:「當今時不可以居, 上樂以刑殺爲威, 天下畏罪; 持祿莫敢盡忠, 上不聞過而日驕, 下懾伏以慢欺而取容, 諫者不用而失道滋甚. 吾黨久居, 且爲所害.」

乃相與亡去.

始皇聞之, 大怒, 曰:「吾異日厚盧生, 尊爵而事之, 今乃誹謗我, 吾聞諸生多爲妖言, 以亂黔首.」

乃使御史悉上諸生, 諸生傳相告, 犯法者四百六十餘人, 皆坑之. 盧生不得, 而侯生後得, 始皇聞之, 召而見之, 升阿東之臺, 臨四通之街, 將數而車裂之.

始皇望見侯生, 大怒曰:「老虜不良, 誹謗而主, 迺敢復見我!」

侯生至, 仰臺而言曰:「臣聞知死必勇, 陛下肯聽臣一言乎?」

始皇曰:「若欲何言, 言之!」

侯生曰:「臣聞禹立誹謗之木, 欲以知過也. 今陛下奢侈失本, 淫泆趨末, 宮室臺閣, 連屬增累, 珠玉重寶, 積襲成山, 錦繡文采, 滿府有餘, 婦女倡優, 數巨萬人, 鍾鼓之樂, 流漫無窮, 酒食珍味, 盤錯於前, 衣服輕暖, 輿馬文飾, 所以自奉, 麗靡爛熳, 不可勝極. 黔首匱竭, 民力單盡, 尚不自知, 又急誹謗, 嚴威克下, 下暗上聾, 臣等故去. 臣等不惜臣之身, 惜陛下國之亡耳. 聞古之明王, 食足以飽, 衣足以暖, 宮室足以處, 輿馬足以行, 故上不見棄於天, 下不見棄於黔首. 堯茅茨不剪, 采椽不斲, 土階三等, 而樂終身者, 以其文采之少, 而質素之多也. 丹朱傲虐好慢淫, 不修理化, 遂以不升. 今陛下之淫, 萬丹朱而十昆吾桀紂, 臣恐陛下之十亡也, 而曾不一存.」

始皇默然久之, 曰:「汝何不早言?」

侯生曰:「陛下之意, 方乘青雲, 飄搖於文章之觀, 自賢自健, 上侮五帝, 下凌三王, 棄素樸, 就末技, 陛下亡徵見久矣, 臣等恐言之無益也, 而自取死, 故逃而不敢言. 今臣必死, 故為陛下陳之, 雖不能使陛下不亡, 欲使陛下自知也.」

始皇曰:「吾可以變乎?」

侯生曰:「形已成矣, 陛下坐而待亡耳! 若陛下欲更之, 能若堯與禹乎? 不然, 無冀也. 陛下之佐又非也, 臣恐變之不能存也.」

　始皇喟然而歎, 遂釋不誅.

　後三年始皇崩; 二世卽位, 三年而秦亡.

【秦始皇】 전국시대를 마감하고 천하통일을 이루었다. 재위 37년(B.C.246~210).
　B.C.221년에 천하를 통일하였으나, 이세 호해 때 망하고 말았다.

【馳道】 수레가 달릴 수 있는 넓은 도로.

【九原】 地名. 지금의 내몽고자치구의 五原일대.

【雲陽】 地名. 지금의 陝西省 淳化縣.

【豐】 地名. 周나라 초기의 발상지 文王의 근거지.

【鎬】 鎬京. 西周의 도읍지. 武王의 근거지.

【文王】 周文王. 西伯姬昌.

【武王】 周武王. 姬發. 殷을 멸하였다.

【朝宮】 조회를 하는 궁전. 正宮.

【渭水】 咸陽 가를 흐르는 강물 이름.

【阿房宮】 秦始皇이 건립한 큰 궁전 이름.

【閣道】 지붕을 씌워 만든 길. 그러나 《史記》에는 閣道로 되어 있다.

【咸陽】 秦나라의 도읍터. 지금의 西安 지역.

【營】 별 이름. 星宿.

【驪山】 咸陽 남쪽의 산. 지금의 陝西省 臨潼縣과 藍田縣 사이.

【三泉】 地名.

【關中】 函谷關에서 咸陽 일대까지의 지역.

【關外】 函谷關 바깥.

【倡優】 배우, 광대.

【朐山】 산 이름. 지금의 江蘇省 東海縣 바닷가 산.

【侯生】 人名. 통일 전의 韓나라 출신의 方士.

【盧生】 人名. 역시 통일 전 齊나라 출신의 方士.

【黔首】 벼슬이 없어 관을 쓰지 않아 검은머리라는 뜻으로, 일반 백성을 지칭
　하는 말. 혹은 옛날 일반 백성들은 검은 수건으로 머리를 싸매고 있었으므로

그렇게 지칭하였다 한다.

【阿東】 누대가 있는 곳.

【車裂刑】 수레가 네 곳에서 끌도록 하여 찢어 죽이는 극형.

【誹謗之木】 임금의 잘못을 마음 놓고 비방할 수 있도록 세워 놓은 나무.

【丹朱】 堯임금의 아들.

【昆吾】 원래 고대 小國 이름. 그 임금. 夏伯 昆吾가 봉해졌던 나라로 뒤에 湯에게 멸망당하였다.

【桀】 夏의 末王.

【紂】 殷의 末王.

【五常】 흔히 伏羲・神農・堯・舜을 말함. 〈四部備要本〉에는 '五常'으로 되어 있다.

【三王】 夏・殷・周 三代의 창업주로 聖人으로 추대받는 인물

【二世】 胡亥. 始皇을 이은 2대 임금. 趙高에 의해 즉위하였으나, 3년(B.C.209~207)만에 죽어 子嬰이 이어받았다.

【二世卽位, 三年而秦亡】 二世 다음 먼저 趙高의 농간으로 죽음을 당한 太子 扶蘇의 아들 子嬰이 들어섰으나, 8개월 만에 劉邦에게 항복하였다. 이 해가 B.C.206년. 결국 진나라가 망하였다.

참고 및 관련 자료

1.《史記》秦始皇本紀

三十五年, 除道, 道九原抵雲陽, 塹山堙谷, 直通之. 於是始皇以爲咸陽人多, 先王之宮廷小, 吾聞周文王都豐, 武王都鎬, 豐鎬之閒, 帝王之都也. 乃營作朝宮渭南上林苑中. 先作前殿阿房, 東西五百步, 南北五十丈, 上可以坐萬人, 下可以建五丈旗. 周馳爲閣道, 自殿下直抵南山. 表南山之顚以爲闕. 爲復道, 自阿房渡渭, 屬之咸陽, 以象天極閣道絶漢抵營室也. 阿房宮未成; 成, 欲更擇令名名之. 作宮阿房, 故天下謂之阿房宮. 隱宮徒刑者七十餘萬人, 乃分作阿房宮, 或作麗山. 發北山石槨, 乃寫蜀, 荊地材皆至. 關中計宮三百, 關外四百餘. 於是立石東海上胊界中, 以爲秦東門. 因徒三萬家麗邑, 五萬家雲陽, 皆復不事十歲.

2.《史記》秦始皇本紀

侯生・盧生相與謀曰:「始皇爲人, 天性剛戾自用, 起諸侯, 幷天下, 意得欲從, 以爲自古莫及已. 專任獄吏, 獄吏得親幸. 博士雖七十人, 特備員弗用. 丞相諸大臣皆受成事, 倚辨於上. 上樂以刑殺爲威, 天下畏罪持祿, 莫敢盡忠, 上不聞過而日驕, 下懾伏謾欺以取容. 秦法, 不得兼方, 不驗, 輒死. 然候星氣者至三百人, 皆良士, 畏忌諱諛, 不敢端言其過. 天下之事無小大皆決於上, 上至以衡石量書. 日夜有呈, 不中呈不得休息. 貪於權勢至如此, 未可爲求仙藥.」於是乃亡去. 始皇聞亡, 乃大怒曰:「吾前收天下書不中用者盡去之. 悉召文學方術士甚衆, 欲以興太平, 方士欲諫以求奇藥. 今聞韓衆去不報, 徐市等費以巨萬計, 終不得藥, 徒姦利相告日聞. 盧生等吾尊賜之甚厚, 今乃誹謗我, 以重吾不德也. 諸生在咸陽者, 吾使人廉問, 或爲訞言以亂黔首.」於是使御史悉案問諸生, 諸生傳相告引, 乃自除. 犯禁者四百六十餘人, 皆阬之咸陽, 使天下知之, 以懲後.

828(20-8) 魏文侯問李克
결과만 가지고 독려하는 것은

위魏 문후文侯가 이극李克에게 물었다.

"형벌刑罰의 근원은 어디에서 생겨납니까?"

이극이 설명하였다.

"간사姦邪하고 음일淫泆한 행동에서 시작됩니다. 무릇 간사한 마음은 기한飢寒에서 일어나고, 음일이란 너무 굶어 궤휼詭譎을 부리는 것입니다. 궁실을 화려하게 짓고 온갖 문채文彩를 새기고 장식하느라 백성들을 노역에 동원하면 농사를 망치게 되고 너무 아름다운 문채의 비단을 짜게 하면 여자들의 공업工業을 상하게 합니다. 농사를 망치는 것은 굶주림의 근본이며, 여공女工의 손상은 추위의 근원입니다. 굶주림과 추위가 함께 이르렀을 때 간사한 죄를 짓지 않는 자는 없습니다. 또 남녀가 아름답게 꾸며 서로 자랑하는 풍조가 만연하였을 때 능히 음일한 죄를 짓지 않을 자는 없습니다. 그래서 윗사람이 기교技巧를 금하지 아니하면 나라는 가난해지고, 백성은 사치스럽게 됩니다. 나라가 가난하고 백성이 사치스러우면 빈궁貧窮한 자는 간사해지고, 부유한 자는 음일에 빠지게 됩니다. 이렇게 되면 백성을 몰아 사악한 일을 하도록 하는 셈입니다. 백성이 이미 사악해지게 해놓고 법으로 이를 좇아 그들을 죽이고 용서해 주지 않는다면, 이는 백성들에게 함정을 파놓고 몰아넣는 것과 같습니다. 형벌이 생기는 것은 그 원인이 있으니 임금 된 자가 그 근본은 막지 않고 그 결과만 가지고 독려하는 것은 바로 나라를 상하게 하는 지름길입니다."

문후는 이렇게 말하였다.

"옳습니다!"

그리고는 이극의 말을 법으로 삼아 이행하겠다고 하였다.

魏文侯問李克曰:「刑罰之源安生?」

李克曰:「生於姦邪淫泆之行. 凡姦邪之心, 飢寒而起, 淫泆者, 久飢之詭也; 彫文刻鏤, 害農事者也; 錦繡纂組, 傷女工者也. 農事害, 則飢之本也; 女工傷, 則寒之原也. 飢寒並至, 而能不爲姦邪者, 未之有也. 男女飾美以相矜, 而能無淫泆者, 未嘗有也. 故上不禁技巧, 則國貧民侈, 國貧窮者爲姦邪, 而富足者爲淫, 泆則驅民以爲邪也; 民以爲邪, 因之法隨, 誅之不赦其罪, 則是爲民設陷也. 刑罰之起有原, 人主不塞其本, 而替其末, 傷國之道乎?」

文侯曰:「善.」

以爲法服也.

【魏文侯】戰國 초기 魏나라의 영명한 군주. 이름은 斯. 재위 50년(B.C.445~396).

【李克】魏 文侯의 신하. 子夏의 제자라. 李悝로도 쓴다. 法家 사상가이다.

【害農事】'임금의 사치에 노역을 당하느라 농사를 망친다'는 뜻.

【傷女工】'너무 좋은 비단을 짜느라 충분한 옷감 공급이 안 된다'는 뜻.

【國貧窮者爲姦邪】"國貧民侈則, 貧窮者…"를 삽입하여 연결되어야 한다고 본다. 《說苑疏證》에 "貧民侈四字原脫, 從劉氏斠補補"라 하였다.

【而替其末】《說苑疏證》에 "替原作替, 據治要引改"라 하여 "而督其末"로 보았다.

1.《淮南子》齊俗訓

夫雕琢刻鏤, 傷農事者也; 錦繡纂組, 害女工者也. 農事廢, 女工傷, 則飢之本而寒之
原也. 夫飢寒並至, 能不犯法干誅者, 古今之未聞也.

2.《漢書》景帝紀(5)

夏四月, 詔曰:「雕文刻鏤, 傷農事者也; 錦繡纂粗, 害女紅者也. 農事傷則饑之本也.
女紅害則寒之原也. 夫饑寒並至, 而能亡爲非者寡矣. 朕親耕, 后親桑, 以奉宗廟粢
盛祭服, 爲天下先; 不受獻, 減太官, 省繇役, 欲天下務農蠶, 素有蓄積, 以備災害,
彊毋攘弱, 衆毋暴寡, 老者以壽終, 幼孤得遂長. 今歲或不登, 民食頗寡, 其咎安在?
或詐僞爲吏, 吏以貨賂爲市, 漁奪百姓, 侵牟萬民, 縣丞, 長吏也. 姦法與盜賊, 甚無
謂也. 其令二千石各修其職; 不事官職耗亂者, 丞相以聞, 請其罪, 布告天下, 使明知
朕意.」

829(20-9) 秦穆公閑問由余

사치에 맛들인 제후들

진秦 목공穆公이 한가할 때 유여由余에게 물었다.

"옛날 명왕明王과 성제聖帝들은 어떻게 하면 나라를 얻고 어떻게 하면 나라를 잃는다고 하였습니까?"

유여가 대답하였다.

"제가 듣기로 검소하게 하면 나라를 얻고, 사치를 부리면 나라를 잃는다고 하였습니다."

목공이 다시 물었다.

"사치와 검소의 절도에 대해서 듣고 싶소!"

유여는 이렇게 설명하였다.

"제가 듣기로 요堯임금은 천하를 가졌으면서도 토궤土簋에 밥을 담아 먹었고, 물은 토병土瓶으로 떠 마셨습니다. 그런데도 그 땅이 남으로는 교지交趾에 이르고 북으로는 유도幽都, 동서로는 해가 뜨고 지는 곳까지 이르러 누구 하나 빈복賓服해 오지 않는 이가 없었습니다. 요임금이 천하를 내놓자 순舜임금이 이를 이어받았습니다. 이에 순임금은 식기食器를 만들고, 나무를 베어 기구를 만들었으며, 구리와 쇠를 녹여 그 칼날을 다듬었고, 옻칠로 검게까지 하여 그릇들을 꾸몄지요. 그리하여 제후들이 차츰 사치를 부리기 시작하였고, 드디어 나라에 복종하지 않은 자가 13명이나 되었습니다.

다음으로 순임금이 천하를 내놓자, 우禹임금이 이를 이어받았습니다.

그는 제기祭器를 만들고, 그 겉에 옻칠을 하였으며 그 속은 붉은색으로 그림을 그려 넣었고, 자리는 비단으로 만들어 깔고 앉았습니다. 게다가 술잔이나 구기勺도 온갖 문채로 장식을 하여 사치가 가득하였습니다. 이때에는 나라에 복종하지 않는 자가 32명이나 되었습니다.

이렇게 하후씨夏后氏가 몰락하자, 은殷·주周가 이어받았습니다. 이번에는 큰 그릇을 만들어 구오九傲를 세우고 식기는 조각을 하였으며, 술잔과 구기는 무늬를 조각해서 썼고 벽 사면에는 휘장을 두르고, 자리는 조각과 문채를 넣어 사치가 가득하였지요. 그랬더니 나라에 복종하지 아니하는 자가 52명이나 되었습니다. 임금들은 꾸미기를 좋아하였고 의복도 사치가 가득하였습니다. 그 때문에 검소해야 한다고 한 것입니다.”

유여가 나가자 목공이 내사內史 요廖를 불러 이렇게 고하였다.

“내가 듣기로 이웃 나라에 성인聖人이 있으면 이는 우리에게 해가 된다고 하였소. 그런데 지금 유여를 보니 그가 성인이오. 내 이를 걱정하고 있소. 장차 어떻게 하면 좋겠소?”

내사 요가 대책을 일러 주었다.

“무릇 융戎나라는 편벽하고 멀리 치우친 곳에 처해 있어서, 아직 중국中國의 음악을 들어 보지 못하였을 것입니다. 그러니 임금께서는 여자 악대樂隊를 보내어 그 나라 정치를 어지럽게 하고, 대신 유여에게는 많은 선물을 주어 오래도록 이곳에 머물도록 청하여 그 임금과의 사이를 벌려 놓는 것입니다. 그런 다음에 일을 도모하면 될 줄로 압니다.”

목공은 수긍하였다.

“옳습니다!”

그리고는 이에 여자 악대 27명을 융왕戎王에게 보냈다.

융왕은 유여가 진나라에 머물겠노라 청해 온 터라, 과연 이 여자들을 보고 좋아하며 주연을 베풀고 그 음악 듣기에 정신이 없었다. 이렇게 하여 한 해가 다가도록 유목의 이동을 하지 않아 말·소·양이 반이나 죽어 버렸다.

유여가 돌아와 간언을 하였지만 왕은 듣지 않았다. 유여는 할 수 없이 융 땅을 버리고 진秦나라로 되돌아올 수밖에 없었다. 목공은 이를 영접하여 상경上卿으로 삼고, 그 융나라의 병세兵勢와 지리地利를 물어 그 내용을 알게 되자 군대를 일으켜 쳐들어갔다. 그리하여 그곳의 열두 개 나라를 얻고, 땅을 1천 리나 더 넓힐 수 있었다.

목공은 원래 사치스러운 임금이었으나 능히 어진 이의 말을 듣고 간언을 받아들인 결과 서융西戎을 제패할 수 있었던 것이다. 한편 서융은 음악에 빠지고 이익에 유혹을 받아 나라를 망치고 말았으니, 이는 질박質樸에서 멀어졌기 때문에 생긴 결과이다.

秦穆公閒, 問由余曰:「古者, 明王聖帝, 得國失國, 當何以也?」

由余曰:「臣聞之, 當以儉得之, 以奢失之.」

穆公曰:「願聞奢儉之節.」

由余曰:「臣聞堯有天下, 飯於土簋, 啜於土鉶; 其地南至交趾, 北至幽都, 東西至日所出入, 莫不賓服. 堯釋天下, 舜受之, 作爲食器, 斬木而栽之, 銷銅鐵, 修其刃, 猶漆黑之, 以爲器. 諸侯侈國之不服者十有三. 舜釋天下, 而禹受之, 作爲祭器, 漆其外而朱畫其內, 繒帛爲茵褥, 觴勺有彩, 爲飾彌侈, 而國之不服者三十有二, 夏后氏以沒, 殷周受之, 作爲大器, 而建九傲, 食器彫琢, 觴勺刻鏤, 四壁四帷, 茵席彫文, 此彌侈矣, 而國之不服者五十有二. 君好文章, 而服者彌侈, 故曰儉其道也.」

由余出, 穆公召內史廖而告之曰:「寡人聞鄰國有聖人, 敵國之憂也. 今由余聖人也, 寡人患之. 吾將奈何?」

內史廖曰:「夫戎辟而遼遠, 未聞中國之聲也, 君其遺之女樂, 以亂其政, 而厚爲由余請期, 以疏其間, 彼君臣有間, 然後可圖.」

君曰:「諾.」

乃以女樂三九遺戎王, 因爲由余請期; 戎王果見女樂而好之,
設酒聽樂, 終年不遷, 馬牛羊半死. 由余歸諫, 諫不聽, 遂去,
入秦, 穆公迎而拜爲上卿. 問其兵勢與其地利, 旣已得矣, 擧兵
而伐之, 兼國十二, 開地千里. 穆公奢主, 能聽賢納諫, 故霸西戎,
西戎淫於樂, 誘於利, 以亡其國, 由離質樸也.

【秦穆公】춘추오패의 하나. 秦나라 군주. 재위 39년(B.C.659~621).
【秦穆公閒】'閒'은 연문으로 보았다.《說苑疏證》에 "問上原衍閑字, 從拾補刪"
  이라 하였다. 한편 〈四部叢刊本〉에는 閑으로 되어 있다.
【由余】원래 그 조상이 晉나라 출신으로, 西戎에서 살다가 中原의 말을 안다고
  하여 秦나라에 사신으로 왔다.《史記》秦本紀 참조.
【土簋】簋는 대나무 그릇. 거친 그릇으로 밥을 먹었다는 뜻.
【土鈃】鈃은 술그릇의 일종이라 한다.
【交趾】남방의 越南·九州·廣西 등 지역.
【幽都】북쪽. 지금의 河北·내몽골 자치구.
【諸侯侈】탈오가 있는 것이 아닌가 한다.《說苑疏證》에 "劉氏壽補云, 諸侯侈文不
  成義. 疑有脫誤"라 하였다.
【夏后氏】夏나라의 朝代.
【九傲】傲는《韓非子》에는 旈로 되어 있으며, 아홉 개의 깃발을 말한다.
【內史廖】內史는 記錄官의 직책 이름. 廖는 성씨. '寥'로도 쓴다.
【戎】서북쪽의 이민족.
【中國】中原.
【樂隊】음악과 무용을 함께 하는 女隊.
【三九】즉 27명은《史記》에는 "二八", 즉 16명으로 되어 있다.《說苑疏證》에는
  "二八原作三九, 從拾補改"라 하였다.
【上卿】벼슬이름.
【地利】지세의 이로움.

1.《韓非子》十過篇

奚謂耽於女樂? 昔者戎王使由余聘於秦, 穆公問之曰:「寡人嘗聞道而未得目見之也, 願聞古之明主得國失國何常以?」由余對曰:「臣嘗得聞之矣, 常以儉得之, 以奢失之.」穆公曰:「寡人不辱而問道於子, 子以儉對寡人何也?」由余對曰:「臣聞昔者堯有天下, 飯於土簋, 飮於土鉶, 其地南至交趾, 北至幽都, 東西至日月之所出入者, 莫不賓服. 堯禪天下, 虞舜受之, 作爲食器, 斬山木而財之, 削鋸修之迹, 流漆墨其上, 輸之於宮以爲食器, 諸侯以爲益侈, 國之不服者十三. 舜禪天下而傳之於禹, 禹作爲祭器, 墨染其外, 而朱畫其內, 縵帛爲茵, 蔣席頗綠, 觴酌有采, 而樽俎有飾, 此彌侈矣, 而國之不服者三十三. 夏后氏沒, 殷人受之, 作爲大路, 而建九旒, 食器雕琢, 觴酌刻鏤, 四壁堊墀, 茵席雕文, 此彌侈矣, 而國之不服者五十三. 君子皆知文章矣, 而欲服者彌少, 臣故曰儉其道也.」由余出, 公乃召內史廖而告之, 曰:「寡人聞鄰國有聖人, 敵國之憂也. 今由余, 聖人也, 寡人患之, 吾將奈何?」內史廖曰:「臣聞戎王之居, 僻陋而道遠, 未聞中國之聲, 君其遺之女樂, 以亂其政, 而後爲由余請期, 以疏其諫, 彼君臣有間而後可圖也.」君曰:「諾.」乃使史廖以女樂二八遺戎王, 因爲由余請期, 戎王許諾. 見其女樂而說之, 設酒張飮, 日以聽樂, 終歲不遷, 牛馬半死. 由余歸, 因諫戎王, 戎王弗聽, 由余遂去之秦, 秦穆公迎而拜之上卿, 問其兵勢與其地形, 旣以得之, 擧兵而伐之, 兼國十二, 開地千里. 故曰:「耽於女樂, 不顧國政, 亡國之禍也.」

2.《呂氏春秋》不苟篇

秦繆公見戎由余, 說而欲留之, 由余不肯. 繆公以告蹇叔, 蹇叔曰:「君以告內史廖.」內史廖對曰:「戎人不達於五音與五味, 君不若遺之.」繆公以女樂二八人與良宰遺之. 戎王喜, 迷惑大亂, 飮酒晝夜不休. 由余驟諫而不聽, 因怒而歸繆公也.

3.《韓詩外傳》卷9

傳曰: 昔者將由余使秦, 秦繆公問以得失之要, 對曰:「古有國者未嘗不以恭儉也, 失國者未嘗不以驕奢也.」由余因論五帝三王之所以衰, 及至布衣之所以亡. 繆公然之, 於是告內史王廖曰:「鄰國有聖人, 敵國之憂也. 由余聖人也, 將奈之何?」王廖曰:「夫戎王居僻陋之地, 未嘗見中國之聲色也. 君其遺之女樂以淫其志, 亂其政, 其臣下必疏. 因爲由余緩期, 使其君臣有間, 然後可圖.」繆公曰:「善.」乃使王廖以女樂二列遺戎王, 爲由余請期. 戎王大悅, 許之. 於是張酒聽樂, 日夜不休, 終歲淫縱, 牛馬多死. 由余歸, 數諫不聽, 去之秦. 秦繆公迎而拜之上卿. 遂并國十二, 辟地千里.

4.《史記》秦本紀

於是繆公退而問內史廖曰:「孤聞鄰國有聖人, 敵國之憂也. 今由余賢, 寡人之害, 將奈之何?」內史廖曰:「戎王處辟匿, 未聞中國之聲. 君試遺其女樂, 以奪其志; 爲由余請, 以疏其間; 留而莫遣, 以失其期. 戎王怪之, 必疑由余. 君臣有間, 乃可虜也. 且戎王好樂, 必怠於政.」繆公曰:「善.」因與由余曲席而坐, 傳器而食, 問其地形與其兵勢盡察, 而後令內史廖以女樂二八遺戎王. 戎王受而說之, 終年不還. 於是秦乃歸由余. 由余數諫不聽, 繆公又數使人間要由余, 由余遂去降秦. 繆公以客禮禮之, 問伐戎之形.

5. 기타 참고자료

《說苑》尊賢篇・《文選》〈四子講德論〉注

830(20-10) 經侯往適魏太子
옥보다 귀한 진짜 보물

경후經侯가 위魏 태자太子를 만나러 가면서 왼쪽에는 깃과 옥으로 장식한 검을 차고, 오른쪽에는 고리 모양의 패옥佩玉을 차서, 왼쪽의 광채가 오른쪽을 비치고 오른쪽의 광채가 왼쪽을 비치도록 번쩍번쩍 요란하게 꾸몄다. 함께 앉아서 한참이 지났건만 태자는 그를 보려고도 하지 않고 아무런 질문도 아니하는 것이었다.

경후가 답답해서 먼저 물었다.

"귀국 위나라에도 보물이라는 게 있습니까?"

태자가 대답하였다.

"있습니다."

경후가 물었다.

"무슨 보물입니까?"

태자는 이렇게 대답하였다.

"임금은 믿음이 있고 신하는 충성스러워 백성들이 모두 이들을 추대하는 것, 이것이 우리 위나라의 보물이오!"

경후가 다시 물었다.

"제가 물었던 보물은 그런 것이 아닙니다. 어떤 물건인가를 물은 것입니다."

태자는 다시 이렇게 설명하였다.

"있지요! 도사소徒師沼가 위魏나라를 다스리자 시장에 매점매석이 사라졌고, 극신郄辛이 양陽 땅을 다스리자 땅에 떨어진 물건도 주워

가는 이가 없어졌으며, 망묘芒卯가 조정에서 일을 하자 사방 이웃의 어진 선비들이 누구 하나 찾아와 뵙고 싶어하지 않는 이가 없습니다. 이 세 명의 대부가 곧 우리 위나라의 큰 보물입니다."

그러자 경후는 아무 말도 못하고 왼쪽의 옥으로 장식한 검과 오른쪽의 고리 모양의 패옥佩玉을 풀어 자리에 내려놓고 부끄러워하며 일어섰다. 그리고는 말없이 인사도 하지 못한 채 달려 나가 수레에 올라 도망치듯 사라져 버렸다.

위 태자는 사람을 시켜 달려가 그가 두고 간 검과 패옥을 돌려 주도록 하면서 이렇게 고하게 하였다.

"내가 덕이 없어 이 귀한 보물인 주옥을 지켜낼 수가 없습니다. 이런 물건은 추위에 옷을 해 입을 수도 없고 배고플 때 먹을 수도 없습니다. 내게 남겨두어 괴로움만 더하게 하는 일이 없도록 해 주십시오!"

이에 경후는 두문불출하다가 뒤에 죽었다는 소식이 전해졌다.

經侯往適魏太子, 左帶羽玉具劍, 右帶環珮, 左光照右, 右光照左; 坐有頃, 太子不視也, 又不問也.

經侯曰: 「魏國亦有寶乎?」

太子曰: 「有.」

經侯曰: 「其寶何如?」

太子曰: 「主信臣忠, 百姓上戴. 此魏之寶也.」

經侯曰: 「吾所問者, 非是之謂也. 乃問其器而已.」

太子曰: 「有. 徒師沼治魏, 而市無豫賈, 郄辛治陽, 而道不拾遺, 芒卯在朝, 而四隣賢士, 無不相因而見. 此三大夫, 乃魏國之大寶.」

於是經侯黙然不應, 左解玉具, 右解環佩, 委之坐, 愆然而起, 黙然不謝, 趨而出, 上車驅去.

魏太子使騎操劍佩逐與經侯, 使告經侯曰:「吾無德所寶, 不能
爲珠玉所守; 此寒不可衣, 飢不可食, 無爲遺我賊.」
　　於是經侯杜門不出, 傳死.

【經侯】爵號로 보이나 구체적으로는 알 수 없다.
【魏太子】당시 魏나라 太子. 구체적으로는 누구인지는 알 수 없음.
【百姓上戴】《說苑疏證》에 "戴上二字原倒, 從拾補之正"이라 하여 "百姓戴上"
　으로 보았다.
【徒師沼】人名.
【郄辛】人名.
【陽】地名. 지금의 山西省 太原市 근처.
【芒卯】魏나라 재상. 孟卯로도 쓴다. 《戰國策》·《史記》 등 참조.

831(20-11) 晉平公爲馳逐之車
진 평공의 화려한 수레

진晉 평공平公이 사냥용 수레를 만들어 각종 용무늬의 깃발로 장식하고, 또 물소와 코끼리의 형상을 만들어 걸었으며, 깃과 풀 무늬로 그 위를 꾸몄다.

수레가 완성되자 다시 천 일鎰이나 되는 황금으로 칠하여 이를 궁전 아래에 세워 놓고는 여러 신하들에게 구경시켰다. 이때 전차田差라는 신하는 세 번이나 그 앞을 지나면서도 한 번도 돌아보지 않는 것이었다. 이에 평공이 크게 화를 내며 전차에게 물었다.

"너는 세 번이나 이 앞을 지나면서도 한 번도 돌아보지 않으니 무슨 이유인가?"

전차가 이렇게 대답하였다.

"제가 듣기로 천자天子에게 이야깃거리가 되는 것은 천하요, 제후諸侯에게 관심거리라면 한 나라를 다스리는 일이며, 대부大夫에게 화제가 될 수 있는 것은 관직이고, 사士에게 관심거리는 일이며, 농부農夫에게 이야깃거리가 되는 것은 먹는 것, 그리고 부고婦姑에게 있어서의 관심거리는 베 짜는 일이라 하였습니다. 걸桀은 사치 때문에 멸망하였고, 주紂는 음일 때문에 패망하였습니다. 이 까닭으로 감히 그 수레를 돌아볼 수가 없었습니다."

이 말에 평공은 수긍하였다.

"옳구나!"

그리고는 이에 좌우에게 명하였다.
"그 수레를 치워 버려라!"

晉平公爲馳逐之車, 龍旌衆色, 挂之以犀象, 錯之以羽芝, 車成
題金千鎰, 立之於殿下, 令群臣得觀焉.

田差三過而不一顧, 平公作色大怒.

問田差:「爾三過而不一顧, 何爲也?」

田差對曰:「臣聞說天子者以天下, 說諸侯者以國, 說大夫者
以官, 說士者以事, 說農夫者以食, 說婦姑者以織. 桀以奢亡,
紂以淫敗, 是以不敢顧也.」

平公曰:「善!」

乃命左右曰:「去車!」

【晉平公】춘추시대 晉나라 군주. 재위 26년(B.C.557~532).
【田差】平公의 신하.

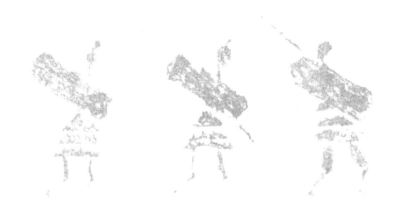

832(20-12) 魏文侯御廩災
보물 창고의 화재

위魏 문후文侯의 어름御廩에 불이 나자, 문후는 소복을 입고 정전正殿을 피해 닷새 동안이나 괴로워하였다. 이에 여러 신하들이 모두 소복을 입고 위로의 말을 하였지만, 공자公子 성보成父만은 아무런 위로의 말도 아니하는 것이었다. 그러다 문후가 다시 궁전으로 나오자 공자 성보가 달려가서 축하의 말을 하였다.

"대단히 잘된 일입니다. 어름에 불이 나기를 잘하였습니다."

문후는 마음이 상하여 불쾌한 얼굴로 물었다.

"무릇 어름은 과인이 보물을 소장하고 있는 창고요. 지금 화재가 나서 과인이 소복을 입고 정전을 피해 닷새 동안이나 괴로워하고 있었소. 그때 여러 신하들은 모두 소복을 입고 위로의 말을 하였소. 다만 그대만 아무런 위로도 아니하더니 지금 이미 다시 정전으로 돌아오자, 도리어 들어와 축하를 하다니 무슨 뜻이오?"

공자 성보가 이렇게 설명하였다.

"제가 듣기로 천자는 사해지내四海之內에 물건을 저장하며, 제후는 그 다스리는 경내境內에 저장하고, 대부는 그 집에 저장하며, 사대부와 서인은 자신의 대오리 궤짝에 저장한다 하더이다. 그 마땅한 장소에 저장하지 아니하면 천재天災가 없으면 반드시 인환人患이 있다고 하였습니다. 지금 인환은 없고 천재만 있었으니 이 어찌 다행스러운 일이 아닙니까?"

문후는 위연히 감탄하였다.

"옳다!"

魏文侯御廩災, 文侯素服辟正殿五日, 羣臣皆素服而弔, 公子成父獨不弔.

文侯復殿, 公子成父趨而入賀, 曰:「甚大善矣! 夫御廩之災也.」

文侯作色不悅, 曰:「夫御廩者, 寡人寶之所藏也, 今火災, 寡人素服辟正殿, 羣臣皆素服而弔; 至於子大夫而不弔. 今已復辟矣, 猶入賀, 何爲?」

公子成父曰:「臣聞之: 天子藏於四海之內, 諸侯藏於境內, 大夫藏於其家, 士庶人藏於篋櫝. 非其所藏者, 不有天災, 必有人患. 今幸無人患, 乃有天災, 不亦善乎!」

文侯喟然嘆曰:「善!」

【魏文侯】전국 초기 魏나라의 영명한 군주. 재위 50년(B.C.445~396).

【御廩】임금 전용의 창고. 값비싼 보물 등을 저장하는 곳.

【公子成父】당시 魏나라의 公子. 成父는 이름.《韓詩外傳》에는 公子晏(子)으로되어 있다.

【今已復辟矣】《說苑疏證》에 "復殿原作復辟, 從拾補引孫詒穀校說及尾張氏纂注引太室說改正"이라 하여 "今已復殿矣"로 보았다.

【人患】사람이 다치거나 죽음.

참고 및 관련 자료

1. 《韓詩外傳》卷10

晉平公之時, 藏寶之臺燒, 士大夫聞者, 皆趨車馳馬救火. 公子晏獨奉束帛而賀, 曰:「甚善矣!」平公勃然作色曰:「珠玉之所藏也, 國之重寶也, 而天火之. 士大夫皆趨車走馬而救之, 子獨束帛而賀, 何也? 有說則生, 無說則死.」公子晏曰:「何敢無說. 臣聞之, 王者藏於天下, 諸侯藏於百姓, 農夫藏於囷庾, 商賈藏於篋匱. 今百姓乏於外, 短褐不蔽形, 糟糠不充口, 虛耗而賦斂無已, 收大半而藏之臺, 是以天火之. 且臣聞之,昔者桀殘賊海內, 賦斂無度, 萬民甚苦, 是故湯誅之, 爲天下戮笑. 今皇天降災於藏臺, 是君之福也, 而不自知變悟, 亦恐君之爲鄰國笑矣.」公曰:「善! 自今已往, 請藏於百姓之間.」詩曰:『稼穡維寶, 代食維好.』

2.《藝文類聚》(80)

晉平公藏寶之臺燒, 救火三日三夜, 乃勝之. 公子晏束帛而賀曰:「臣聞: 王者藏於天下, 諸侯藏於百姓, 農夫藏於囷庾. 今百姓之於外, 而賦斂無已. 昔桀紂殘賊, 爲天下戮笑. 今皇降災於藏臺, 是君之福也.」

3. 기타 참고자료

《北堂書鈔》(85)·《白帖》(3)·《事類賦注》(8)·《初學記》(24)·《太平御覽》(190, 191, 627, 868) 등

누빈 비단옷과 흰 관

제齊 **환공**桓公이 관중管仲에게 물었다.

"우리나라는 심히 작아 재용財用도 적은데 여러 신하들의 의복과 거마가 심히 사치스럽소. 내 이를 금지시키고 싶은데 가능하겠습니까?"

관중이 이렇게 대답하였다.

"제가 듣기로 임금이 맛만 보아도 백성은 이를 먹어 보려 하고, 임금이 좋아하기만 해도 백성들은 유행을 일으킨다 합니다. 그런데 지금 임금께서 잡수시는 것은 계피 향의 음료요, 임금께서 입으시는 옷은 보랏빛의 좋은 비단과 호백구狐白裘의 좋은 외투이어야만 합니다. 이 때문에 여러 신하들이 사치를 부리는 것입니다.

《시詩》에 '몸소, 그리고 친히 실행하지 않으면 백성은 믿고 따르지 않네!'라 하였습니다. 지금 임금께서 사치를 금하고자 하신다면 어찌 몸소 실천부터 하시지 않습니까?"

환공이 말하였다.

"옳습니다!"

그리고는 스스로 누빈 비단옷에 흰 관을 쓰고 조회를 하자, 1년이 지나 제나라 전체가 검소해졌다.

齊桓公謂管仲曰:「吾國甚小, 而財用甚少, 而羣臣衣服輿駕 甚汰, 吾欲禁之, 可乎?」

管仲曰:「臣聞之: 君嘗之, 臣食之; 君好之, 臣服之. 今君之食也, 必桂之漿, 衣練紫之衣, 狐白之裘. 此羣臣之所奢太也. 詩云: 『不躬不親, 庶民不信.』君欲禁之, 胡不自親乎?」

桓公曰:「善!」

於是更制練帛之衣, 大白之冠朝, 一年而齊國儉也.

【齊桓公】춘추오패의 首長. 재위 43년(B.C.685~643).
【管仲】桓公을 도운 명재상.
【狐白裘】흰 여우 털로 짠 좋은 외투.
【詩云】《詩經》小雅 節南山의 구절.

참고 및 관련 자료

1. 《管子》形勢篇

召民之路, 在上之所好惡. 故君求之, 則臣得之; 君嗜之, 則臣食之; 君好之, 則臣服之; 君惡之, 則臣匿之. 毋蔽汝惡, 毋異汝度, 賢者將不汝助. 言室滿室, 言堂滿堂, 是謂聖王.

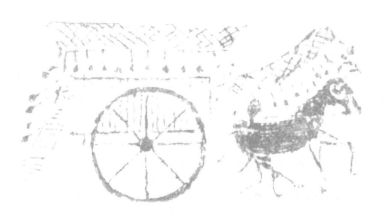

834(20-14) 季文子相魯
재상 아내의 누더기 옷

계문자季文子가 노魯나라의 재상이 되었는데도 그 아내에게 좋은 옷도 입히지 아니하고, 말에게도 좋은 먹이를 주지 아니하는 것이었다. 그러자 중손타仲孫它가 이렇게 간하였다.

"그대가 노나라의 상경上卿까지 되어 아내에게 좋은 옷도 입히지 아니하고, 말에게 좋은 먹이도 주지 아니하면 남들은 모두 제 몸만을 사랑해서 그렇듯 인색하게 구는 것으로 여깁니다. 또 이는 나라의 체면에도 맞지 않는 것입니다."

문자가 이렇게 설명하였다.

"그렇습니까? 내가 이 나라 백성의 부모들을 보니 허름한 옷에 먹는 것도 시원치 않더이다. 그래서 내가 감히 그런 사치를 누리지 않는 것입니다. 또 내가 듣기로 군자는 덕으로 나라의 체면을 살리지, 아내나 말로 나라의 훌륭함을 보인다는 소리는 듣지 못하였소. 무릇 덕이란 나에게 얻어지면 저들에게도 얻어지는 것, 그래서 가히 실행에 옮길 수 있는 것이오. 만약 사치에 빠져들고 꾸미기에만 급급하여 스스로 되돌아오지 못한다면 어찌 나라를 지킬 수 있겠소?"

중손타가 이 말을 듣고 부끄러워하면서 물러갔다.

季文子相魯, 妾不衣帛, 馬不食粟.
仲孫它諫曰:「子爲魯上卿, 妾不衣帛, 馬不食粟, 人其以子爲愛,且不華國也.」

文子曰:「然乎? 吾觀國人之父母衣食蔬, 吾是以不敢. 且吾聞君子以德華國, 不聞以妾與馬. 夫德者得於我, 又得於彼, 故可行; 若淫於奢侈, 沈於文章, 不能自反, 何以守國?」

仲孫它慚而退.

【季文子】춘추시대 魯나라 大夫. 姓은 季孫. 이름은 行父. 宣公・成公・襄公을 차례로 모심.
【仲孫它】仲孫氏. 이름은 它.
【上卿】높은 벼슬. 원래 客卿 중의 최고.
【華國】나라의 富華함을 보임을 뜻한다.

참고 및 관련 자료

1.《國語》魯語(上)

季文子相宣, 成, 無衣帛之妾, 無食粟之馬. 仲孫它諫曰:「子爲魯上卿, 相二君矣, 妾不衣帛, 馬不食粟, 人其以子爲愛, 且不華國乎!」文子曰:「吾亦願之. 然吾觀國人, 其父兄之食麤而衣惡者猶多矣, 吾是以不敢. 人之父兄食麤衣惡, 而我美妾與馬, 無乃非相人者乎! 且吾聞以德榮爲國華, 不聞以妾與馬.」文子以告孟獻子, 獻子囚之七日. 自是, 子服之妾衣不過七升之布, 馬餼不過稂莠. 文子聞之, 曰:「過而能改者, 民之上也.」使爲上大夫.

835(20-15) 趙簡子乘弊車瘦馬
새 수레를 타십시오

조간자趙簡子는 다 낡은 수레에 비쩍 마른 말을 타고 다녔으며, 그 의복 또한 검은 양가죽으로 만든 것이었다. 이에 그의 재신宰臣이 보다 못해 이렇게 진간進諫하였다.

"수레가 새것이면 안전하고, 말이 튼튼하면 왕래가 빠르지요. 그리고 호백구狐白裘를 입으시면 따뜻하고도 가볍습니다."

간자는 이렇게 답하였다.

"나도 모르는 바가 아니오. 내 듣기로 군자가 좋은 옷을 입으면 더욱더 공손해지고, 소인이 좋은 옷을 입으면 더욱 거만해진다고 하였소. 지금 나는 내 자신을 다스리고 있는 것이오. 혹시 소인의 마음이 생기면 어쩌나 하고!"

《전傳》에 이렇게 말하였다.

"주공周公은 높은 자리에 오르자 더욱 겸비謙卑하게 행동하였고, 적을 이기고 나자 더욱 두려워하는 태도를 취하였으며, 집이 부유해지자 더욱 검소하게 살았다. 그래서 주周나라는 8백여 년을 갈 수 있었다."

이는 바로 이를 두고 한 말이다.

趙簡子乘弊車瘦馬, 衣羖羊裘, 其宰進諫曰:「車新則安, 馬肥則往來疾, 狐白之裘, 溫且輕.」

簡子曰:「吾非不知也. 吾聞之, 君子服善則益恭, 細人服善則益倨; 我以自備, 恐有細人之心也. 傳曰:『周公位尊愈卑, 勝敵愈懼, 家富愈儉, 故周氏八百餘年』, 此之謂也.」

【趙簡子】춘추 후기 晉나라 六卿의 하나. 뒤의 전국시대 趙나라의 선조.
【宰】趙簡子의 家臣.
【狐白之裘, 溫且輕】이 구절 다음에 '君宜改之'가 첨가되어야 한다고 본다.《說苑疏證》에 "君宜改之四字原脫, 從孫詒讓札迻補"라 하였다.
【君子服善・細人服善】'善'자는 '美'자로 보았다.《說苑疏證》에 "兩美字原幷作善, 從劉氏斠補改正"이라 하였다.
【傳】전해오는 말. 혹은 다른 經傳의 傳에 실려 있던 말인 듯하나 출처를 찾을 수 없다.

836(20-16) 魯築郎囿
백성이 피폐해지면

노魯나라가 낭유郎囿를 짓고 있었다. 계평자季平子가 이를 빨리 완성시키려고 욕심을 내었다.

이에 숙손소자叔孫昭子가 말하였다.

"무엇에 쓰려고 그렇게 빨리 완성시키려 하십니까? 이로써 백성을 학대하면 그것이 옳은 일입니까? 원유囿囿는 없어도 되는 것 아닙니까? 어찌 희희지유嬉戲之游를 위해서 그 다스리는 백성을 피폐케 하였다는 소리를 들으려 하십니까?"

魯築郎囿, 季平子欲速成.

叔孫昭子曰:「安用其速成也? 以虐其民, 其可乎? 無囿尚可乎, 惡聞嬉戲之游, 罷其所治之民乎?」

【郎囿】임금의 전용 동물원. 혹은 郎 땅에 세운 동물원.
【季平子】魯나라 大夫 季孫意如.
【叔孫昭子】叔孫婼. 춘추시대 魯나라 叔孫豹子. 魯나라 재상. 시호는 昭.
【嬉戲之游】동물원을 즐거움을 위한 놀이터로 여긴 것.

1.《**左傳**》昭公 9年

冬, 築郎囿. 書, 時也. 季平子欲其速成也, 叔孫昭子曰:「詩曰:『經始勿亟, 庶民子來.』焉用速成, 其以勦民也? 無囿猶可; 無民, 其可乎?」

837(20-17) 衛叔孫文子問於王孫夏
검소함이 곧 예

위衛나라 숙손문자叔孫文子가 왕손하王孫夏에게 물었다.

"우리 선군先君의 사당이 너무 협소해서 이를 확충해 지으려 하는데 어떻습니까?"

왕손하가 이렇게 대답하였다.

"옛날의 군자는 검소한 것으로 예禮를 삼았습니다. 그런데 지금의 군자는 사치스러움으로 이를 바꾸고 있습니다. 무릇 위나라가 비록 가난한 나라이기는 하나, 어찌 문채가 나는 신 한 컬레로 십 직稷의 값이 나가는 비단과 바꾸는 일이 없으리오? 이는 곧 예禮에 어긋난 것입니다."

문자는 계획을 철회하고 말았다.

衛叔孫文子問於王孫夏曰:「吾先君之廟小, 吾欲更之, 可乎?」

對曰:「古之君子, 以儉爲禮; 今之君子, 以汰易之. 夫衛國雖貧, 豈無文履一奇, 以易十稷之繡哉? 以爲非禮也.」

文子乃止.

【叔孫文子】衛나라 大夫.
【王孫夏】人名. 구체적인 사적은 알 수 없다.

1. 전체의 뜻으로 보아 그런 사치를 부리는 경우가 있을 것이며 이는 지도자가 사치하기 때문이라 본 것.

뿌리를 자르면서 잎이 화려하기를

진晉 문공文公이 제후들을 모아 회맹會盟을 하면서 이렇게 말하였다.

"내가 듣기로 나라가 혼미昏迷에 빠지는 것은 성색聲色이 아니면 반드시 간리姦利로 말미암는다 하였습니다. 성색을 탐미하면 음일淫泆하게 되고, 간리에 탐욕이 생기면 미혹迷惑하게 됩니다.

무릇 음일이나 미혹에 빠진 나라는 망하지 않으면 틀림없이 잔폐해지게 될 것입니다. 그러니 지금부터 예쁜 첩으로 인해 본처를 의심하는 일, 음악으로 인해 정의에 방해를 받는 일, 간악한 정리情理에 얽매여 공사公事를 그르치는 일, 재물로 인해 남을 멸시하는 일이 없도록 해야 합니다.

그러한 일이 있는 것을 '뿌리를 자르면서 잎이 화려하기를 바란다'라 하는 것입니다. 만약 그러한 일이 있는 나라라면 환난이 생겨도 우리는 근심해 주지 않을 것이며, 도적이 쳐들어와도 막아 주지 않을 것입니다. 이 말대로 하지 않는 자가 있으면 맹약에 따라 실행하여 보여 줄 것입니다."

이에 군자가 듣고 이렇게 말하였다.

"문공은 도를 아는 분이로다. 그가 왕자까지 되지 못하였다면 천하는 바로 도와 줄 자가 없었으리라!"

晉文公合諸侯而盟曰:「吾聞國之昏, 不由聲色, 必由姦利好樂, 聲色者, 淫也; 貪姦者, 惑也, 夫淫惑之國, 不亡必殘. 自今以來, 無以美妾疑妻, 無以聲樂妨政, 無以姦情害公, 無以貨利示下. 其有之者, 是謂『伐其根素, 流於華葉.』若此者, 有患無憂, 有寇勿弭. 不如言者盟示之.」

於是君子聞之曰:「文公其知道乎! 其不王者, 猶無佐也.」

【晉文公】 춘추오패의 하나. 19년 간 유랑 끝에 돌아와 패자가 되었다. 재위 9년(B.C.636~628).

【根素】《說苑疏證》에 "根荄, 原作根素, 從孫詒讓札迻改"라 하여 "根荄"의 잘못으로 보았다.

【文公其知道乎】 文公 같은 이가 패자가 되었기에 천하 백성을 돕고 바르게 인도하였다는 뜻.

839(20-19) 晏子飮景公酒
빈주 사이의 예

안자晏子가 경공景公과 술을 마시고 있었다. 날이 어두워지자 경공이 불을 밝히라 소리쳤다. 그러자 안자가 만류하였다.

"《시詩》에 '모자가 비뚤어진 모습, 이내 취하였네!'라 하였으니 이는 덕을 잃었다는 뜻이며, '취해서 춤을 추네!'라 하였으니 이는 그 용모를 잃었다는 뜻입니다. '술로 이미 취하였으나 덕으로 배부르네', '취하여 그 자리를 떠나 준다면 이는 함께 복 받을 일이지'라 한 것은 빈주賓主 사이의 예禮를 말한 것이며, '이미 취하였는데 나가지 않는 것, 이는 덕을 손상하는 일!'이라 한 것은 빈주 사이의 죄罪를 말한 것입니다. 저는 낮을 택해 즐겁게 술을 마신 것이지 밤까지 택해 마시러 온 것이 아닙니다."

경공이 말하였다.

"옳습니다."

이에 술을 들어 제사를 지내고는 두 번 절하고 나갔다. 그리고는 이렇게 말하였다.

"어찌 나의 잘못을 그렇게도 잘 꼬집는고? 내가 이 나라를 그 안자에게 맡기기를 아주 잘하였지. 그 집이 가난하면서도 나를 이렇게 잘 대해 주고 사치를 부리지 않도록 하는데, 하물며 나와 함께 이 나라의 일을 도모함에 있어서랴?"

晏子飮景公酒, 日暮, 公呼具火.

晏子辭曰:「詩曰:『側弁之俄.』言失德也;『屢舞傞傞.』言失
容也.『旣醉以酒, 旣飽以德.』『旣醉而出, 並受其福.』賓主之禮也.
『醉而不出, 是謂伐德.』賓主之罪也. 嬰已卜其日, 未卜其夜.」

公曰:「善.」

擧酒而祭之, 再拜而出, 曰:「豈過我哉? 吾託國於晏子也. 以其
家貧善寡人, 不欲其淫佚也, 而況與寡人謀國乎?」

【晏子】晏嬰. 平仲. 景公 때의 훌륭한 재상.
【景公】춘추시대 齊나라 군주. 재위 58년(B.C.547~490).
【詩曰】앞에 인용된 구절은 《詩經》 小雅 賓之初筵. 그러나 일부는 문자가 약간
다르다. 뒤의 인용 구절은 大雅 旣醉의 시이다.

> 참고 및 관련 자료

1. 《晏子春秋》 內篇 雜上

晏子飮景公酒, 日暮, 公呼具火. 晏子辭曰:「詩云:『側弁之俄』, 言失德也.『屢舞傞傞』,
言失容也.『旣醉以酒, 旣飽以德, 旣醉而出, 並受其福』, 賓主之禮也.『醉而不出,
是謂伐德』, 賓之罪也. 嬰已卜其日, 未卜其夜.」公曰:「善.」擧酒祭之, 再拜而出.
曰:「豈過我哉, 吾託國於晏子也. 以其家貨養寡人, 不欲其淫佚也, 而況與寡人謀
國乎!」

840(20-20) 楊王孫病且死
알몸으로 묻어다오

양왕손楊王孫이 곧 병으로 죽게 되자, 그 아들에게 이렇게 일렀다.

"내가 죽거든 알몸으로 장례를 지내어 나로 하여금 원래의 진체眞體로 돌아가게 해다오. 절대로 내 뜻을 어겨서는 안 된다."

기후祁侯가 이 소식을 듣고 찾아가 만류하였다.

"듣자 하니 그대 왕손께서 장례에 반드시 알몸으로 땅에 묻어 달라 하셨다면서요? 말씀대로라면 이는 생각건대 불가한 일입니다. 죽은 자가 아무것도 모른다면 이는 그만이겠지만 만약 죽은 자도 무엇을 안다면 이는 땅 속에서 시신을 욕보이는 일이니 어찌 장차 알몸으로 선조들을 만나볼 수 있겠습니까? 생각건대 불가합니다."

그러자 왕손은 이렇게 말하였다.

"나는 장차 이 세상의 그릇된 것을 고쳐 주고자 합니다. 무릇 후장 厚葬은 진실로 죽은 자에게 아무런 이익이 되지 않습니다. 오히려 세상에 서로 후장을 지내려고 경쟁을 시켜 그 높이만 키워 줄뿐이며, 이로써 재물과 돈의 손실만 가져올 뿐입니다. 그러면서 이것을 지하에서 썩게 할 뿐입니다. 혹시 오늘 묻었다가 내일이면 이를 훔쳐내는 일도 있으니 이는 들에다 시신을 버려 햇빛을 내리쬐게 하는 것과 무엇이 다르겠습니까?

또 무릇 죽음이란 일생을 마치는 자연섭리이며, 만물의 귀착점입니다. 돌아가는 자는 가면 되고, 변화하는 자는 변화하면 됩니다. 이것이 곧 만물은 각각 그 본래의 진체眞體로 되돌아간다는 원리입니다. 그 진리는 명명冥冥하여 보아도 형태가 없고 들어도 소리가 없습니다.

이것이 도에 합당한 정리입니다.

무릇 밖은 요란하게 수식하여 많은 사람에게 과장하며, 후장厚葬으로 진리에 어긋나게 하는 것은 돌아갈 자로 하여금 그 본래대로 가지 못하게 하는 것이며, 변화할 자로 하여금 변화하지 못하게 하는 것이니 이는 만물로 하여금 각기 그 본연을 잃게 하는 것과 같습니다.

또 내 들으니 정신精神이라는 것은 하늘에 속한 것이요, 형해形骸라 하는 것은 땅에 속한 것이라 하였습니다. 정신이 형해와 분리되면 각각 그 속한 곳으로 가야 합니다. 그 때문에 이를 귀鬼라 하며, 그 귀鬼는 곧 귀歸라는 뜻입니다. 그런데 그 시신만 한 덩어리로 홀로 남아 있는데 그 빈 시신이 무엇을 안다는 말입니까?

따라서 그 시신을 두껍게 싸서 묶되 폐백幣帛으로 하고, 이를 보내되 많은 재화財貨로 한다면, 이는 살아 있는 사람이 써야 할 재용財用을 빼앗는 것이 됩니다. 옛 성인들은 인정人情에 얽매여 그 친한 사람을 그냥 보낼 수 없어 그 때문에 예禮를 제정한 것일 뿐입니다.

그런데 지금은 이를 넘어서 있으니 내 이 때문에 알몸으로 묻혀 세상을 바로잡아 고치려 하는 것입니다.

옛날 요堯임금의 장례에는 빈 나무로 상자를 삼고 칡덩굴로 묶었으며, 그 무덤도 땅을 파되 샘물이 나도록 마구 하지 않았고, 그 봉분도 냄새가 새어나오지 않을 만큼만 하였습니다.

그래서 성인은 살아서는 숭상받고 죽어서도 쉽게 장례를 치르도록 하였으며, 쓸데없는 것에 무엇을 더 보탠다거나 이익 없는 것을 더 덜어 낸다거나 하는 일이 없었던 것입니다. 지금은 재물을 낭비하면서 후한 장례를 치르나, 이는 죽은 자는 알지도 못하는데 산 자만 재물을 옳은 데 쓰지 못하고 허비하는 것이니, 어찌 잘못이 아니겠습니까? 그 미혹함이 심하다 할 것입니다!"

기후가 이 말을 듣고 수긍하였다.

"옳습니다!"

그리고는 드디어 알몸으로 장례를 치러 주었다.

楊王孫病且死, 令其子曰:「吾死欲倮葬, 以返吾眞, 必無易吾意.」

祁侯聞之, 往諫曰:「竊聞王孫令葬必倮而入地, 必若所聞, 愚以爲不可. 令死人無知則已矣, 若死有知也, 是戮尸於地下也, 將何以見先人? 愚以爲不可!」

王孫曰:「吾將以矯世也. 夫厚葬誠無益於死者, 而世競以相高, 靡財殫幣而腐之於地下, 或乃今日入而明日出, 此眞與暴骸於中野何異? 且夫死者終生之化, 而物之歸者; 歸者得至, 而化者得變, 是物各返其眞. 其眞冥冥, 視之無形, 聽之無聲, 乃合道之情. 夫飾外以誇衆, 厚葬以矯眞, 使歸者不得至, 化者不得變, 是使物各失其然也. 且吾聞之, 精神者, 天之有也, 形骸者, 地之有也; 精神離形, 而各歸其眞, 故謂之鬼. 鬼之爲言歸也, 其尸塊然獨處, 豈有知哉? 厚裹之以幣帛, 多送之以財貨, 以奪生者財用. 古聖人緣人情, 不忍其親, 故爲之制禮; 今則越之, 吾是以欲倮葬以矯之也. 昔堯之葬者, 空木爲櫝, 葛藟爲緘; 其穿地也, 下不亂泉, 上不泄臭. 故聖人生易尚, 死易葬, 不加於無用, 不損於無益, 謂今費財而厚葬, 死者不知, 生者不得用, 謬哉! 可謂重惑矣.」

祁侯曰:「善.」

遂倮葬也.

【楊王孫】漢나라 武帝 때의 인물. 黃老術에 밝았던 인물.

【倮葬】《漢書》에는 "臝葬"으로 되어 있다. 顔師古 注에 "不爲衣衾棺椁者也"라 하였다. '臝', '倮'는 모두 '裸'와 같다.

【祁侯】人名. 이름은 它. 祁侯繒賀의 손자.

【今日入而明日出】《漢書》注에 "言見發掘也"라 하였다.

【櫝】《漢書》에 '匵'로 되어 있다.

【謂今費財而厚葬】'謂'는 刪改되어야 하는 것으로 본다.《說苑疏證》에 "今上原有謂字, 從拾補刪"이라 하였다.

참고 및 관련 자료

1.《漢書》卷67 楊胡朱梅云傳의 楊王孫傳

楊王孫者, 孝武時人也. 學黃老之術, 家業千金, 厚自奉養生, 亡所不致. 及病且終, 先令其子, 曰:「吾欲贏葬, 以反吾眞, 必亡易吾意. 死則爲布囊盛尸, 入地七尺, 旣下, 從足引脫其囊, 以身親土.」其子欲黙而不從, 重廢父命, 欲從[之], 心又不忍, 乃往見王孫友人祁侯. 祁侯與王孫書曰:「王孫苦疾, 僕迫從上祠雍, 未得詣前. 願存精藥, 厚自持. 竊[聞]王孫先令贏葬, 令死者亡知則已, 若其有知, 是戮尸地下, 將贏見先人, 竊爲王孫不取也, 且孝經曰『爲之棺槨衣衾』, 是亦聖人之遺制, 何必區區獨守所聞? 願王孫察焉.」王孫報曰:「蓋聞古之聖王, 緣人情不忍其親, 故爲制禮, 今則越之, 吾是以贏葬, 將以矯世也. 夫厚葬誠亡益於死者, 而俗人競以相高, 靡財單幣, 腐之地下. 或乃今日入而明日發, 此眞與暴骸於中野何異! 且夫死者, 終生之化, 而物之歸者也. 歸者得至, 化者得變, 是物各反其眞也. 反眞冥冥, 亡形亡聲, 乃合道情. 夫飾外以華衆, 厚葬以鬲眞, 使歸者不得至, 化者不得變, 是使物各失其所也. 且吾聞之, 精神者天之有也, 形骸者地之有也. 精神離形, 各歸其眞, 故謂之鬼, 鬼之爲言歸也. 其尸塊然獨處, 豈有知哉? 裹以幣帛, 鬲以棺槨, 支體絡束, 口含玉石, 欲化不得, 鬱爲枯腊, 千載之後, 棺槨朽腐, 乃得歸土, 就其眞宅. 繇是言之, 焉用久客! 昔帝堯之葬也, 窾木爲匵, 葛藟爲緘, 其穿下不亂泉, 上不泄殠. 故聖王生易尙, 死易葬也. 不加功於亡用, 不損財於亡謂. 今費財厚葬, 留歸鬲至, 死者不知, 生者不得, 是謂重惑. 於戲! 吾不爲也.」

841(20-21) 魯有儉者瓦鬲煮食
좋은 음식을 보면

노魯나라에 아주 검소한 자가 있어 와력瓦鬲으로 밥을 끓여 먹고 있었다. 그런데 그 맛이 너무 훌륭하여 이를 토형土鉶에 담아 공자孔子에게 드렸다. 공자가 이를 받아 매우 즐거워하며 마치 태뢰太牢의 음식을 받듯이 하는 것이었다. 이에 한 제자가 여쭈었다.

"와편瓦甌은 조악한 그릇입니다. 또 끓인 음식은 지극히 보잘것없는 선물입니다. 그런데 선생님께서는 어찌 이처럼 즐거워하십니까?"

공자가 이렇게 대답하였다.

"내 들으니 좋은 충간의 말을 보면 그 임금이 생각나고, 좋은 음식을 보면 어버이가 떠오른다고 하였다. 나는 그 음식이 후해서가 아니라, 이 좋은 음식이 나의 어버이를 떠올릴 수 있도록 했기 때문에 그러는 것이다."

魯有儉者, 瓦鬲煮食, 食之而美, 盛之土鉶之器, 以進孔子. 孔子受之, 歡然而悅, 如受太牢之饋.

弟子曰:「瓦鬲, 陋器也; 煮食, 薄膳也. 而先生何喜如此乎?」

孔子曰:「吾聞好諫者, 思其君, 食美者, 念其親, 吾非以饌爲厚也, 以其食美而思我親也.」

【瓦鬲】土製의 솥. 질그릇 솥.

【土鉶】국을 담는 냄비 같은 土器. 발이 셋이고 양쪽에 귀가 달린 祭器.

【太牢】天子가 지내는 가장 큰 제사.

【瓦甌】식기. 질 낮은 그릇.

참고 및 관련 자료

1.《孔子家語》致思篇

魯有儉嗇者, 瓦鬲煮食食之, 自謂其美, 盛之土型之器, 以進孔子. 孔子受之, 歡然而悅,
如受大牢之饋. 子路曰:「瓦甌, 陋器也, 煮食, 薄膳也, 夫子何喜之如此乎?」子曰:
「夫好諫者思其君, 食美者念其親, 吾非以饌具之爲厚, 以其食厚而我思焉.」

842(20-22) 晏子病將死
기둥에 감추어 둔 안자의 유언

안자晏子가 병들어 죽음에 이르자, 기둥을 갈라 그 속에 글을 써 감추어 두고는 그 아내에게 일렀다.

"저 기둥 속에 있는 내 말을 아들이 자라거든 꺼내어 보여 주시오!"

아들이 자라서 이를 펴보았더니 이렇게 씌어 있었다.

"옷감이 떨어지지 않게 하라! 옷감이 떨어지면 겉을 꾸밀 게 없다. 우마牛馬를 마르게 하지 말라! 그것이 마르면 일을 시킬 수 없다. 선비를 궁하게 하지 말라! 선비가 궁하면 일을 맡길 수 없다. 궁하도다! 궁하도다! 궁함을 주의할지니라!"

晏子病將死, 斷楹內書焉, 謂其妻曰:「楹也語, 子壯而視之.」
及壯發書, 書之言曰:「布帛不窮, 窮不可飾; 牛馬不窮, 窮不可服; 士不可窮, 窮不可任. 窮乎! 窮乎! 窮也!」

【晏子】晏平仲. 晏嬰.

【楹也語】《說苑疏證》에 "語也二字原倒, 從劉氏斠補之正"이라 하여 "楹語也"로 보기도 한다.

【窮乎! 窮乎! 窮也!】布帛・牛馬・士의 窮함을 세 번 다시 강조한 것으로 보인다. 《晏子春秋》에는 끝 구절이 "國不可窮, 窮不可竊也"로 되어 있다.

1.《晏子春秋》內篇 雜下

晏子病, 將死, 鑿楹納書焉, 謂其妻曰:「楹語也, 子壯而示之.」及壯, 發書之言曰:
「布帛不可窮, 窮不可飾; 牛馬不可窮, 窮不可服; 士不可窮, 窮不可任; 國不可窮,
窮不可竊也.」

843(20-23) 仲尼問老聃
도가 어쩌니 하는 자들

중니仲尼가 노담老聃에게 물었다.

"심합니다. 지금처럼 도를 행하기 어렵다니요. 나는 도를 곧게 잡고 지금의 임금에게 모든 것을 바치려고 하지만 그들이 나를 받아 주지 않는군요. 도를 행하기가 이렇듯 어렵습니다."

노자는 이렇게 설명하였다.

"무릇 도가 어쩌니 하는 자들은 모두 떠도는 말을 듣고 그러는 것이오. 이를 떠들고 다니는 자들은 그 말에 혼란만 일으키고 있소. 이런 두 가지에 매달린 자라며 도를 그에게 맡길 수가 없지요."

仲尼問老聃曰:「甚矣! 道之於今難行也! 吾比執道委質, 以當世之君, 而不我受也. 道之於今難行也.」

老子曰:「夫說者流於聽, 言者亂於辭, 如此二者, 則道不可委矣.」

【仲尼】孔子.

【老聃】老子. 李耳.《史記》老莊申韓列傳 참조.

【以當世之君】앞에 "求"字가 있어야 할 것으로 본다.《說苑疏證》에 "求字原脱, 從拾補補"라 하였다.

1.《孔子家語》觀周篇

孔子見老聃而問焉, 曰:「甚矣! 道之於今難行也. 吾比執道, 而今委質以求當世之君,
而弗受也, 道於今難行也.」老子曰:「夫說者流於辯, 聽者亂於辭, 如此二者, 則道不
可以忘也.」

844(20-24) 子貢問子石
시를 배울 틈이 없습니다

자공子貢이 자석子石에게 물었다.

"그대는 왜 《시詩》를 배우지 않는가?"

자석이 이렇게 말하였다.

"내 어찌 여가가 있으리오! 부모님은 나에게 효도하라 하고, 형제들은 나에게 우애를 베풀라 하고, 친구들은 나에게 믿음을 갖추라 하오. 그러니 내 어찌 시를 배울 틈이 있으리오!"

자공이 이렇게 말하였다.

"나는 배우던 시를 버리고 그대를 통해 배워야겠구나!"

子貢問子石:「子不學詩乎?」

子石曰:「吾暇乎哉? 父母求吾孝, 兄弟求吾悌, 朋友求吾信. 吾暇乎哉?」

子貢曰:「請投吾詩, 以學於子.」

【子貢】孔子의 제자 端木賜.

【子石】名家로 유명한 公孫龍子. 楚나라 사람으로 孔子보다 53세나 어렸다 한다. 《史記》仲尼弟子列傳 참조

【詩】詩三百.《詩經》의 詩를 말한다. 현존《毛詩》의 경우 311편이며 그 중 제목만
있는 笙詩가 6편, 남은 것은 305편이다.
【請投吾詩】《說苑疏證》에 "捐原作投, 從孫詒讓札迻改"라 하여 "請捐吾詩"로
보았다.

845(20-25) 公明宣學於曾子
증자의 제자

공명선公明宣은 증자曾子에게 학문을 배웠으나, 3년이 다 되도록 제대로 배우지를 못하고 있었다. 이에 증자가 물었다.

"그대는 나의 문하에 거한 지 3년이나 되면서 제대로 배우지를 못하니 무슨 이유인가?"

공명선이 이렇게 말하였다.

"어찌 감히 배우지 않겠습니까? 제가 선생님을 뵙건대 집에 계실 때에는 개나 말에게조차 꾸짖는 소리가 이르게 하는 것을 한 번도 보지 못하였습니다. 저는 이것을 매우 좋아하나 배워도 따르지를 못하고 있습니다. 또 선생님께서 손님을 맞이하실 때에는 공검恭儉히 하시되 허술함이 없었습니다. 저는 이를 매우 좋아하나 배워도 실행하지를 못합니다. 그리고 선생님께서 조정에 나가시면 아랫사람에게 엄하시되 그들을 상하게 하지 않으시니 저는 이를 매우 좋아하나 배워도 따르지 못합니다.

제가 말씀드린 이 세 가지는 배워도 실행하지 못할 뿐 어찌 감히 배우려 하지도 않으면서 선생님의 문하에 거하겠습니까?"

증자는 자리를 고쳐 앉으며 이렇게 말하였다.

"나는 너에게 미치지 못한다. 너를 따라 배울 뿐이로다!"

公明宣學於曾子, 三年不讀書, 曾子曰:「宣, 而居參之門, 三年不學, 何也?」

公明宣曰:「安敢不學? 宣見夫子居宮庭, 親在, 叱叱之聲未嘗至於犬馬, 宣說之, 學而未能; 宣見夫子之應賓客, 恭儉而不懈惰, 宣說之, 學而未能. 宣見夫子之居朝廷, 嚴臨下而不毀傷, 宣說之, 學而未能. 宣說此三者, 學而未能, 宣安敢不學, 而居夫子之門乎?」

曾子避席謝之曰:「參不及宣, 其學而已.」

【公明宣】 曾子의 제자. 춘추시대 魯나라 南武城 출신이라 한다.
【曾子】 曾參. 孔子의 제자.
【宮庭】 가정집을 말한다. 고대에는 일반 가정집도 宮庭이라 불렀다.

846(20-26) 魯人善織屨
맨발에 머리 깎고 사는 월나라 사람

노魯나라의 어떤 부부가 남편은 신발 만드는 노끈을 아주 잘 삼았고, 그의 아내는 모자 만드는 흰 비단을 아주 잘 짜는 솜씨가 있었다. 이들은 이런 재주를 가지고 월越나라로 이사가서 살고자 하였다. 그러자 어떤 사람이 그들에게 이렇게 일렀다.

"그대들은 반드시 곤궁해질 것입니다."

이에 노나라 부부가 그 이유를 물었다.

그 사람은 이렇게 대답하였다.

"그 노끈은 신발을 만들기 위한 것이고, 그 흰 비단은 머리에 쓰는 관을 만드는 것입니다. 그런데 월나라 사람들은 맨발에 머리를 깎고 삽니다. 사용하지도 아니하는 나라에 가신다니 가난하지 않으려 한들 그게 가능하겠습니까?"

魯人身善織屨, 妻善織縞, 而徙於越.

或謂之曰:「子必窮.」

魯人曰:「何也?」

曰:「屨爲履, 縞爲冠也, 而越人徒跣剪髮, 遊不用之國, 欲無窮, 可得乎?」

【屨】 신발, 혹은 짚신을 삼기 위한 노끈을 말한다.

【徒跣】 맨발, 赤脚을 말한다.

참고 및 관련 자료

1.《韓非子》說林(上)

魯人身善織屨, 妻善織縞, 而欲徙於越. 或謂之曰:「子必窮矣.」魯人曰:「何也?」
曰:「屨爲履之也, 而越人跣行, 縞爲冠之也, 而越人被髮. 以子之所長, 游於不用之國,
欲使無窮, 其可得乎?」

緑釉陶壺

彩繪陶舞俑

설
원

부록

說苑

설
원

1. 《설원說苑》 일문佚文

說
苑

1. 《설원說苑》 일문佚文

《설원》의 일문佚文은 청淸의 노문초(盧文弨; 1717~1796. 청대 校勘學者.
자는 紹弓, 호는 抱經, 杭州人.《抱經堂叢書》및《抱經堂文集》이 있음)가 그의《설원
습보說苑拾補》에 25조를 집록輯錄하였고 다시, 엄가균(嚴可均; 1762~1843.
자는 景文, 호는 鐵橋, 浙江 烏程人.《全上古三代秦漢三國六朝文》의 輯書가 있음)이
《전한문全漢文》에 이를 근거로 수록해 둔 것이 있다. 그 중에는 본서에
이미 있는 것, 또 잘못하여 일문으로 처리한 것 및 중복된 것 등이
있다.

이에 그 중 21조와《설원소증》의 교정 중에 발견된 13조 등 34조(장)
가 현재 알려져 있다. 이들을《설원소증》의 말미에 실린〈설원일문고
說苑佚文考〉를 근거로 살펴보면 다음과 같다.

1. 閔子騫兄弟二人
출전:《藝文類聚》卷20에 引用

閔子騫兄弟二人, 母死, 其父更娶, 復有二子. 子騫爲其父御車失轡,
父持其手, 衣甚單. 父則歸呼其後母兒, 持其手, 衣甚厚溫, 卽謂其婦曰:
「吾所以娶汝, 乃爲吾子, 令汝欺我, 去, 卽無留.」子騫前曰:「母在一子單,
母去四子寒.」其父黙然. 故曰:「孝哉閔子騫, 一言其母還, 再言三子溫.」

(按): 朱熹의《論語或問》의 注에는 吳氏說을 근거하여《韓詩外傳》을
이렇게 인용하였다.

「子騫早喪母, 父娶後妻, 更生三子, 疾惡子騫, 以蘆花衣之. 父徐察之, 欲逐後母. 子騫啓曰：『母在一子寒, 母去三子單.』父善其言, 而亡. 母聞悔改, 後至均平, 率成慈母.」

한편 曾慥의 《類說》에도 역시 《韓詩外傳》을 인용하여 「閔子騫母死, 父更娶. 子騫爲父御車失轡, 父持其手, 衣甚單, 歸呼其後母兒, 持其衣甚厚. 卽謂婦曰：『吾所以汝, 乃爲吾子, 令汝欺我, 去, 無留.』子騫曰：『母在一子單, 母去三子寒.』子曰：『孝哉!』」라 하였다. 그러나 지금의 《韓詩外傳》에는 이 문장이 없다.

또, 《太平御覽》 권34 및 권891에는 《孝子傳》을 인용하여 「閔子騫事 後母, (疑有脫文), 絮騫衣以蘆花. 御車, 寒, 失靷. 父怒笞之, 後無背, 知單衣, 父乃去其妻. 騫啓父曰：『母在一子寒, 母去三子單』」이라 하였다. 이처럼 각각의 기록이 약간씩 다르다. 특히 《藝文類聚》의 "母去四子寒"에서 "四子"는 閔子騫의 형제가 그 속에 포함되어 文義가 통하지만 그 아래에 다시 "再言三子溫"에서의 四는 三으로 고쳐져야 한다. 다른 기록이 모두 三字인 것으로 증명된다.

2. 晉靈公驕奢

출전：《藝文類聚》 권24 및 권74, 《太平御覽》 권758에 인용

晉靈公驕奢, 造九層之臺, 費用千億, 謂左右曰：「敢有諫者, 斬!」孫息 聞之, 求見. 公曰：「子何能?」孫息曰：「臣能累十二博碁, 加九雞子於其上.」 公曰：「吾少學, 未嘗見也, 子爲寡人作之.」孫息卽正顔色, 定志意(一作氣) 以碁子置於下, 而加九雞子於其上. 左右屛(一作㦃)息. 靈公扶(一作俯) 伏, 氣息不續. 公曰：「危哉, 危哉!」孫息曰：「臣謂是不危也, 復有危此者.」 公曰：「願見之.」孫息曰：「公爲九層之臺, 三年不成, 男不得耕, 女不得織,國用空虛, 戶口減少, 吏民叛亡, 鄰國謀議, 將興兵. 社稷一滅, 君何所望.」
靈公曰:「寡人之過, 乃至於此.」卽壞九層之臺.

3. 晉靈公造九層之臺

  출전:《後漢書》呂布傳의 注에 인용
  ❋ 문장의 뒷부분은 앞의《藝文類聚》24, 74 및《太平御覽》과 같음.

晉靈公造九層之臺(云云), 孫息求見. 靈公張弩操矢見之, 謂之曰:「子欲
諫邪?」孫息曰:「臣不敢諫也.」臣能累十二博棊.

(按): 이상의 두 장(2, 3)은 孫息이 晉 靈公의 누대짓는 공사를 간언한
것으로《史記》范雎列傳 正義,《後漢書》皇后紀(上)의 注,《文選》左思의
魏都賦의 注, 鍾會의 檄蜀文의 注, 潘安仁의 馬汧督誄의 注,《太平御覽》
456 등에 인용되어 있으며 약간의 글자가 다를 뿐이다. 孫息은《後漢書》
皇后紀(上)의 注 및《太平御覽》456에는 모두 荀息으로 되어 있다.
이는 孫과 荀이 비슷한 음으로 荀卿을 孫卿이라 한 것과 같은 이치이다.
그러나 여기서의 荀息은 晉 獻公 때 虞나라 길을 빌려 虢을 치자고
청하였던 荀息과는 다른 인물이다. 또 "將興兵"은《太平御覽》456에는
"將欲興兵"으로 되어 있고 孫息의 대답 중에 앞뒤 4字句에 "欲"자가
탈락된 것이 아닌가 한다.

4. 孫息學悲歌

  출전:《北堂書鈔》106에 인용

孫息學悲歌, 引琴作鄭衛之音, 晉獻公大惑, 故作衛公之曲, 歌而和之.

(按): 孔廣陶 校注本의《北堂書鈔》109에도 "晉靈公好悲歌鼓琴"이
인용되어 있다. 바로 본 장의 佚文이 아닌가 한다.

5. 齊王起九重之臺
출전:《藝文類聚》32,《太平御覽》381, 750에 인용

齊王起九重之臺, 募國中有能畫者賜之錢. 有(一作狂卒)敬君居常饑
寒, 其妻妙色(一作端正)敬君工畫, 貪賜畫臺, 去家日久, 思憶(一作念)
其妻, 遂畫其像, 向之熹(一作而)笑. 旁人瞻(疑覘)見之, 以白王. 王召問之,
對曰:「有妻如此, 去家日久, 心常念之, 竊畫其像, 以慰離心, 不悟上聞.」
王卽設酒, 與敬君相樂. 謂敬君曰:「國中獻女無好者, 以錢百萬請妻, 可乎?
不者, 殺汝.」敬君偉惶請許.

(按): 嚴可均의 輯佚에는 이를《藝文類聚》33에 인용된 것이라 잘못
기재하였다.

6. 呂望年七十
출전:《藝文類聚》66,《史記》齊太公世家 索隱에 인용

呂望年七十, 釣於渭渚, 三日三夜, 魚無食者. 望卽忿脫其衣冠. 上有農
人者古之異人(一作老賢人)也, 謂望曰:「子姑復釣, 必細其綸, 芳其餌,
徐徐而投之, 無令魚駭.」望如其言. 初下, 得鮒, 次得鯉. 刳魚腹得書,
書文曰:「呂望封於齊」, 望知其異.

(按): 이는 원래《史記》齊太公世家 正義에 인용된 것이다. 盧文弨의
輯佚에는 索隱이라 잘못 기록하였다.

7. 齊遣淳于髡到楚

출전:《藝文類聚》96,《北堂書鈔》40,《太平御覽》243, 278, 736에
인용된 것이며 앞의 몇 구절은 다시 《新序》에 인용

齊遣淳于髡到楚, 髡爲人短小, 楚王甚薄之, 謂曰:「齊無人耶? 而使子來,
子何長也?」對曰:「臣無所長, 腰中七尺劍, 欲斬無狀(新序誤壯)王.」王曰:
「止, 吾但戲子耳.」卽與髡共飮酒, 謂髡曰:「吾有讎在吳國, 子寧能爲吾
報之乎?」對曰:「臣來見道旁野民, 持一頭魚, 上田祝曰:『高得萬束, 下得
千斛.』臣竊笑之, 以爲禮薄而望多也. 王今與吾半日之樂而委以吳, 王非
其計.」楚王嘿然.

(按): 이는《文選》曹子建의 雜詩의 注 및《太平御覽》779에도 인용
되어 있다.《太平御覽》에는 "爲人" 아래에 "形貌" 두 글자가 들어 있고
"甚薄"은 "薄賤"으로 되어 있다.

또 "齊遣淳于髡到楚" 부터 "卽與髡共飮酒"까지는《太平御覽》437에는
《新序》에서 引用하였다고 하나 지금의《新序》에는 없다.《史記》管晏
列傳에는 "晏子長不滿六尺"이라 하였고,《晏子春秋》內篇 雜(下)의 "晏子
使楚, 楚王以晏子短, 爲小門以辱之"의 글이 있다.

그런가 하면《史記》淳于髡傳에는 淳于髡이 "長不滿七尺, 滑稽多辯,
數使諸侯, 未嘗屈辱"이라 하여 두 사람 모두 키가 작아 이런 전설이
附會된 것이 아닌가 한다. 그 외에 "禮薄望多"의 고사는 본《說苑》
復恩篇 및 尊賢篇에 기록된 淳于髡의 일과 뜻은 같으나 사건이 다를
뿐이다.

8. 晉文公伐楚

출전:《太平御覽》279에 인용. 단《說苑》權謀篇의 기록과는 다름

晉文公伐楚, 歸國行賞, 狐偃爲首. 或曰:「城濮之事, 先軫之謀.」文公曰:
「城濮之事, 偃說我無失信, 不背三舍之約. 先軫所謀軍事, 吾用之以勝,
然此一時之說, 偃言萬世之功, 奈何以一時之利而加萬世功乎? 是以先之.」
衆人悅服.

(按): 이 내용은《史記》晉世家에도 있다.
　다만 "先軫所謀軍事"가《史記》에는 "先軫曰軍事勝爲右"로 되어 있다.
또《說苑拾補》의 輯佚에는 이 문장 다음에 "中行獻子將伐鄭"의 일문이
있다.(《太平御覽》305에 인용된 것) 그러나 이는 이미 본《說苑》의 貴德篇에
있다. 또 "秦急圍邯鄲"(《太平御覽》353에 인용된 것)이 있으나 이 역시
본《說苑》復恩篇에 들어 있다. 盧文弨가 실수하여 여기에 넣었던
것으로 지금 여기서는 제외한다.

9. 梁君出獵

출전:《太平御覽》390에 인용.《新序》(2)에 公孫龍이 公孫襲으로
　　　되어 있음

梁君出獵, 見白鴈群. 梁君下車, 彀弓欲射之. 道有行者觀, 梁君謂行者止,
行者不止, 鴈群駭. 梁君怒, 欲殺行者. 其御公孫龍下車對曰:「昔者齊景
公之時, 天旱三年, 卜之曰:『必以人祠, 乃雨.』景公曰:『吾所以求雨者爲
吾民也, 今以人祠乃雨, 寡人將自當之.』言未卒, 天大雨方千里. 今主君
以白鴈故而欲殺之, 無異於狼虎.」梁君援其手, 與上車, 入郭門, 呼萬歲.
曰:「樂哉! 今日獵也, 獨得善言.」

(按):《太平御覽》457에는《莊子》에서 인용되었다고 하였고,《困學紀聞》十載에 들어 있다.《莊子》에는 없다. 본문 "道有行者觀"의 觀자는 연문이 아닌가 한다.《新序》雜事(二)의 본문 내용에는 觀자가 없다.

10. 齊遣兵攻魯
출전:《太平御覽》422에 인용.《烈女傳》節義篇을 볼 것

齊遣兵攻魯, 見一婦人, 將兩小兒走, 抱小而挈大, 顧見大軍且至, 抱大而挈小. 使者甚怪, 問之. 婦人曰:「大者妾夫兄之子, 小者妾之子. 夫兄子者公義也, 妾之子者私愛也, 寧濟公而廢私耶.」使者悵然, 賢其辭, 卽罷軍還. 對齊王說之曰:「魯未可攻也, 匹婦之義尙如此, 何況朝廷之臣乎.」

(按): 본 장의 내용은《烈女傳》卷五 節義傳 魯義姑姊章에도 실려 있으며 문장이 비교적 상세하다. 본문의 "使者"는 "齊將"으로 보는 것이 순통하다.

11. 魯有賢女
출전:《太平御覽》469에 인용

魯有賢女, 次室之子, 年二十, 明曉經書, 常侍立而吟(烈女傳作倚柱而嘯)涕泣如雨. 有識謂之曰:「汝欲嫁耶? 何悲之甚.」對曰:「魯君年老, 太子尙小, 憂其姦臣起矣.」

(按): 본 장은《烈女傳》卷三, 仁智傳 漆室之女章에도 실려 있고 "次室"이 "漆室"로 되어 있다. 또《後漢書》盧植傳의 注에는《琴操》를

魯나라 漆室의 여인 《列女傳》 삽화

인용하여 "漆室"로 되어 있으나 《論衡》 實知篇, 《潛夫論》 釋老에는 "次室"로 되어 있다.

　이 "次室"은 魯나라 邑名으로 《續漢書》 郡國志 東海郡 蘭陵에 次室亭 注에 《地道記》를 인용, "故魯次室邑, 烈女傳有漆室之女或作次室"이라 하였다.

　아마 漆과 次는 고대에 같은 음이었으리라 본다.

　또 문장 중의 "倚立而吟"은 《論衡》과 《烈女傳》에는 "倚柱而嘯"라 하였고 《潛夫論》에는 "倚立而嘆嘯"라 하였다.

　그리고 《後漢書》 盧植傳에는 《琴操》를 인용하여 "倚柱, 悲吟而嘯"라 하였다. "倚立"은 "倚柱"의 글씨 형태의 잘못이 아닌가 한다.

12. 趙襄子問王離曰

출전:《太平御覽》633에 인용

趙襄子問王離曰:「國之所以亡者何也?」對曰:「君惏而能忍.」襄子曰:「何以爲然也?」曰:「惏則不能賞賢, 忍則不能罰罪, 賢者不賞, 罪者不罰, 不亡何也!」

(按): 본 장은《新序》雜事五에도 실려 있다.

王離는 秦나라 名將인 王翦의 손자로 二世 때에 군대를 이끌고 趙를 공격, 趙王을 鉅鹿에서 포위하였다가 뒤에 項羽에게 사로잡힌다. 그러나 王離와 趙襄子는 시간적인 차이가 200여 년이나 되므로 다른 인물일 가능성이 크다.

《新序》에는 王子維로 되어 있다. "能忍"은 해석이 맞지 않다.《新序》에 "不忍"으로 되어 있다. 惻隱憐人의 뜻이다. 그러므로 姑息的으로 능히 罰罪를 내리지 못한다는 의미이다.

13. 蘇秦至齊

출전:《太平御覽》633에 인용

蘇秦至齊, 齊王厚待之. 齊大夫嫉之, 使人刺秦而不死. 齊王出珍寶, 募求賊, 不得. 蘇秦垂死, 謂齊王曰:「王誠能爲臣求賊者, 臣死後, 請車裂臣屍於市, 詢之曰:『蘇秦爲燕, 欲亂齊. 今日其死, 寡人甚喜, 故裂之. 若得其殺主, 重封賞之.』如此, 刺臣者必出矣.」齊王從其言, 裂屍而詢之, 刺蘇秦者果出求賞.

(按): 본 장은《史記》蘇秦列傳에도 있으나 문장이 생략되어 있다.

본문의 "詢"자는 《史記》에 "徇"으로 되어 있고 《太平御覽》의 鮑校에도 "徇"으로 되어 있다.

14. 北塞上之人

출전: 《太平御覽》896에 인용. 《淮南子》의 문장도 같음

北塞上之人, 其馬亡入胡中, 人皆弔之. 其父曰:「此何詎知不爲福.」居數月, 其馬將胡駿馬而歸, 人皆賀之. 其父曰:「此何詎知不爲禍.」家富馬良, 其子好騎, 墮而折髀, 人皆弔之. 其父曰:「此何詎知不爲福.」居一年, 胡夷大出虜, 丁壯者皆控弦而戰, 塞上之人, 死者十九, 此子獨以跛故, 父子相保.

(按): 塞翁之馬로 널리 알려진 고사로 宋本 《太平御覽》에는 "詎"를 모두 "誰"자로 고쳤으며 "虜"자는 없다.

또 "塞上之人" 전에 한 글자가 빠져 있으며 "父子"는 "子父"로 되어 있다. 본 장은 《淮南子》人間訓에 실려 있으며 "北塞上之人"은 《淮南子》에 "近塞上之人"으로 되어 있다.

여기서 "近"은 시간적으로 "근래에"라는 뜻을 주장한 이가 兪樾이다. 그는 《淮南子內篇平議》에서 "近謂近時也, 此蓋淮南擧近事言之, 故曰近, 非連塞字爲義也. 班孟堅幽通賦:『北叟頗識其倚伏』, 卽用此事. 而云北叟者, 以下文言胡人大入塞, 故知是北方之塞耳. 乃顏師古注漢書敍傳, 引此文作『北塞上之人』, 蓋涉正文北叟而誤, 非顏注之舊, 是以李善注文選幽通賦, 止云『塞上之人』, 若使本『北塞』, 則正宜引之以證北叟之義, 安得刪去之. 惟其是『近』字, 故可有可無也. 後漢書蔡邕傳『得北叟之後福』, 李賢注曰:『北叟, 塞上叟也』. 但言塞上, 不言北塞上, 然則淮南子原文不作『北塞』, 明甚. 而藝文類聚・太平御覽引此文並作『北塞上之人』, 則爲漢書注所誤. 王氏念孫反據以訂正淮南, 謬矣"라 하였다.

한편 "詎"는 "遽"와 같은 뜻이다. 宋本《太平御覽》에 "誰"로 적은 것은 "詎"의 誤記가 아닌가 한다.

15. 晉平公問趙武曰
출전:《藝文類聚》50에 인용

晉平公問趙武曰:「中牟, 三國之股肱, 邯鄲之肩髀也. 寡人欲其良令也, 其令空, 誰使而可?」趙武曰:「邢子可.」公曰:「邢子非子之讎邪?」對曰: 「私讎不入公門.」又問曰:「中府之令空, 誰使而可?」趙武曰:「臣子可.」故外擧不避讎, 內擧不避子.

(按): 본 장은《韓非子》外儲說(左下)에도 들어 있다.
"寡人欲其良令也"에서 "欲"자 아래에 "得"자가 더 있다.
또 "邢子"는《韓非子》에는 "邢伯子"로 되어 있다.

16. 龜千勢
출전:《藝文類聚》96에 인용

龜千歲, 能與人言.

(按):《初學記》에는《玄中記》를 인용하여 "千歲之龜, 能與人言"이라 하였다. 혹시 본 장은 본《說苑》辨物篇 제14장의 脫文이 아닌가 한다.

17. 鼓法天

출전:《北堂書鈔》108에 인용

鼓法天, 鐘法地.

(按):《太平御覽》575에 인용된 "鼓法天, 鐘法地. 秦始皇建千石之鍾, 立萬石之簴" 구절에서 뒤의 두 구절은 본서 至公篇 5장에도 있다.

또 盧文弨의 輯佚에 본 장 다음에《文選》注三의 "楚文侯曰:『邑中豪, 好蔽善而揚惡, 可親問之.』"를 佚文으로 넣어 놓았다.

이는《文選》張平子의 東京賦에 注로 引用된 것이다.

그러나 본서 政理篇 23장에 "魏文侯使西門豹治鄴告之曰: 子往矣, 是無邑不有賢豪辨博者也; 無邑不有好揚人之惡, 蔽人之善者也. 往必問豪賢者, 因而親之; 其辯博者, 因而師之; 問其好揚人之惡, 蔽人之善者, 因而察之"라 하여 이를 引用한 것으로 보아야 한다.

따라서 盧氏의 착오로 보아 여기서는 佚文이라 인정하지 않는다.

18. 勇士孟賁

출전:《文選》注 8, 18에 인용

勇士孟賁水行不避蛟龍, 陸行不避虎狼.

(按): 본 장은《文選》揚雄의 羽獵賦, 馬融의 長笛賦, 張景陽의 七命 등에 주로 引用되어 있다.

그리고《後漢書》鄭太列傳의 注에 "孟賁水行不避蛟龍, 陸行不避虎狼, 發怒吐氣, 聲響動天"이라 하여《太平御覽》386의 引用文과 같다.

한편 《史記》 袁盎傳의 索隱에는 《尸子》를 인용하여 "孟賁水行不避蛟龍, 陸行不避兕虎"라 하였고, 《太平御覽》 437에는 《新序》를 인용하여 "勇士一呼, 三軍皆避易, 士之誠也. 夫勇士孟賁水行不避蛟龍, 陸行不避虎狼, 發怒吐氣, 聲響動天, 至其死矣, 頭身斷絶. 夫不用仁而用武, 當時雖快, 身必無後, 是以孔子勤勤行仁"이라 하였다.

이렇게 보면 앞의 三句는 지금의 《新序》 雜事 卷四와 같으나 뒤의 문장은 다르다. 역시 "勇士孟賁水行不避蛟龍, 陸行不避虎狼"의 두 구절도 없다.

19. 聲樂易良

출전: 《文選》 17에 인용

聲樂易良而合於歌情, 盡舞意.

(按): 본 장은 《文選》 傅毅의 舞賦의 注에 인용되어 있고, 《北堂書鈔》 109에는 "聲樂之象瑟易瑟良而合於樂也"라 하고, 그 注에 "此條有訛脫"이라 하였다.

한편 盧氏의 《說苑拾補》 輯佚에 본 장 다음에 "蓬生枲中, 不扶自直也"를 《後漢書》 徐穉傳의 注에 인용된 佚文이라 하여 실어 놓았다. 그러나 이는 본 《說苑》 叢談 제66장에 실려 있다. 盧氏의 착오이다. 지금 여기서는 제외한다.

20. 子奇年十八

출전: 《後漢書》 胡廣傳 注에 인용

子奇年十八, 齊君使主東阿, 東阿大化.

(按): 본 장은 《後漢書》邊讓傳의 注에 "子奇年十八, 爲阿宰, 有善積"이라 인용되었고, 《文選》潘正叔의 贈河陽詩 注에는 더욱 상세히 인용되어 있다. 즉 "子奇年十八, 齊君使治阿, 旣行, 齊君悔之. 遣使追, 使者返曰: 『子奇必能矣, 共載者皆白首者也.』子奇至阿, 鑄庫兵以爲耕器. 魏聞童子 爲君, 庫無兵, 倉無粟, 乃起兵擊之. 阿人父率子, 兄率弟, 以私兵戰, 遂敗魏師" 라 한 것이다. 《意林》에서는 《新序》를 인용한 것으로 되어 있고 《後漢 書》順帝紀 注에는 역시 이를 《新序》에서 인용하였다고 하면서 "子奇年 十八, 齊君使之化阿, 至阿, 鑄其庫兵以爲耕器, 出倉廩以貧窮, 阿縣大化"라 하였다. 그러나 지금의 《新序》에는 이 구절이 없다.

그리고 《意林》과 順帝紀 注에는 모두 "出倉廩以振貧窮"의 구절이 있어 補充하면 그 다음의 "倉無粟"과 뜻이 맞는다.

21. 晉平公時
출전: 《後漢書》臧宮傳의 注에 인용

晉平公時, 赤地千里.

(按): 《韓非子》十過의 師曠이 晉平公에게 淸角之音을 연주한 내용에 "晉國大旱, 赤地三年"이라는 구절이 있고, 王先愼의 集解에 "事類賦에는 三年이 千里로 되어 있다"고 하였다.

또 《史記》樂書에 역시 師曠이 晉平公에게 悲音을 연주하며 "晉國大旱, 赤地三年"이라는 구절이 보인다.

한편 이상의 21條(章)는 모두가 盧文弨의 《說苑拾補》逸篇에 佚文으로 輯錄되어 있고 嚴可均도 동일하게 佚文으로 수록하였다.

다음의 13條(章)는 이에 《說苑疏證》(趙善詒)에 새로이 補輯한 것이다.

22. 王國子前母子伯奇

출전:《後漢書》黃瓊傳 注에 인용

王國子前母子伯奇, 後母子伯封. 後母欲其子立爲太子, 說王曰:「伯奇
好妾.」王不信, 其母曰:「令伯奇於後園, 妾過其旁, 王上臺視之, 卽可知.」
王如其言. 伯奇入園, 後母陰取蜂十數置單衣中, 遇伯奇邊曰:「蜂螫我.」
伯奇就衣中取蜂殺之. 王遙見, 乃逐伯奇也.

(按):《漢書》馮奉世傳贊의 注에도 인용되어 있으나 문장이 간략하다.
그러나 "後母子伯封" 다음에 "兄弟相重" 一句가 더 있다.

그리고 《文選》陸士衡의 君子行의 注에는 이를 "兄弟相愛"라 하였다.
또 《文選》注에는 "王國子"를 "王國君"으로, "好妾"을 "愛妾"으로 하였고,
그 다음의 문장은 "後母取蜂, 除其毒而置衣領之中, 往過伯奇, 伯奇往視袖中,
殺蜂. 王見讓伯奇. 伯奇出, 使者就袖中有死蜂. 使者白王, 王見蜂追之, 已自
沒河中"이라 하여 《後漢書》注에 인용된 것과 다르다.

한편 《太平御覽》950에는 《烈女傳》을 인용하여 "尹吉甫子伯奇至孝,
事後母. 母取蜂去毒, 繫於衣上, 伯奇前, 欲去之, 母便大呼曰:『伯奇牽我.』
吉甫見疑之, 伯奇自死"라 하였으나 지금의 《烈女傳》에는 이 문장이
없다.

또한 蔡邕의 《琴操》에는 이 일이 더욱 상세하게 기록되어 있다.
즉 《琴操》履霜操에 "履霜操者尹吉甫之子伯奇所作也. 吉甫, 周上卿也,
有子伯奇. 伯奇母死, 吉甫更娶後妻, 生子曰伯邦, 乃譖伯奇於吉甫曰:『伯奇
見妾有美色, 然有欲心.』吉甫曰:『伯奇爲人慈仁, 豈有此也.』妻曰:『試置
妾空房中, 君登樓而察之.』後妻知伯奇仁孝, 乃取毒蜂綴衣領, 伯奇前持之.
於是吉甫大怒, 放伯奇於野. 伯奇編水荷而衣之, 采楟花而食之. 淸朝履霜,
自傷無罪見逐, 乃援琴而鼓之曰:『履朝霜兮採晨寒, 考不明其心兮聽讒言.
孤恩別離兮摧肺肝, 何辜皇天兮遭斯愆, 痛殁不同兮恩有偏, 誰說顧兮知我寃.』

宣王出遊, 吉甫從之, 伯奇乃作歌, 以言感之於宣王. 宣王聞之曰:『此孝子之辭也.』吉甫乃求伯奇於野而感悟. 遂射殺後妻"라 하였다. 그러나 郭茂倩의 《樂府詩集》琴曲歌辭 履霜操에는 "伯奇自傷見放, 於是援琴鼓之而作此操, 曲終, 投河而死"라 하여 위의 내용과 같지 않다.

23. 晉文公饗炙而髮繞之
　　출전:《北堂書鈔》55에 인용

晉文公饗炙而髮繞之. 宰曰:「佩刀砥礪, 利由干將, 切肉斷而髮不絶, 臣罪一也; 愛誅貫臠而不見髮, 臣罪二也; 鑪炭赤紅而髮不絶, 臣罪三也.」文公曰:「噫, 此有所在.」乃召次宰詰之, 果服也.

　　(按): 본 장의 글은 《韓非子》內儲說(下)에도 보인다. 다만 "利由干將"에서의 "由"자는 《韓非子》에는 "猶"로,《意林》에서 《韓非子》를 인용하면서 "如"로 썼다. 由와 猶는 고대에 통용자이며 또 猶는 如와 통용된다.
　　《呂覽》(呂氏春秋) 愼行에 "且自以爲猶宋也"의 注에 "如也"라 하였고 "愛誅"를 《韓非子》에서는 "棳木"이라 하였다.
　　또 "鑪炭赤紅而髮不絶"에서 "髮不絶"은 중복되어 《韓非子》에는 "奉熾爐, 炭火盡赤紅, 炙熟而髮不焦"라 하여 "髮不焦"라 하였다.
　　또 "詰之"는 《韓非子》에는 "譙之"라 되어 있다.

24. 柳下惠死
　　출전:《北堂書鈔》102에 인용

柳下惠死, 人將誄之. 妻曰:「將述夫子之德, 二三子不若妾之知.」爲誄曰:「夫子之不伐, 夫子之不謁, 諡宜爲惠.」弟子聞而從之.

(按): 이 내용은 《烈女傳》 卷二 賢明傳 柳下惠妻章에 더욱 자세히 기록되어 있다.

25. 子曰以容取人
출전: 《孔子集語》 楚昭王篇에 인용

子曰:「以容取人, 失之子羽; 以言取人, 失之宰我.」澹臺子羽, 君子之容也, 與之久處而言不克(一作充, 下同)其貌; 宰予之辭, 雅而文也, 與之久處, 而智不克其辯.

(按): 본 문장은 《孔子家語》 子路初見篇에도 들어 있다. 그 문장은 "澹臺子羽有君子之容, 而行不勝其貌; 宰我有文雅之辭, 而智不充其辯. 孔子曰:「里語云, 『相馬以輿, 相士以居』, 不可廢矣. 以容取人, 則失之子羽; 以辭取人, 則失之宰予」"라 되어 있다.

또 《韓非子》 顯學篇에도 들어 있으며, 《史記》 仲尼弟子列傳에는 "澹臺子羽狀貌其惡, 欲事孔子, 孔子以爲材薄. 旣已受業, 退而修行, 行不由徑, 非公事不見卿大夫. 南遊至江, 從弟子三百人, 設取予去就, 名施乎諸侯. 孔子聞之曰:『吾以言取人, 失之宰予; 以貌取人, 失之子羽』"라 하여 子羽가 용모는 추하나 그 행동은 바르다는 뜻을 강조한 것이다. 그 때문에 "以貌取人, 失之子羽"라 한 것이다.

본 장은 《韓非子》, 《孔子家語》 등에서는 子羽가 君子之容이 있으나 그에 걸맞는 행동을 하지 못한다고 하여 《史記》 正義와는 상반된다.

모두가 뒷사람이 들은 바를 공자에 의탁해서 썼기 때문일 것이다.

26. 衛靈公天寒鑿池

출전:《太平御覽》27에 인용

衛靈公天寒鑿池, 宛春諫曰：「天寒起役, 恐怠民也.」公曰：「寒乎?」
春曰：「公衣狐裘, 坐熊席, 是以不寒, 民寒甚矣.」公乃罷役.

(按): 본 장의 기록은《呂覽》分職 및《新序》卷6 刺奢 第4章에도
나와 있다. 다만 "怠民"은《呂覽》과《新序》에 모두 "傷民"으로 되어
있다. 怠는 殆와, 다시 殆는 疲困의 뜻이 되므로 가능하다. 또 "民寒甚矣"
는《呂覽》과《新序》에 "今民衣弊不補, 履決不組(新序作苴), 君則不寒矣
(新序無矣字), 民則寒矣(新序則作誠)"라 하여 문장이 훨씬 순통하게
되어 있다.

27. 淳于髡三稱

출전:《文選》陳琳의 答東阿王牋의 注에 인용

淳于髡三稱, 鄒忌三知之, 髡等辭屈而去. 故所以尚干將莫邪者貴於
立斷.

(按): 이 구절은《新序》卷2 雜事 第6章에도 보인다.

28. 殷法

출전:《北堂書鈔》43,《史記》商君列傳 索隱에 인용

殷法, 棄灰於街者刑.

(按): 이 구절은 《韓非子》內儲說(上)에도 보인다. 한편 《史記》에는 殷이 秦으로 되어 있다.

29. 辟雍
　　출전: 《太平御覽》534에 인용

辟雍, 天子鄕飮之處.

30. 秦二世立
　　출전: 《太平御覽》875에 인용

秦二世立, 枉矢夜光. 俄而天下大亂, 二世被殺.

(按): 본 장은 본 《說苑》辨物篇 2장의 일부인 것으로 보인다.

31. 禹之化天下也
　　출전: 《初學記》卷9에 인용

禹之化天下也, 以五聲聽, 門懸鐘鼓鐸磬而置鞀, 以待四海之士.

(按): 본 장은 《淮南子》氾論訓에도 보인다. 그 문장은 다음과 같다.
"禹之時, 以五音聽治, (御覽五七六引「治」作「政」) 懸鐘鼓磬鐸置鞀, 以待四方之士. 爲號曰: 『敎寡人以道者擊鼓, 諭寡人以義者擊鐘, 告寡人以事者振鐸, 語寡人以憂者擊磬, 有獄訟者搖鞀.』"

32. 文公好食昌本菹

출전:《太平御覽》999에 인용

文公好食昌本菹, 本草卽菖蒲.

(按): 본 장은《呂覽》遇合篇에 "文王嗜昌蒲菹(昌木之菹), 孔子聞而服之, 縮頞而食之, 三年然後勝之"라 하였고 문장 중의 "公", "木" 두 글자는 오기인 것으로 보인다. 또 "本草卽菖蒲"는 注가 잘못하여 正文으로 삽입된 것이 아닌가 한다.

33. 公孫僑相鄭

출전:《太平御覽》969에 인용

公孫僑相鄭, 路不拾遺, 桃李垂街, 人不敢取.

(按): 본 구절은《韓非子》外儲說(左上) 및《呂覽》下賢篇에도 보인다. 다만 "桃李垂街, 人不敢取"는《韓非子》에는 "桃棗之蔭於街者, 莫援也"로 되어 있고,《呂覽》에는 "桃李之垂於街者, 莫之援也"로 되어 있다.

34. 梁上鼠

출전:《太平御覽》911에 인용

梁上鼠飽聞長者論.

(按): 이 문장은 脫誤가 있는 것으로 여겨진다.

한편 본《說苑》建本 10(3-10) "周召公年十九"에 "烏號之弓雖良, 不得排檠, 不能自任"의 "烏號"에 대해서《中文大辭典》(1980. 5版)에《說苑》正失篇을 출처로 다음과 같이 적고 있다.

"烏號弓者, 柘桑之林, 枝條暢茂, 烏登其上, 下垂著地, 烏適飛去, 後從撥殺, 取以爲弓, 因名烏號耳."

한편 이 문장은《大漢和辭典》과 완전히 같다.

원래 烏號는《史記》封禪書에 "黃帝采首山銅, 鑄鼎於荊山下, 鼎旣成, 有龍垂胡髥, 下迎黃帝, 黃帝上騎, 群臣後宮從上者七十餘人, 餘小臣不得上, 乃悉持龍髥, 龍髥拔墮, 墮黃帝之弓, 百姓仰望, 黃帝旣上天, 乃抱其弓與胡髥號, 故後世因名其處曰鼎胡, 其弓曰烏號"라 하였다.

또《淮南子》原道訓에는 "射者扞烏號之弓, 彎棊衛之箭"의 구절 注에 "桑柘其材堅勁, 烏峙其上, 卽將飛, 枝撓下, 烏不敢飛, 號呼其上, 伐其枝以 爲弓, 因曰烏號. 一說黃帝得道, 乘龍而上, 其臣援弓射龍, 欲下黃帝, 不能也. 烏於也號呼也, 於是抱弓而號, 因名其弓爲烏號"라 하였다. 이렇게 보면 그 기록과 고사는 두 가지인 셈인데《淮南子》注에는 두 가지를 언급하고 있다. 문제는《說苑》에는 正失篇이 없고 烏號之弓에 대한 해석방법도 《說苑》의 일반적인 문장체와는 다르다. 따라서 佚文인지 확실히 알 수는 없다.

2. 《설원說苑》 관련저록著錄 및 서발序跋

說
苑

2. 《설원說苑》 관련 저록著錄 및 서발序跋

I. 著錄類

1. 劉向叙錄 ⋯⋯⋯⋯⋯⋯⋯⋯⋯⋯⋯⋯⋯⋯⋯ 漢, 劉向

護左都水使者光祿大夫臣向言, 所校中書說苑雜事及臣向書, 民間書
誣(盧文弨拾補案論語:「焉可誣也.」漢書薛宣傳作「可憮」. 蘇林曰:「憮,
同也, 兼也.」晉灼曰:「憮音誣.」疑此「誣」亦與「憮」同義.) 校讎其事類衆多,
章句相溷, 或上下謬亂, 難分別次序, 除去與新序復重者(拾補案尙有未
除盡者.) 其餘者, (拾補云疑衍.) 淺薄不中義理, 別集以爲百家後. (拾補云:
疑有脫文.) 令以類相從, 一一條別篇目, 更以造新事十萬言以上, 凡二十篇
七百八十四章, 號曰新苑, 皆可觀. 臣向昧死.(拾補云: 當有「謹上」二字.)

2. 《漢書》 藝文志

諸子略儒家, 劉向所序六┃七篇.(原注: 新序·說苑·世說·列女傳頌
圖也.)

3. 《隋書》 經籍志

子部儒家, 說苑二十卷, 劉向撰.

4. 《舊唐書》經籍志

丙部子錄儒家類, 說苑三十卷, 劉向撰.(按「三」係「二」之字誤.)

5. 《新唐書》藝文志

丙部子錄儒家類, 劉向說苑三十卷.(按「三」係「二」之字誤.)

6. 《崇文總目》

儒家類, 說苑五卷, 原釋: 漢劉向撰. 向, 成帝時典祕書, 採傳記百家之言掇其正辭美義可爲勸戒者, 以類相從, 爲說苑二十篇; 今存者五卷.(見文獻通考·南豐文集·書錄解題並引末句.)

7. 《通志》藝文略 ·························· 鄭樵

鄭樵通志藝文略: 諸子類儒術, 說苑二十卷, 劉向撰.

8. 《宋史》藝文志

宋史·藝文志 子部雜家類, 劉向說苑二十卷.

9. 《郡齋讀書志》 ························ 宋, 晁公武

子部儒家類, 說苑二十卷. 右漢劉向撰. 以君道·臣術·建本·立節·

貴德·復恩·政理·尊賢·正諫·法誠·善說·奉使·權謀·至公·指武·談叢·雜言·辨物·修文爲目, 鴻嘉四年上之, 闕第二十卷. 曾子固校書, 自謂得十五篇於士大夫家, 與崇文舊書五篇, 合爲二十篇而叙之, 然止是析十九卷作修文上下篇耳.

10. 《直齋書錄解題》 ················ 宋, 陳振孫

儒家類, 說苑二十卷. 劉向撰. 序言臣向所校中書說苑雜事, 除去與新序復重者, 其餘淺薄不中義理, 別集以爲百家後, 今以類相從, 更以造新事, 凡二十篇七百號曰說苑. 案漢志劉向所序六十七篇, 謂新序·說苑·世說·列女傳頌圖也. 今本南豐曾鞏序言崇文總目, 存者五篇, 從士大夫得十五篇, 與舊爲二十篇, 未知卽當時篇章否? 新苑之名亦不同.

11. 《漢書藝文志考證》(卷五) ············ 宋, 王應麟

說苑 向校中書說苑雜事, 分別次序, 除去與新序復重者, 以類相從, 凡二十篇, 君道至反質, 七百八十四章.(鴻嘉四年乙亥上.) 崇文總目存者五篇. 曾鞏後得十五篇與舊爲二十篇. 李德芻云: 闕反質一卷, 鞏分修文爲上下, 以足二十卷. 後高麗進一卷遂足.

12. 《子略》(卷四) ······················ 宋, 高以孫

新序說苑 河間王大雅文獻, 蔚然風流, 崇經尙文, 殫極禮樂而所尙醇正, 言議彬彬, 何其雍容不群如此也. 三代以下, 一人而已! 抑其時所遭者然歟? 磐石之宗, 莫可及之者. 向以區區宗臣, 老於文學窮經之苦, 崛出諸儒, 炯炯丹心, 在漢社稷, 奏篇每上, 無言不危. 吁! 亦非以其遭時遇主

者如是歟! 先秦古書, 甫脫燼劫, 一入向筆, 采擷不遺. 至其正紀綱, 迪敎化, 辨邪正, 黜異端, 以爲漢規監者盡在此書, 茲說苑·新序之旨也. 嗚呼, 向誠忠矣! 向之書誠切切矣. 漢之政, 日益萎苶而不振. 迄終於大亂而後已, 一杯水不足以救輿薪之火, 此之謂歟! 觀此則向之抱忠懷誼, 固有可憐者焉, 視河間之雅正不迫, 亦一時歟!

13.《黃氏日抄》(卷五十六) .... 宋, 黃震

　　說苑者劉向之所校讎, 去其複重與凡已見新序者而定爲二十卷名說苑. 然自今觀之, 其間煩重與新序混淆者尚亦多有, 且亦多傅會, 如唐·虞三代, 孔門問答, 其詞旨議論, 殊非聖賢氣象. 楚莊王賢君而謂其築臺殺諫者七十二人, 秦皇嚴毀謗之誅而反謂其能受茅焦·鮑白令與侯生三人之極諫. 凡欲言其臣之節, 必先甚其君之惡, 形容文致, 殆非人情. 曾參大賢謂其因耘瓜而擊其子幾死, 子路高弟謂其欲釋古學, 揆之事理, 皆未必然. 又桑穀之祥, 旣以爲大戊又以爲武丁, 於書則武丁乃鼎雉之事耳. 龍蛇之章旣以爲介子推, 又以爲舟之僑. 於傳則僑乃戮於城濮之役耳. 鴻鵠六翮之喩, 新序以爲固桑告晉平公, 說苑以爲古乘告趙簡子. 不屑扶君之事, 新序以爲虎會事趙簡子, 說苑以爲隋會事晉文侯. 君不能致士之說, 新序以爲大夫對衛相, 說苑以爲田饒對齊相宗衛. 解衣就鼎以諫佛肸之說, 新序以爲田單, 說苑以爲田基, 是二書定於一人而自爲異同. 若嚴則音聲之訟, 一以爲公叔文子告楚, 一以爲晏子告齊, 是一書重出而亦自異同. 劉向自以爲去其複重而尚若是, 何哉? 方南豐編集時, 官書僅有五卷, 後於士大夫間得十五卷以足之, 則後世之殘斷錯誤, 非必皆劉向本文耳. 然其指歸皆出於勸善懲惡, 冀扶世敎, 雖不盡純而最多精語, 過於諸子之雜書橫議遠矣. 君子亦不可以不觀也. 而南豐乃譏其徇物者多, 自爲者少.

14.《群書拾補》………………………… 清, 盧文弨

說苑二十卷, 漢劉向定, 今卷數與隋書經籍志合. 唐書藝文志作三十卷, 或轉寫之誤. 宋本前有劉向奏, 又復恩篇內多木門子高一條. 又有元時坊本, 脫落甚多, 然間有是處. 又有明楚府本, 亦可參攷. 但章懷注後漢書及困學紀聞等書所引, 尙有出於今本之外者. 考唐志劉貺有續說苑, 似不必皆出中壘. 今但取語意相近者, 略繫數條於後. 吾鄕孫侍御詒穀有校訂新序·說苑本, 甚精細, 今取之以校程榮本, 正字大書, 注其訛字於下, 他書有可參攷者, 亦注之.

15.《鄭堂讀書記》………………………… 清, 周中孚

說苑二十卷(漢魏叢書本)漢劉向撰. 四庫全書著錄, 漢志總載於劉向所序六十七篇中. 漢書本傳則與新序合稱五十篇, 新序凡三十篇, 則是書二十篇也. 隋志·讀書志·書錄解題, 通攷·宋志(雜家類)俱作二十卷, 新·舊唐志則俱作三十卷, 字之誤也. 崇文總目作五卷, 釋云:「向成帝時典秘書, 采傳記百家之言, 掇其正辭美義可爲勸戒者, 以類相從, 爲說苑二十篇, 今存者五篇.」曾子固序稱: 臣從士大夫間, 得之者十有五篇, 與爲二十篇, 正其脫謬, 疑者闕之. 晁氏稱其闕第二十卷, 子固止是析十九卷作修文上下篇耳. 晁氏是也. 此書亦每卷爲篇, 篇各有目, 與新序體例相同, 大旨亦復相類, 其所以分爲二書者, 蓋其成書有早晚, 奏之朝者有先後, 遂不可合並爲一書, 以致一事而兩書, 異同者亦復不少. 總由於各據所見群書, 采摭而成, 故未能較若畫一, 何況各自爲書耳.

16.《四庫全書總目提要》

說苑二十卷, 漢劉向撰. 是書凡二十篇, 隋·唐志皆同. 崇文總目云: 今存

者五篇, 餘皆亡. 曾鞏校書序云:「得十五篇於士大夫家, 與舊爲二十篇.」
晁公武讀書志云:「劉向說苑以君道・臣術・建本・立節・貴德・復恩・
政理・尊賢・正諫・法誡・善說・奉使・權謀・至公・指武・談叢・雜言・
辨物・修文爲目, 鴻嘉四年上之, 闕第二十卷, 曾子固所得二十篇, 正是析
十九卷作修文上・下耳.」今本第十法誡篇作敬愼, 而修文篇後有反質篇.
陸游渭南集記李德芻之言謂得高麗所進本, 補成完書, 則宋時己有此本,
晁公武偶未見也. 其書皆錄遺聞佚事, 足爲法戒之資者, 其例略如詩外
傳. 葉大慶攷古質疑摘其趙襄子賞晉陽之功, 孔子稱之一條, 諸御己諫
楚莊王築臺引伍子胥一條, 晏子使吳見夫差一條, 晉太史屠餘與周桓公論
晉平公一條, 晉勝智氏後, 闔閭襲郢一條, 楚左史倚相論越破吳一條, 晏子
送曾子一條, 晉昭公時戰邲一條, 孔子對趙襄子一條, 皆時代先後, 邈不
相及. 又介子推・舟之僑並載其龍蛇之歌, 而之僑事尤舛. 黃朝英緗素
雜記亦摘其固桑對晉平公論養士一條, 新序作舟人古乘對趙簡子. 又楚
文王爵筦饒一條新序作楚共王爵筦蘇. 二書同出向手而自相矛盾, 殆捃
拾衆說, 各據本文, 偶爾失於參校也. 然古籍散佚, 多賴此以存. 如漢志
河間獻王八篇, 隋志已不著錄, 而此書所載四條, 尚足見其議論醇正, 不愧
儒宗. 其他亦多可採擇, 雖間有傳聞異詞, 固不以微瑕累全璧矣.

17. 《四庫全書簡明目錄》

說苑二十卷, 漢劉向撰. 凡二十篇與新序體例相同, 大旨亦復相類, 其所
以分爲兩書之故, 莫之能詳, 中有一事而兩書異辭者, 蓋採摭群書, 各據
其所見, 既莫定其孰是, 寧傳疑而兩存也.

18. 《四庫全書總目提要補正》

汪之昌青學齋集有是書書後云:「曾鞏謂此向采傳記百家所載行事之迹,

以爲此書奏之, 欲以爲法戒, 古書容多傳聞異辭, 在向要必各有所據. 觀於邶風燕燕詩, 鄭君箋詩則作者莊姜, 禮坊記注則作者定姜, 詁經不嫌並存異義, 況此書主在規戒, 俾見者會其義理, 人名時代. 固在所後矣. 以書例論, 或述往事, 證以古經, 則韓詩外傳之體也. 或舉經文, 而下己意申戒之, 與春秋繁露之體相近, 自是西京時制作無疑.」吳氏拜經樓藏書題跋記有咸淳乙丑所刻二十卷, 並載孫志祖跋云:「取以校叢書程氏榮刻本, 其立節篇云:『比干殺身以成其忠, 尾生殺身以成其信, 伯夷·叔齊殺身以成其廉.』程本脫尾生句, 則與下文舉忠·舉信·舉廉之語不應. 又復恩篇, 蘧伯玉得罪於衛君一則, 程本所無, 此舊刻之可寶. 然予尚有疑者, 晁氏郡齋讀書志敘說苑篇目, 避宋孝宗諱, 易敬愼爲法誠, 而此本不易. 且李善文選注及太平御覽諸書所引說苑, 間出今二十篇之外, 王厚齋南宋人也, 撰困學紀聞, 引晉靈公造九層臺, 荀息上書求見, 云云, 此本亦無之, 則是書之闕佚者多矣.」又載黃丕烈跋云:「卷四立節篇有『尾生殺身以成其信』一句, 卷六復恩篇, 多木門子高一條, 自明天順本以下皆無之, 則信稱善本矣. 惟是卷六陽貨得罪條, 多『非桃李也』四字, 余本爲然, 與邵弓盧學士群書拾補引御覽合, 此猶失之, 其他與余本異者亦復彼善於此.」玉繡案: 咸淳爲度宗年號, 在孝宗後, 孫所見不避者當是翻舊本耳, 不必疑也. 所多一條, 瞿氏目錄載其文曰: 蘧伯玉得罪於衛君, 走而之晉, 晉大夫有木門子高者, 蘧伯玉舍其家. 居二年, 衛君赦其罪而反之, 木門子高使其子送之, 至於境, 蘧伯玉曰:「鄙夫之子反矣.」木門子高後得罪於晉君, 歸蘧伯玉, 伯玉言之衛君曰:「晉之賢大夫木門子高得罪於晉君, 願君禮之, 於是衛君郊迎之, 竟以爲卿.」丁氏藏書志有明刊校宋本云: 立節篇校添『尾生殺身以成其信』一句, 復恩篇晉趙盾舉韓厥條, 『欲誅趙氏』下, 多『初趙盾在』四字. 楚莊王賜群臣酒, 陽虎得罪北見簡子兩條, 均不缺.」玉繡案: 明楚府刊大字本多「初趙盾在時」五字, 與宋本同, 而楚莊·陽虎兩條仍缺, 見陸氏儀顧堂題跋. 又嚴可均輯佚文凡二十四條, 在全漢文中.

Ⅱ. 序跋類

1. 說苑序 ·············· 宋, 曾鞏

劉向所序說苑二十篇, 崇文總目云今存者五篇, 餘皆亡. 臣從士大夫
間得之者十有五篇, 與舊爲二十篇, 正其脫謬, 疑者闕之, 而叙其篇目曰:
向采傳記百家所載行事之迹, 以爲此書, 奏之, 欲以爲法戒. 然其所取,
或有不當於理, 故不得而不論也. 夫學者之於道, 非知其大略之難也, 知其
精微之際固難矣. 孔子之徒三千, 其顯者七十二人, 皆高世之材也, 然獨
稱顏氏之子, 其殆庶幾乎? 及回死, 又以爲無好學者. 而回亦稱夫子曰:
「仰之彌高, 鑽之彌堅.」 又以謂「夫子之言性與天道, 不可得而聞也.」 則其
精微之際, 固難知久矣, 是以取舍不能無失於其間也. 故曰:「學然後知
不足」, 豈虛言哉! 向之學博矣, 其著書及建言, 尤欲有爲於世, 忘其枉己
而爲之者有矣, 何其狗物者多而自爲者少也. 蓋古之聖賢, 非不欲有爲也,
然而曰, 求之有道, 得之有命. 故孔子所至之邦, 必聞其政, 而子貢以謂非
夫子之求之也, 豈不求之有道哉? 子曰:「道之將行也歟, 命也; 道之將廢
也歟, 命也.」 豈不得之有命哉? 令向知出此, 安於行止, 以彼其志, 能擇其
所學, 以盡乎精微, 則其所至未可量也. 是以夫子稱古之學者爲己, 孟子
稱君子欲其自得之, 自得之則取諸左右逢其原, 豈汲汲於外哉, 向之得失
如此, 亦學者之戒也. 故見之叙論, 令讀其書者知考而擇之也. 然向數困
於讒而不改其操, 與夫患失者異矣, 可謂有志者也. 編校書籍臣曾鞏上.

2. 跋說苑 ·············· 宋, 陸游

李德鄒云:「館中說苑二十卷, 而闕反質一卷. 曾鞏乃分修文爲上下,
以足二十卷. 後高麗進一卷, 遂足.」 淳熙乙巳十月六日, 務觀書.(渭南文
集卷二十七)

3. 說苑・新序序 .... 何良俊

　說苑二十卷・新序十卷, 漢中壘校尉劉向子政所撰, 宋集賢校理曾鞏
之所序錄者也. 觀鞏之序說苑, 譏子政以不能究知聖人精微之際, 又責
其著書建言, 尤欲有爲於世, 忘其枉己而爲之. 至論新序, 則以爲秦漢絶
學之後, 學者知折衷於聖人, 而能純於道德之美者, 揚雄氏而止耳. 余謂
鞏之文, 簡嚴質直, 大類子政. 獨其詆訶過嚴, 與奪失實, 蓋竊疑之焉.
夫自三代而下, 言道者莫純於孔子, 今考其書, 自說易而外, 其於精微之際,
蓋不數數也. 故曰:「民可使由之, 不可使知之.」子貢曰:「夫子之言性與
天道, 不可得而聞也.」今夫朱生於絳, 靑生於藍, 遂踰本色, 不可復化,
其質定也. 金之在鎔, 其爲鍾鏞, 爲鼎彝尊罍, 皆是也. 及其旣有成器,
則鍾鏞之不可使爲鼎彝尊罍, 鼎彝尊罍之不可使爲鍾鏞者, 其質定也.
蓋道者渾淪無方, 本無定質, 苟欲以言而定之者, 則道者將必爲天下裂.
子思談道, 最爲精微, 其言曰:「率性之謂道.」此其至善言者, 繼之曰:
「鳶飛戾天, 魚躍於淵.」其言適至是則止耳. 苟鳶而必求其所以戾於天,
則鳶者始膠膠然亂於上矣. 苟魚而必求其所以躍於淵, 則魚者始膠膠然
亂於下矣. 故雖以孟子亞聖, 其自序以爲功者, 惟曰:「入則孝, 出則弟,
守先王之法, 以待後之學者.」而於精微之際, 蓋亦不數數也. 孟子固亦
以言之長者, 道之所以裂也. 下是而言道者, 世號純儒, 莫過董生, 然猶泥
於機祥. 東漢諸人則誣於緯候, 至魏晉斷滅於虛無, 盡矣. 卽鞏之所推,
獨稱揚雄, 然雄之所陳, 有曰:「爰淸爰靜, 游神之庭, 惟寂惟漠, 守德之宅.」
苟折衷以聖人之論, 其亦眞能純於道德之美者非邪? 宋元豐間, 館閣諸
名士, 一日共商較古今人物失得, 王介甫言漢元晚節, 劉向數言天下事,
疑太犯分, 呂晦叔曰:「同姓之卿歟?」衆以爲然. 昔屈原以楚同姓, 傷懷
王之信讒, 遂入秦不反, 雖放流作離騷・九章諸篇, 猶拳拳於存君興國,
君子以爲忠. 夫以子政爲有非者, 然則屈原亦有非耶? 按子政當漢元・成間,
弘恭・石顯・王鳳方用事尊顯, 皆擅國, 士大夫一失其旨意, 卽斥逐誅死不
旋踵. 子政數上章刺譏時事, 指陳災異徵應, 乃至亡國弑君, 皆尋常患難時

朋友兄弟所不忍容, 子政獨斷斷於天子之前不少休, 有不啻批其逆鱗者, 是亦豈枉己者之爲. 使肯枉己, 則子政以彼其才, 稍自貶, 其取丞相·御史不難, 顧不出彼, 遒與其所謂三獨夫者終始相結托, 則不用, 困抑以死. 若此者, 鞏獨不少貸之哉! 夫春秋戰國時, 先王之澤未泯, 士君子之言語行事, 皆有可稱, 第以一節見, 或少戾於中庸之旨, 率不爲聖人所錄, 一時韓非·呂不韋諸人, 雖有論撰, 又雜以名法縱橫之說. 余謂數千百年之後, 凡成學治古文者, 欲攷見三代放失舊聞, 惟子政之書時爲雅馴. 今讀說苑二十篇, 自君道·臣術而下, 卽繼以建本, 極於修文, 終於反質, 蓋庶幾三王承敝易變之道, 又豈後代俗傳所得窺其旨要哉! 余因刻說苑·新序二書, 懼學者承誤習謬, 使子政之心不白於天下, 遒爲之辯著如此云. 嘉靖丁未八月朔東海何良俊撰.

4. 說苑序 .... 董其昌

西漢之著書者, 自陸賈以下凡六家, 而卯金子居其二. 淮南王安則有鴻烈解, 中壘校尉向則有說苑·新序云. 淮南之書, 傲詭超忽, 世所稱挾風霜, 飲沆瀣者. 蓋文士多沈酣焉, 而向之說苑二十篇, 網羅舊聞, 應規入矩, 似非好奇者所急也. 茲專刻說苑何也? 曰: 向之此書, 其合於立言之指者有三, 而文詞之爾雅不與焉. 裨用一也, 述聖一也, 獻讜一也, 有一於此, 皆可傳也, 矧兼至焉者乎! 夫語稱公輸子巧於爲舟車, 而拙於爲木鳶, 以非所常御也, 顧長康易於貌神鬼, 而難於貌狗馬, 以衆所習見也. 向之說苑自君道·臣術迄於修文·反質其標章持論, 鑿鑿民經, 皆有益天下國家而非雕塵鏤空, 縱談六合之外, 以動視聽者, 是爲裨用, 可傳也. 漢承秦後, 師異道, 人異學, 自仲舒始有大一統之說, 然世猶未知歸趣, 向之此書, 雖未盡洗戰國餘習, 大都主齊·魯論·家語而稍附雜以諸子, 不至逐流而忘委, 是以獨列於儒家, 是爲述聖, 可傳也. 元·成間, 中官外戚株連用事, 向引宗臣大義, 身攖讒吻, 顧所謂三獨夫者, 共憂社稷, 懷忠不效. 又進說苑以見志, 吾讀其正諫一篇, 蓋論昌陵・論外戚, 封事之餘音若縷焉, 是爲獻讜, 可傳也. 此三者鴻烈有之乎? 豈惟鴻烈, 陸大夫有向之麗而無其實, 賈太傅有向之辨, 而無其識, 董江都有向之醇, 而無其達, 揚子雲有向之詣而無其節, 知言者必能折衷矣. 或曰: 史載子政自言得淮南王枕中秘書以黃金不成獲罪, 則好鴻烈者, 宜莫如向, 故曾子固譏其言不深純, 是不然. 夫子政固少好淮南書者, 及其義甘不調, 齟齬憂患之徧嘗, 而學術意見已一變矣. 昔柳河東文師國語, 而非國語, 曾南豐文師子政, 而詆子政, 文人反攻固耳, 可盡信哉! 明文在卷四十六.

5. 《士禮居藏書題跋記》(卷三) ⋯⋯⋯⋯⋯⋯ 清, 黃丕烈

(1) 說苑 二十卷(北宋本)

嘉靖四十一年六月二十八日看畢, 是日立秋(行末無款, 惟張氏收藏一印.) 余向藏宋刻新序而說苑僅見小讀書堆所藏宋刻殘本, 係咸淳乙丑九月重刊者. 其本每葉十八行, 每行十八字. 所缺卷八至卷十三. 余曾借校一過. 此外又借錢遵王校宋本參之, 蓋錢校卽據咸淳重刊本, 因所見本, 缺葉多同, 特錢所校時, 未缺六卷耳. 其中如卷四立節篇有「尾生殺身以成其信」一句, 卷六復恩篇多「木門子高」一條. 自明天順本以下皆無者, 獨完好無缺, 信稱善本矣. 頃友人陶蘊輝以此宋刻說苑全本示餘, 謂是揚州賈人託其裝潢而欲爲他售者, 渠許以重直爲余購得. 余喜是書可與新序爲合璧而行款多同, 必是北宋以來舊本, 因遂得之, 取校咸淳重刊本, 實多是正. 卽如六卷「陽貨得罪」條多「非桃李也」四字, 盧抱經群書拾補中據御覽以爲有「非桃李也」四字, 詎知宋刻初本固有之耶. 其他佳處不可枚舉. 余悉校諸程榮本以供同好之傳錄云. 至於書有初刻重刊之別, 又有原板修板之殊. 前所收新序係初刻而陽山顧大有藏者係翻板, 玆所收說苑係原板, 而虞山錢遵王校者係重刊, 彼此先後, 各有異同. 今余

何幸而兩書皆得盡美盡善之本, 展讀一遍, 盡正群訛, 豈不快哉, 豈不快哉!
嘉慶歲在丁卯秋八月白露後二日士禮居重裝并記, 復翁黃丕烈. 第二第
五葉原失, 用咸淳重刊本補錄.

附錄小讀書堆殘宋本卷十九・卷二十宋刻款識

歲壬申秋琊山翁士白重修校正.

(2) 說苑 卷 第二十

鄉貢進士直學士胡達之䢇役

迪功郎改差充鎮江府學教授徐沂

咸淳乙丑九月迪功郎特差充鎮江府學教授李士忱命工重刊.(下略)

(3) 說苑 二十卷(宋本)

此咸淳乙丑九月重刊本說苑, 拜經樓藏書也. 余友海寗陳君仲魚, 知余
新得宋刻二十二行, 二十字本, 較諸本爲勝, 因取是本相示. 余校讀一過
與向所見顧抱沖本相同, 而字之正誤, 彼此互異, 當是板有原與修之別.
印有初與後之殊也. 其妙處卷四立節篇有「尾生殺身以成其信」一句, 卷六
復恩篇多「木門子高」一條. 自明天順以下皆無之, 則信稱善本矣. 惟是
卷六「陽貨得罪」條「非桃李也」四字余本爲然, 與紹弓盧學士群書拾補引
御覽合, 此猶失之. 其他與余本異者, 亦復彼善於此, 此眞宋本之乙邪?
內闕第十四卷, 向未標出, 惟抱沖本可補, 抱沖本亦闕八至十三卷此本
可補. 惜抱沖己作古人, 拜經又居他邑, 彼此鈔補爲難耳. 丁卯小春望日
讀畢, 復翁黃丕烈.

(4) 說苑 二十卷(校宋本)

嘉慶元年冬, 借顧抱沖所藏殘宋本說苑校此, 顧本缺八至十三, 後借

周香嚴所藏錢遵王手校宋本補完，因循未成．至二年五月始竣，抱冲已作故人而書猶未還，傷感之至．蕘圃．

抱冲所藏殘宋本說苑，雖多修板，照校各本有佳處．即如卷四立節篇有「尾生殺身以成其信」一句，卷六復恩篇多「木門子高」一條，自明天順以下本皆無之．則非此幾致脫略矣．明刻當以程榮漢魏叢書本為近古，餘則脫略，不可殫述．故傳校宋本於此冊，後之見是篇者，勿輕置之．五月二十三日燈下黃丕烈又識．丁卯六月十二日五柳主人以揚州寄到廿二行，行廿字，宋本示余，因手勘一過較小讀書堆所藏殘本為勝，復翁．前校殘宋本就卷末重刊年月計之，已在南宋末，且多修板，故訛舛甚多，今所見宋本，刻既在前，版亦無修，故是正良多，說苑以此為最矣．

舊本新序・說苑卷首開列陽朔鴻嘉□年□月具官臣劉向上一行，此古人修書經進之體式，今本先將此行削去，即此以見其謬，無論其他矣．余家舊藏新序宋刻與時本迥異，惟說苑僅據小讀書堆殘宋本補以錢述古校宋本猶未盡善，今見宋刻與新序版刻相類，所云體式正同，信善本也．丁卯七月二十五日復翁識．十月十一日海甯陳仲魚自其邑來，携同邑吳槎客所藏宋刻咸淳乙丑九月重刻本說苑示余，余嘆為奇絕，蓋是本與顧抱冲藏者同，而抱冲所缺者八卷至十三卷吳卻有之，可以補校，一奇也．抱冲本與槎客本大同而小異．蓋板有原與修之別，印有初與後之殊，又可彼此參訂，二奇也．惜吳本缺第十四卷，抱冲已作古人，槎客又居他邑，無從作合，各為補全耳．餘因仲魚之借而得覯咸淳重刻本之全，勝於向借周藏錢校之向非宋刻面目，何幸耶．因二十二行，行二十字之宋本，而仲魚知之，並引出咸淳重刊之又一本，不更幸也．校畢記．復翁書於冬蕙山房時小春盎中發蕙一枝．吳本載乾隆甲辰二月仁和孫志祖跋云：晁氏郡齋讀書志叙說苑篇目，避孝宗諱易「敬慎」為「法誡」，而此本不易，以為疑．余謂此疑咸淳本之出孝宗後爾，何亦不避．豈知重刻云者特翻舊本，故遇「慎」字間缺末筆，若自來所得本並不避「慎」字，則刻校先矣，宜「敬慎」之不易為「法誡」也．復翁又識．(後略)

6. 說苑跋 ·························· 王謨

　　右劉向說苑二十卷, 隋·唐志及通考卷數並同. 崇文書目秖存五卷, 餘並亡. 後曾子固校得十五篇於士大夫家, 與崇文舊書合爲二十卷, 而爲之序. 大略謂向采傳記百家所載行事之迹, 以爲此書奏之, 欲以爲法戒, 然其所取或不當於理, 知其精微之際固難矣. 又謂其徇物者多, 自爲者少. 所論過刻, 誠有如何氏所譏. 但其所采春秋時事, 亦實多牴牾. 如謂咎犯以樂見晉平公; 石乞侍坐於屈建; 介子推行年十五而相荊, 孔子使人往視; 晉靈公造九層臺, 荀息上書求見. 王伯厚已斥其述紀之誤(見困學紀聞.) 不惟此也, 其言楚昭王問太史州黎, 韓武子謂欒懷子, 叔向間殺萇宏, 左史倚相諫楚莊王, 皆前後不同時. 又以狐突自殺在獻公卒時, 舟之僑作龍蛇詩同介子推, 羊舌虎爲善樂達, (當是「樂逞」字譌.) 皆與左傳不合, 而言屠岸賈事全同史記. 其尤可怪者, 則言秦始皇謀禪天下, 以鮑白令之諫罷(見至公篇.) 又盧生·侯生旣亡, 後得侯生, 侯生歷數始皇過失, 始皇黙然, 遂釋不誅(見反質篇.) 俱與史記大異. 向距漢初不遠, 必非無據而爲此說, 故特表之, 以廣井魚之聽矣. 此書自曾氏校正後, 頗無殘缺. 今叢書本間有以上下章誤合爲一者. 亦秖略爲乙正, 未另編次. 汝上王謨識.

7. 書說苑後 ·························· 嚴可均

　　漢志說苑二十篇, 隋志·新唐志皆二十卷, 舊唐志作三十卷誤. 崇文總目五卷. 宋志已來皆二十卷. 盧抱經群書拾補所載宋本有劉向叙一首. 余得元本·楚藩本·程榮本·何良俊本無之. 向叙言凡二十篇七百八十四章. 今本君道三十八章, 臣術二十二章, 建本二十七章, 立節二十一章, 貴德二十八章, 復恩二十四章, 政理四十一章, 尊賢三十四章, 正諫二十五章, 敬愼三十章, 善說二十章四, 奉使十九章, 權謀四十四章, 至公二十一章, 指武二十五章, 叢談七十二章, 雜言五十二章, 辨物三十一章, 修文三十八章, 反質二十三章, 凡六百三十九章. 群書拾補有佚文二十四事, 當是二十四章, 都計六百六十三章, 視向叙少一百二十一章, 非完書也. 向所類事與左傳及諸子間或時代牴牾, 或一事而兩說・三說兼存, 韓非子亦如此. 良由所見異詞, 所聞異詞・所傳聞異詞, 不必同李斯之法, 別黑白而定一尊. 淺學之徒, 少所見, 多所怪, 謂某事與某書違異, 某人與某人不相值. 生二千載後而欲畫一二千載以前之人之事, 甚非多聞闕疑之意, 善讀書者豈宜然乎? 此本楊瀅校刻. 楊瀅明季人而有方孝孺・王世貞印記, 書賈作僞, 宜刊棄之. 道光戊子歲秋九月, 嚴可均書於富春之雙桂坊館舍. 鐵橋漫稿卷八.

8. 明刊劉向說苑跋 ⋯⋯⋯⋯⋯⋯⋯⋯⋯⋯⋯⋯ 曹元忠

此書與天祿琳瑯書目明版子部劉向說苑同. 館臣云: 昔宋曾鞏序目錄後載向原序. 此與新序同時並刊之本是已, 顧未嘗明指何時所刊, 以意言之, 當是明初南監本. 據明史崔亮傳後附見劉仲質云: 洪武十五年, 奉命頒劉向說苑・新序於學校, 令生員講讀. 而選舉志載國子監諸生所習自四子・本經外, 有兼及劉向說苑之語, 知版必刊於此時, 始得頒行, 著爲功令. 惟頒行並及新序, 而功令祇舉說苑, 是以嘉靖間, 周宏祖集古今書刻, 但記南京國子監有說苑也. 蓋相沿既久, 不復知當時尚有新序矣. 元忠往在文華殿, 檢勘庫書見新序・說苑如此頗多, 乃知文淵閣書目及內閣書目所載劉向新序・說苑皆洪武初, 預備頒行學校之本. 至永樂建都, 運至北京者. 陳循傳「帝幸北京, 命取秘閣書籍詣行在」, 即其時. 惜楊士奇・張萱等但知新序三冊全, 說苑五冊全云云, 不能博考朝廷掌故, 明此書之所由來, 爲可太息也. 甲寅九月.

按元麻沙本以前, 祇稱說苑, 後冠以劉向者豈因唐書藝文志有劉昳續說苑十卷, 宋史藝文志又作劉餗續說苑十卷而爲之區別乎? 然卷首列曾鞏序, 據連篇目及向進書序, 皆是宋本舊式, 祇以既稱劉向說苑, 不得不去鴻嘉四年三月己亥護左都水使者光祿大夫臣劉向上一行, 遂失古書面目, 殊可惜也. 箋經室所見宋元書跋.

9. 說苑纂註序 ························· 日人, 尾張紀德民

說苑舊刊, 頗多訛謬, 讀書病焉. 關公德好講此書, 隨讀訂之. 又博抄群書
作纂註. 旣而同志多請梓之者, 乃咨余曰:「竊疑古人必有註之者, 但海
舶未致之也, 後若有來, 則是蛇足耳. 且寡陋之所撰, 恐未愜乎人意焉,
其如之何?」余爲之語曰:「昔者肥府秋子羽將校刊墨子, 弟子請曰:『敢願
先生詳悉之, 無復有遺憾也.』子羽曰:『二三子過矣, 古書且猶多失誤.
況今人校古書, 焉得無有之, 吾唯存我誤, 以附之後者耳. 後者豈徒已乎哉!』
時余聞之, 服其量度. 今公德亦云爾也已矣, 何爲躊躇? 公德意決, 遂授梓.
蓋誤書思之, 亦是一適, 然而難得乎初學・其有滯義也, 博考則通, 然而
難得乎寒鄕. 故訂誤是正, 使讀者無勞讐比, 則其功固多矣. 初公德之學
於東都也, 余亡友井子章, 方檢此書, 適見公德之所爲而喜之, 因取其所
已筆以屬之, 且約待卒業而序之, 未果而故矣! 故余今言之, 以證其專力
於斯也, 非一朝之業云. 寬政六年甲寅仲春.

10. 說苑纂註提要 ························· 日人, 尾張關嘉

一嘉嘗讀說苑以爲是書可謂五經之鼓吹也. 竊憾無註解而多文義難曉
者, 欲作之註而令讀者易通. 因旁搜經史諸子所載, 校異同, 引證附考,
名之以纂註尙◯成, 偶祇役於東都而得見澀井子章翁, 翁者一時之碩儒也.
聽餘之言, 喜曰:「我亦嘗有考於是書, 今得與吾子則足以授以一繕, 今稱
太室者, 卽此翁之號也. 翁名孝德, 佐倉侯大夫」
一每章加註, 至「考俣而訾高椳」者句, 閱「椳」字註正字通引說苑註曰:
「賤稱也. 椳言直, 太倔彊如椳也」. 又考「常樅有疾章」而閱佩文韻府引
說苑註曰:「常樅, 老子之師也.」於此而知說苑有註, 因旁問諸於博物之士,
更遠購諸於四方, 無有見而言之者, 則知海舶不齎而我邦果無有註本.
縱使後來有出, 與今所註, 必有詳略而並行於世, 則不爲徒費力, 我又何疑.

於是積以日月, 纂註既成, 乃告官貸貲以梓之. 嘉意庶幾公之於同志.
寬政癸丑秋八月望日　尾張儒臣關嘉識.

11. 跋說苑纂註 ⋯⋯⋯⋯⋯⋯⋯⋯⋯⋯⋯⋯⋯ 日人, 岡田挺之

班史稱子政數奏封事極諫, 其言多痛切, 發於至誠. 然則其著說苑, 寓意
所在, 亦可知也. 范伯孫以爲劉向定一代之書, 正群籍之篇, 使揚雄當之,
故非所長, 著劉揚優劣論, 是推尊子政者也. 劉惠卿好學多所通解, 著續
說苑, 是祖述子政者也. 其後明太祖命國子生讀說苑, 又頒說苑新書於
天下學校, 至是說苑之流傳始廣. 夫西京諸家之書存乎今者, 自新語·新書
以至太玄·法言可僂指而數, 然說苑其一也, 可不誦習乎? 關君公德. 好讀
是書, 研究有年, 援引群籍, 錄成纂註. 其便後學, 實不淺尠. 會鏤刻工竣,
余識卷後, 以告觀者云. 寬政五年秋日.

12. 說苑考序 ⋯⋯⋯⋯⋯⋯⋯⋯⋯⋯⋯⋯⋯ 日人, 桃源藏

我義父東園府君市隱乎東都, 涉獵和漢篇籍, 不知日月之邁. 最好劉
子政說苑, 每讀恨其易卒. 因命小子索取所據, 時或試加愚說稱道, 笑而
頷焉. 故小子亦不願遽棄之. 及筮仕雲藩, 講經之間, 數爲士大夫讀之,
未嘗不愴然, 覺府君咳唾之音尚在於耳. 嗟乎, 吾今老矣! 不知讀之復能
幾遍, 乃遂著考上下卷, 以傳府君之志. 孟子曰:「頌其詩, 讀其書, 不知其
人可乎? 是以論其世也.」方今皇和升平, 海隅山陬, 無不懷書而往焉,
然至滿架則甚尠矣. 余爲之附刻劉向傳略於左方, 使讀者以知其人云.
寬政戊午十一月冬至之前一日, 雲藩明教館教授桃源藏序.

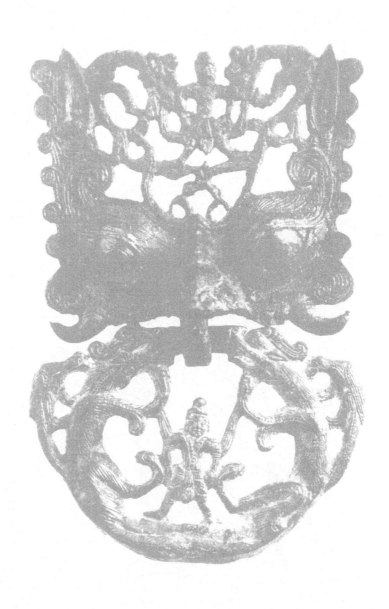

임동석(苗浦 林東錫)

慶北 榮州 上苗에서 출생. 忠北 丹陽 德尙골에서 성장. 丹陽初中 졸업. 京東高 서울
敎大 國際大 建國大 대학원 졸업. 雨田 辛鎬烈 선생에게 漢學 배움. 臺灣 國立臺灣師
範大學 國文硏究所(大學院) 博士班 졸업. 中華民國 國家文學博士(1983). 建國大學校
敎授. 文科大學長 역임. 成均館大 延世大 高麗大 外國語大 서울대 등 大學院 강의.
韓國中國言語學會 中國語文學硏究會 韓國中語中文學會 會長 역임. 저서에《朝鮮譯
學考》(中文)《中國學術槪論》《中韓對比語文論》. 편역서에《수레를 밀기 위해 내린
사람들》《栗谷先生詩文選》. 역서에《漢語音韻學講義》《廣開土王碑硏究》《東北民族
源流》《龍鳳文化源流》《論語心得》〈漢語雙聲疊韻硏究〉등 학술 논문 50여 편.

임동석중국사상100

설원 說苑

劉向 撰 / 林東錫 譯註
1판 1쇄 발행/2009년 12월 12일
2쇄 발행/2013년 10월 1일
발행인 고정일
발행처 동서문화사
창업 1956. 12. 12. 등록 16-3799
서울강남구신사동563-10 ☎546-0331~6 (FAX)545-0331
www.dongsuhbook.com
잘못 만들어진 책은 바꾸어 드립니다.

*

*

사업자등록번호 211-87-75330
ISBN 978-89-497-0580-4 04080
ISBN 978-89-497-0542-2 (세트)